FROM PHILOSOPHY OF LANGUAGE TO METAPHYSICS:

A new development in Four-dimensionalism

言語哲学から形而上学へ

四次元主義哲学の新展開

yasuo nakayama

中山康雄

keiso shobo

まえがき

現代哲学には、いくつかの流派がある。その流派のひとつに、分析哲学（Analytic Philosophy）がある。分析哲学はいくつかの分野に細分されるが、特に中核的役割をはたしてきたものに、論理学研究、言語哲学（Philosophy of Language）、科学哲学（Philosophy of Science）がある。

二〇世紀に言語論的転回（linguistic turn）があったことは、広く指摘されている（Rorty 1967）。その後、哲学にどのような発展があったのだろうか？　本書の目的のひとつは、言語哲学研究の発展の後に形而上学研究が深められていく自然な発展があったことを示すことにある。そして分析哲学は、このような進展を見せる中で、哲学としても適用範囲を拡張し、同時に深化していった。分析哲学の最近の展開に対するこのような私の見解を説明することが、本書の目論見のひとつである。そして今世紀に入って、日本でも分析形而上学（Analytic Metaphysics）の研究が盛んになり、優れた研究書や入門書が出版されるようになった（中山 2009; 秋葉ほか 2014; 倉田 2017; 柏端 2017; 加地 2018）。

分析哲学は、一九二〇年代に活動を開始した論理実証主義者たちに顕著に現れているように、その出発点においては形而上学的傾向のある伝統的哲学を批判する傾向が強かった。そして、そのとき基盤にされたのが、論理学研究、科学哲学、言語哲学だった。しかし二〇世紀半ばに、アメリカの哲学者クワインが論理実証主義批判を通して、反基礎づけ主義的で自然主義的な分析哲学の可能性を示してみせた。そして二〇世紀末には、かなりの数の分析形而上学者たちが現れて、古代哲学や中世哲学と問いを共有する方向に探究を進めていった。こうして分析哲学は、回り道をしながら、古代ギリシャ以来哲学者たちが取り組んできた問いを真剣にうけとめる場所へとたどりついたのである。

私は以前、『現代唯名論の構築』（2009）という本を書き、自分の形而上学的思索を展開してみた。しかし、この「現代唯名論（Contemporary Nominalism）」という命名は私の立場を適切に表していないと、今では思っている。この旧著作でも私は、対象は時空的に拡がっているという四次元主義（Four-dimensionalism）の立場をとっていたが、「唯名論」という名称にはこのことが反映されていない。そこで本書では、「現代唯名論」の代わりに「プロセス形而上学（Process Metaphysics）」という名称を用いることにした。ただし、ここで言うプロセスは、時空的に拡がった動的な存在者のことである。またプロセス形而上学は、プロセス存在論（Process Ontology）とプロセス認識論（Process Epistemology）からなる哲学的体系である。

本書では、拙著『現代唯名論の構築』でとられていた唯名論的立場をプロセス存在論へと発展させていく。このとき、アリストテレスの質料形相論（Hylomorphism）が重要になる。私が提案するプロセス存在論では、アリストテレスの質料は動的なプロセスに置き換えられる。つまり、宇宙を構成する根底的な存在者は動的存在者であると主張する。そして、このような動的存在者がプロセスということになる。また、宇宙自身もひとつのプロセス、すなわち、最大プロセスにほかならない。近年、私は論文「四次元主義の存在論と認識論」(2014)で、認識論の存在論的前提を四次元主義の立場から記述した。本書では、この四次元主義的認識論のことを「プロセス認識論」と呼んでいる。さらに本書では新しく、行為主体の観点からとらえた様相的視点を〈内部的様相〉として分析している。そして、プロセス存在論にこのプロセス認識論を加えたものが、プロセス形而上学ということになる。本書のサブタイトルにある「四次元主義哲学の新展開」とは、このプロセス形而上学のことを指している。

プロセス存在論に対比される存在論は、アリストテレスが提案した実体論(Substance Theory)である。実体論とは、物体の背後に時間経過の中で不変にとどまる実体があると主張する説である。伝統的哲学では多くの場合、実体論がとられていた。そしてこのような傾向は、現代の分析哲学の中でも続いている。本書は、このような伝統に逆らって、実体ではなく、プロセスこそが根本的な存在者だと主張し、それを基盤にした哲学的考察を展開する。(1) 実体論が存在者の固定性・継続性を重視するのに対し、プロセス形而上学は、存在者が宇宙のプロセスの部分であるということと存在者の変容プロセスを重視する。つまり、存在者を、生成・変貌・分裂・融合・消滅というプロセスの中でとらえることを重視するのである。

本書の目的のひとつは、言語哲学に興味のある読者を分析形而上学の領域へと導くことである。またこの道筋は、私自身がたどったものでもある。私はもともと言語哲学の研究者だったが、その研究を徐々に形而上学の方へと広げていった。形而上学にいたる道にはさまざまなものがあることを、哲学の歴史は教えてくれる。そして分析哲学内部でも、言語哲学から分析形而上学への道が新たに示された。また言語哲学の問題のいくつかも、存在論や認識論の視点から解明することができる。本書を読んで、言語哲学から形而上学にいたるひとつの道を一緒にたどっていただきたい。

本書のさらなる目的は、プロセス形而上学の構築である。プロセス形而上学は、存在論の提示だけでは不十分であり、適切な認識論によって補完されねばならない。これが、本書の主張である。プロセス認識論は、行為主体の存在論的位置づけを基礎にした認識論である。認識論の根本的部分が存在論に依存しているところに、プロセス形而上学のひとつの特徴がある。プロセス形而上学は、〈超越的視点〉に基づく記述と〈内部からの視点〉に基づく記述を区別する。〈超越的視点〉は、いわば「鳥の視点」であり、存在論的描写を可能にする。これに対し〈内部からの視点〉は、いわば「虫の視点」であり、認識論的描写を可能にする。宇宙はこれら二つの視点から適切に記述できるというのが、本書で提案するプロセス形而上学の立場である。

それでは、本書の内容を簡潔に紹介しておこう。本書は、四部構成になっている。

第Ⅰ部「言語哲学の形而上学的前提」では、まず第一章「言語哲学史粗描」で分析哲学における言語哲学の歴史を紹介しながら、そこで何が前提にされていたのかを明らかにしていく。ここで特に注目したいのは、部分と全体の問題、個体化の問題、対象の階層性の問題、部分関係と時間との関わりの問題などである。第二章「部分全体論」では、これらの問題が議論される。部分全体論は、本書の中軸となる存在論であり、標準的部分全体論という形式的体系およびそれに種名辞（sortal term）の使用が加えられた体系が紹介される。

第Ⅱ部「実体論とプロセス存在論」では、古代哲学以来支配的だった実体論と本書が提案するプロセス存在論が比較される。第三章「実体論の歴史」では、古代哲学から現代の分析哲学にいたるまで実体論が支配的な存在論だったことを見ていく。そして第四章「プロセス存在論」では、標準的部分全体論の四次元的解釈が提案され、その一ヴァージョンであるプロセス存在論が紹介される。プロセス存在論は、ものを中心とした存在論とは相いれず、時空に拡がった動的プロセスを軸にする存在論である。そのため、プロセス存在論は実体論と鋭く対立する立場である。

第Ⅲ部「プロセス形而上学」では、第Ⅱ部で導入されたプロセス存在論を前提にして、宇宙の中のプロセスのひとつとして行為主体を位置づける。また、行為主体の志向的状態を描くことで、プロセス認識論が表現される。そして、プロセス存在論とプロセス認識論を合体させたものとしてプロセス形而上学が導入される。これらは、第五章「プロセス存在論とプロセス認識論」の中で議論される。そして第六章「時間と様相」では、プロセス存在論が持つ〈超越的視点〉とプロセス認識論が持つ〈内部からの視点〉から、時間の問題と様相の問題を分析する。これら二つの視点は、時間論と様相論の中でも重要な役割をはたすのを、私たちは見ることになる。

第Ⅳ部「プロセス形而上学の適用」では、第Ⅲ部までの記述で完成されたプロセス形而上学を用いて、世界の中の現象を具体的に記述していくことになる。この具体的記述によってプロセス形而上学の特徴がより鮮明にされていく。プロセス形而上学は、本質主義を拒否し、存在論と認識論の両方においてプラグマティックな立場をとっている。この柔軟な視点によって、階層性をともなう多くの現象がプロセス形而上学に基づいて記述できることを、私たちは第Ⅳ部で確かめることができる。

付録では、本書が前提している二つの形式的体系であるプロセス存在論と分岐的プロセスモデルを描写するとともにそれを解説していく。この付録は、これらの二つの体系に対する理解を深めるために付け加えられたものである。

本書は、言語哲学に興味がある人と形而上学や伝統的哲学に興味がある人の両方に読んでいただきたい。言語哲学では何が問題とされてきたか、そして、形而上学はどんな観点から哲学の問題に取り組んできたかの両方が、本書では紹介されている。そして、これらの問題系をつなぐひとつの方法と視点を、本書は提供しようとしている。

言語哲学から形而上学へ

四次元主義哲学の新展開

目次

目次

目次

I　言語哲学の形而上学的前提

この第I部では、まず第一章で、分析哲学が言語哲学を中核としてどのようにはじまり、どのように発展していったかをとらえておきたい。そしてこのアプローチがどのような点で不十分だったのかを、私の観点から明らかにしたい。さらにこの不十分性のひとつとして、言語哲学のアプローチには部分全体論に対する考慮が不足していたことを指摘する。また第二章で、部分全体論がどのような理論であるかも紹介したい。このとき、「個体とは何であるか」、そして、「個体はいかにして個体化されるのか」という問題を探究することになる。

第一章　言語哲学史粗描

ここでは、分析哲学における言語哲学の発展を簡単に見ておくことにする。分析哲学は、一九世紀における現代記号論理学の定式化と深い関わりを持っている。二〇世紀になると分析哲学は、言語哲学と科学哲学の領域における研究を中心に発展し、英語圏を中心に活動が続けられて現在にいたっている。

1　フレーゲの言語哲学

ゴットロープ・フレーゲ（F. L. Gottlob Frege, 1848–1925）は、論理学、数学の哲学、言語哲学で独創的な仕事をしたドイツ生まれの論理学者・哲学者である。フレーゲは、『概念記法』（1879）の中で高階述語論理（Higher-order Predicate Logic）の体系を提案した現代論理学の創始者のひとりである。

そしてフレーゲは、一九世紀末から二〇世紀にかけて、記号論理学を基盤にして数学を厳密化するプログラムを推進し、直観的判断による正当化を数学の世界から排除しようとした。またフレーゲは、数学的対象は抽象的存在者として実在するというプラトン主義（Platonism）の立場をとった。

分析哲学の起源

分析哲学は、哲学における言語論的転回と深く関わっている。そして、分析哲学の起源はフレーゲを中心とした中央ヨーロッパのドイツ語圏にあると、イギリスの現代哲学者マイケル・ダメット（Michael A. E. Dummett, 1925–2011）は指摘している。ダメットの『分析哲学の起源』の第二章「言語への転回」には、次のような分析哲学の特徴が記述されている。

> 分析哲学といってもさまざまな現れ方をするのだが、それを他の学派から区別しているのは、第一に、思想についての哲学的な説明は言語についての哲学的な説明を通して獲得され得るという信念であり、第二に、包括的な説明はそのようにしてのみ得られるという信念である。互いにひどく異なっているにもかかわらず、論理実証主義者、その生涯のあらゆる局面に亙るウィトゲンシュタイン、オックスフォード「日常言語」派の哲学も、クワインやデイヴィドソンに代表されるアメリカ合衆国のポスト・カルナップ派の哲学も、みなこの公理のペアを堅持してきた。（Dummett 1993: p. 4. 邦訳 p. 5）

この記述に見られるように、ダメットは分析哲学に特徴的な二つの信念を次のようにまとめている。

（１a）思想についての哲学的な説明は、言語についての哲学的な説明を通して獲得されうる。
（１b）思想についての包括的な説明は、言語についての哲学的な説明を通してのみ得られる。

このダメットの描写によれば、分析哲学は言語哲学としてのみ実行可能ということになろう。しかし、二〇世紀末には、分析哲学の内部で形而上学へと向かう流れがはじまっている。この動向は、言語についての哲学的な説明がひと通りではなく、対立する複数の説明がそれぞれ異なる形而上学的前提に依存していることを確認することから生まれたと言っていいだろう。つまり、言語哲学の研究をおし進める中で、言語使用の背後にある形而上学的前提の存在が明らかにされていったのである。実際、言語哲学の中で議論されるいくつかの問題は、言語哲学内部では解決できないものである。こうして言語哲学は、その発展の過程で、形而上学へと深化していかねばならなかったのである。

フレーゲの遺産

フレーゲは、数学の基礎づけに関心を持った論理学者であり、言語哲学に関する著作も残している。フレーゲは、哲学の先行研究を参照することがほとんどなく、自分の考えをわかりやすく説明するというスタイルで哲学的論文を書いた。このため、フレーゲの哲学には哲学的伝統との断絶がある。

フレーゲは、言語と世界の間の論理的関係を厳密な形で明らかにし、そのことによって哲学の問題に答えようとした。これが、分析哲学のはじまりだったと考えてもよいだろう。思考内容は言語によって表現される抽象的対象物であり、私たちがこの思考内容を把握することで言語表現の理解は成立すると、フレーゲは考えた。フレーゲの存命中も死後においても、多くの分析哲学者たちがフレーゲの哲学と対決し、自らの哲学を発展させた。その典型例が、バートランド・ラッセル（Bertrand A. W. Russell, 1872-1970）、ルードヴィッヒ・ヴィトゲンシュタイン（Ludwig J. J. Wittgenstein, 1889-1951）、ダメットらの活動である。

固有名は対象を指示し、文は真理値（真理値は真か偽かである）を指示し、述語は関数としてとらえられると、フレーゲは提案している。この提案によって私たちは、厳密な形で文の意味について語れるようになった。「意味」や「指示」は何かという問題はその後、言語哲学の中心問題となる。ダメットやドナルド・デイヴィドソン（Donald Davidson, 1917-2003）が「意味」とは何かについての論争を展開したのは、一九七〇年代からであり、この論争が言語哲学のひとつの頂点を表していると言っていいだろう。

記号論理学は、アリストテレス（Aristotelēs, BC. 384-BC. 322）の三段論法が起源となる。そして、三段論法の定式化に表れているように、アリストテレスは「SはPである」という主語‐述語構造を文の基本構造として考えていた。例えば、「人間は死ぬものである」がこの主語‐述語構造を持つ文の典型例である。この考えは、中世や近世でも受け継がれ、近世の論理学者やライプニッツ（Gottfried W. Leibniz, 1646-1716）やジョージ・ブール（George Boole, 1815-1864）にも受け継がれていくことになる。ブールがブール代数（Boolean Algebra）を提案したときにも（Boole 1854）、このSとPの間の関係を論理的に表現するという姿勢は受け継がれている。これに対しフレーゲの述語論理は、このアリストテレスの伝統に基づかない、まったく新しい発想のもとに作り出されたものである。

フレーゲの登場によって、数学を厳密に表現するのに十分な複雑さを持つ論理体系が歴史上はじめて示されたことになる。フレーゲの体系は、関数的意味論を持ち、多重量化[1]を許すような量化を含んだ論理体系である（飯田 1987: 第一章）。フレーゲは、数学を論理体系の中で厳密に表現し、数学に論理的基盤を与えることを自分の研究目標のひとつとしていた。そして、数学実践における言語表現の形式化を追求していたのである。関数という考えも、もともと、数学からきていると言っていい。

フレーゲが『概念記法』で構築したのは、述語に関する量化も許す高階述語論理の体系である。そして、高階述語論理は一階述語論理（First-order Predicate Logic）を含んでいる。一階述語論理は、数学や分析哲学で広く使用されている標準的論理体系である。一階述語論理には優れた性質があることが知られているが、このことについては本章第4節で議論することになる。

ここで、一階述語論理をごく簡単に説明しておこう。一階述語論理は、論理結合子（logical connective）と量化子を論理的記号として持つ論理体系で、量化が一階の対象と呼ばれる単純な対象に制限されている体系である。論理結合子は、ひとつの文に提供されて否定を表す「でない（¬）」と二つの文に適用される「かつ（∧）」と「または（∨）」と「ならば（→）」がある。量化子には、全称量化子（universal quantifier）「すべて（∀）」と存在量化子（existential quantifier）「存在する（∃）」がある。詳しくは、論理学の入門書を見ていただきたい。

フレーゲの意味論と述語論理

フレーゲの関数的意味論は、文を意味論的に完全な「飽和した文」と変項を含んだ「未飽和な文」に分け、未飽和な文は（　）で示された空所に文法的に適切な表現を代入することで飽和した文になるという考えに基づいている。例えば、「（　）は小説家だ」という文は未飽和な文であり、（　）に「太宰治」を代入すると「太宰治は小説家だ」という真な飽和した文ができる。これに対し、「西田幾多郎」を代入してできる「西田幾多郎は小説家だ」という文は偽な飽和した文となる。ここで、「（　）は小説家だ」という未飽和な文は、個体から真理値への一項関数を表す記号として解釈されていることになる。また、この分析によって、「太宰治」などの固有名（より一般的には、単称名辞[2]（singular term））を含んだ単称文が原子文（atomic sentence）としての役割をはたすことがわかる。

この空所に（一階の）変項xやyを入れ、それを全称量化子「すべての」や存在量化子「存在する」と結びつけて得られるのが一階述語論理の言語である。これによって、「すべてのxについて、xが人間ならば、xは死ぬものである〔∀x(human(x)→mortal(x))〕」などが表現可能になる。また、三段論法の言語では表現できなかった多重量化も表現可能になる。例えば、「誰もが誰かに愛されている（Everybody is loved by someone）」は「すべてのxについて（（xがyに愛されている）ようなyが存在する）〔∀x∃y loved(x, y)〕」と表現でき、「誰かが誰にも愛されている（Someone is loved by everybody）」は「（すべてのyについて（xがyに愛されている））ようなxが存在する〔∃x∀y loved(x, y)〕」と表現できる。最初の文は誰もが母親に愛されているというような場合に当てはまり、次の文はある女優が誰にも愛されているというような場合に当てはまる。これらの論理式は、真理条件が異なり、したがって、意味も異なる。そして、この二つの文の意味の違いは、述語論理では、全称量化と存在量化の順序の違いによって表現されることになる。厳密な議論を展開するためには、このような記号論理学による明確化は、数学においてだけではなく、哲学においても重要である。

分析哲学の手法を特徴づけているもののひとつは、論理的観点から見たときの論証の精確さである。そのため、十分に強力な論理体系の発展とそれら論理体系の持つ特性の研究は、分析哲学の実践のための基盤となった。そして、そのような論理体系を最初に構築してみせたのが、フレーゲだったのである。さらにフレーゲは、日常言語の文の述語論理による分析がどこまで可能で、その分析の限界はどこから来るのかを、哲学的著作の中で説明していた(3)。

フレーゲは、記号の認識論的理解を説明するために、意義（Sinn, sense）という抽象的対象物を導入した。意義はプラトン主義的対象であり、認識主体はこの種の対象を把握できるとフレーゲは仮定したのである。この意義についての形式的表現は、後に、ルドルフ・カルナップ（Rudolf Carnap, 1891–1970）やリチャード・モンタギュー（Richard Montague, 1930–1971）らによって研究され、発展させられた（Carnap 1947; Montague 1974）。

2　ラッセルの言語哲学

ラッセルは近世哲学から分析哲学への過渡期の哲学者だったと、私は考えている。ラッセルは、一方で論理学の研究を行いながら、他方で哲学の問題を認識論的観点から考察した。このラッセルの認識論的態度は、フレーゲとは異なっている。

ラッセルの位置づけ

ラッセルは、複数の顔を持っている。それらは、数学者、論理学者、哲学者、ノーベル文学賞受賞者、平和運動家などの顔である。またラッセルは、フレーゲの数学の基礎づけに関する著作を当時真剣に読んだ数少ない論理学者・哲学者のひとりだった。

ラッセルは一九〇一年に、ゲオルグ・カントール（Georg F. L. P. Cantor, 1845–1918）の素朴集合論に「ラッセルのパラドックス」(4)と呼ばれる矛盾を発見した。そしてこの矛盾は、少し変形を加えてフレーゲが『算術の基本法則』第一巻（1893）で提案した体系にも適用可能なものだった。このパラドックスの発見は、ラッセルとアルフレッド・ホワイトヘッド（Alfred N. Whitehead, 1861–1947）による型理論（Theory of Types）の構築へと導いた。その成果は、彼らの『数学原論』（*Principia Mathematica*, Vol. 1. 1910; Vol. 2. 1912; Vol. 3. 1913）として結実し、数学基礎論の領域で高く評価された。また先のパラドックスの発見は、ツェルメロとフレンケルによる「ZF」と呼ばれる公理的集合論の構築にも影響を与えた。

ラッセルは、ケンブリッジ大学で教鞭をとっていたころ、当時学生であったヴィトゲンシュタインと頻繁に哲学的議論を交わし、ヴィトゲンシュタインの哲学的成長を助け、その後も『論理哲学論考』（1922）の出版を支援した（以下、『論理哲学論考』のことを『論考』と省略して表記することにする）。ヴィトゲンシュタインは、ジョージ・ムーア（George E. Moore, 1873–1958）やジョン・ケインズ（John M. Keynes, 1883-1946）などとも交流を持ったが、ラッセルと彼らがヴィトゲンシュタインの哲学活動を支えたのである。

ラッセルの哲学活動は、五つの時期に区分することができる（Savage and Anderson 1989, 竹尾1993）。

（２ａ）［第一期（1893-1899）］ラッセルは、ケンブリッジ大学で数学を学び一八九三年に学位試験に合格した後、哲学の研究に専念するようになった。また彼は、当時ケンブリッジ大学に広まっていたドイツ観念論の哲学の影響化にあった。

（２ｂ）［第二期（1900-1910）］この時期ラッセルは、数理論理学の仕事に没頭している。ラッセルは、一九〇一年に「ラッセルのパラドックス」を発見し、一九〇八年にこれを解決するために型理論に基づく数理論理学を構想する。この時期の研究成果は、ホワイトヘッドとの共著『数学原論』として出版される。

（２ｃ）［第三期（1911-1918）］第二期の研究成果を基盤にして独自の知識の理論と形而上学を構築しようと企てる。〈見知り（acquaintance）による知識〉と〈記述による知識〉が区別される。

（２ｄ）［第四期（1919-1927）］相対性理論などの当時において最も先端的な物理学と当時の心理学諸理論と両立可能な哲学の構築が試みられる。『心の分析』（1921）では、ウィリアム・ジェームズ（William James, 1842-1910）の影響を受けて、独自の中立一元論（Neutral Monism）が提案される。

（2e）［第五期（1928-1959）］以前の時期に十分に論じられず繰り延べになっていた問題のうち主要なものがとりあげられ、その解決が提案される。

こうして、彼の長い人生の中でラッセルは、フレーゲ、ホワイトヘッド、ヴィトゲンシュタインなどの第一級の哲学者たちと深く関わった。また、一九二〇年代にはじまった論理実証主義（Logical Positivism）の運動に影響を与えたことも確かである（Irvine 2018: Sect. 3）。しかし、分析哲学の歴史の中で最も影響力のあったラッセルの研究成果は第二期になされたと言っていいだろう。

ラッセルの記述の理論

ラッセルは、論文「表示について（On Denoting）」（1905）で、日常的文の論理的分析が新たな哲学的洞察を与えうることを示唆した（以下、この論文のことを「表示論文」と呼ぶことにする）。ラッセルはこの論文で、「記述の理論（Theory of Description）」として知られる確定記述（definite description）の意味論を提案した。確定記述は、「the president of the USA」のような「the」という定冠詞を含んだ表現で、唯一性が表現されているような名詞句である。ちなみに日本語には定冠詞がないため、この「the president of the USA」は「アメリカ大統領」と翻訳され、それが確定記述として機能するかどうかは、文脈依存的に判断される。

ラッセルは、「フランス国王ははげである（The king of France is bald）」という文を例として用いて確定記述を分析した。この例文は、一九〇五年の段階ではフランスはもはや王制ではないためにフランス国王は存在していないという事情を考慮して用いられたものだろう。そしてラッセルは、この文を次のように分析した――（xがフランス国王であり、xのほかにフランス国王は存在せず、xがはげである）ような対象xが存在する〔$\exists x(\text{king-of}(x, \text{France}) \wedge \forall y(\text{king-of}(y, \text{France}) \rightarrow y=x) \wedge \text{bald}(x))$〕。この分析の結果、確定記述を含む文は量化子を含んだ文として解釈されることになる。またラッセルは、この分析によって、文の論理的意味分析は文の表面的文法構造を必ずしも反映しないことを示したことになる。

　ラッセルの分析とは異なり、フレーゲ流の分析では、先の文「フランス国王ははげである」はbald(king-of(France))という単称文として解釈され、フランス国王が存在しないときにはこの文は真理値を持たないことになる。これに対し、ラッセルの分析では、フランス国王が不在のときにはこの文は偽となる。つまり、フランス国王の存在は、フレーゲの場合に主張の前提とされるのだが、ラッセルの分析では主張に含まれ、ともに主張されていることになる。ラッセルは、確定記述を含む文を、それを含まない文として分解することによって形式言語の中では消去しようとした。これは現代では、「パラフレーズ（paraphrase）」という分析哲学の手法のひとつとして定着した方法である。

　ラッセルには、多くの著作がある。にもかかわらず、分析哲学の歴史の中で最も大きな影響を与えたのがこの短い表示論文だった。この論文には、ラッセルの哲学的立場はほとんど表明されておらず、ラッセルはむしろ文の論理構造の分析に集中している。また表示論文は、フレーゲ流の分析とは異なる日常文の論理的分析があることを明らかにした。フレーゲは意義というような抽象的対象物を導入したが、ラッセルはそのような対象の導入なしに、フレーゲが直面した問題に対処できることを示そうとした。フレーゲ流の確定記述の分析とラッセル流の確定記述の分析については、現在まで分析哲学の中心問題のひとつとして議論され続けてきた。そして二〇世紀半ばに、ピーター・ストローソン(Peter F. Strawson, 1919-2006)が論文「指示について(On Referring)」(1950)でラッセルの分析を批判し、これによって語用論的分析の観点が取り入れられ、言語哲学の議論はより幅を広げ強力なものとなっていった(本章第7節)。

3　『論理哲学論考』の形而上学

ヴィトゲンシュタインは、オーストリア・ハンガリー帝国の首都ウィーンに大富豪の八人兄弟の末っ子として一八八九年に生まれた。ヴィトゲンシュタインの哲学活動は、前期、中期、後期に分けられることが多い。特に、前期ヴィトゲンシュタインと後期ヴィトゲンシュタインは、どちらも言語哲学の中での活動でありながら、大きく異なっている。この節では、前期ヴィトゲンシュタインに考察を限定することにしよう。

ヴィトゲンシュタインの『論理哲学論考』

フレーゲやラッセルが実践した言語哲学の形而上学的基盤を明らかにしようとしたのは、前期ヴィトゲンシュタインである。『論考』においてヴィトゲンシュタインは、世界と文と思考との関係を、論理的分析を通して明らかにしようとした。そこでヴィトゲンシュタインがとった立場が、論理的原子論（Logical Atomism）である。ヴィトゲンシュタインは、原子的事態というものを想定し、それは要素命題によって表現されると唱える。『論考』の記述は、私の『論考』の読みにおいては、次の六つの形而上学的主張を含んでいる。ただしここで私は、ヴィトゲンシュタインとは異なり、要素命題が主張する事態のことを「原子的事態」と呼んでいる。なお、この記述に表れる「命題n.mr」という記号は、『論考』の中の命題番号を指している。また、「⇕」という記号は、論理的同値であることを表す（メタ言語の）記号である。このとき「P⇕Q」は、PとQの真理条件（文がどのようなときに真になるかの条件）が一致することを意味している。

（3a）［原子的事態の存在］ある要素命題が真である ⇕ その要素命題が主張する原子的事態が成立する。（命題4.21、命題4.25、命題2）

（3b）［世界の規定］世界は、成立している原子的事態の集合によって確定される。（命題1.1、命題1.2、命題2、命題2.04）

（3c）［原子的個体の存在］原子的個体が存在する。（命題2.02）

（3d）［部分全体論のニヒリズム］複数の物体の融合体を想定する必要はない。というのも、いかなる融合体を用いた文も、原子的個体だけを含む要素命題を論理結合子で結んだ文に論理的に還元可能だからである。（命題5）

（3e）［自然科学］真なる文の総体は、自然科学の総体である。（命題4.11）

（3f）［哲学の目的］哲学の目的は、思想の論理的解明である。（命題4.112）

『論考』執筆時のヴィトゲンシュタインは、『論考』でとられた方法が文の真理条件を説明するための唯一可能な方法と信じていたに違いない。しかし、この方法は可能な選択肢のひとつにすぎない。というのも、ここにまとめた六つの主張のどれにも反論は可能だからである。

フレーゲやラッセルとは異なり、『論考』のヴィトゲンシュタインは、世界全体について語ることを目指し、語りうることの限界を見定めようとした。また、「私の言語の限界が私の世界の限界を意味する」（命題5.6）という主張が示すように、『論考』は、哲学における言語論的転回をおし進めた著作でもある。

要素命題に関わる問題

『論考』には、大きな問題があった、それは、この『論考』の描像が致命的な欠陥を含んだものだったことである。ヴィトゲンシュタインは自ら、論文「論理形式について」（1929）でこのことを指摘している（中山 2008: 第二章第3節）。その誤りの内容の記述を短くまとめると、次のようになる。

『論考』においてヴィトゲンシュタインは、すべての要素命題は互いに論理的に独立だということを前提にしていた（命題4.211）。しかし、私たちが日常で用いる文についてはほとんどどれも、それと互いに排除しあう別の文を構成できる。例えば、「この机は茶色だ」という文は、「この机が青色だ」という文を排除している。というのも、「この机は茶色だ」という文が真ならば、「この机が青色だ」という文は必ず偽になるからである。

ここで示唆された要素命題の不在という事態は、日常言語だけでなく、自然科学の文においても同様に当てはまる。自然科学においても、さまざまな概念が定義によって導入され、数学の公理系が前提にされていて、そこに要素命題は現れない。とするなら、『論考』の中の多くの主張は正当化できないことになる。おそらく一九二〇年代末に、ヴィトゲンシュタインはこの問題に気づいたのである。『論考』は、部分全体論のニヒリズムという形而上学的主張を含んでいる（本書第二章第4節（3a））。しかし、先の批判にもあるように、『論考』で表現された要素還元主義は正当化されていない。部分全体論のニヒリズムは、基本的に部分関係という概念を用いないで全事態を表現できるという立場であり、その意味で、部分全体論の有効性を否定する立場である。しかし、部分全体論のほかの選択肢をとることも可能であり、それらの異なる選択肢を吟味する必要がある。

実際、ラッセルとともに『数学原論』を執筆したホワイトヘッドは、晩年に、論理的原子論とはまったく異なる存在論の研究を行っている。ホワイトヘッドは、一九二四年にイギリスのオックスフォード大学を定年退職し、アメリカのハーヴァード大学で哲学の教授としての職につき、形而上学の探究を開始した。そしてその後、スコットランドのエジンバラ大学で講演を行い、その内容が一九二九年に『過程と実在』として出版された。そこでの思想は難解なものであるが、それは「プロセスの存在論」というものを含んでいる。このホワイトヘッドの考察は、『論考』の論理的原子論と対立する形而上学を含んだものだった。

4　モデル論的意味論の確立

モデル論的意味論は、一九三〇年代に開始された真理概念の定義と記号の解釈に関する研究からはじまっている。その後、形式的論理体系は証明論（Proof Theory）と意味論（Semantics）の二つの方向から探究されることになった。また、現代記号論理学の確立はクルト・ゲーデル（Kurt F. Gödel, 1906-1978）による二つの仕事を基盤にしていると言っていいだろう。それらの仕事というのは、一九三〇年の一階述語論理の完全性の証明と一九三一年の不完全性定理の証明である。これらの研究成果は、分析哲学のその後の発展に大きな影響を与えるものだった。

数学の哲学における形式主義

言語哲学の精緻化には、数学におけるモデル論的意味論の発展が大きな意味を持っていると、私は考えている。この発展について、少し説明しておこう。

数学の哲学において、フレーゲは論理主義（Logicism）という立場をとった。論理主義というのは、「いかなる直観にも訴えずに、純粋論理的な概念による定義や基本的な論理法則のみから、純粋論理的な推論規則だけを介し、論理的定理として、全算術的命題を」導出しようとするアプローチのことである（野本 2012: p.3）。

二〇世紀初頭には、論理主義のほかに、直観主義（Intuitionism）と形式主義（Formalism）という数学基礎論の立場が現れた。私がここで注目したいのは、ダフィット・ヒルベルト（David Hilbert, 1862-1943）がとった形式主義の立場である。形式主義では、ある論理体系を前提にして、数学の内容はその論理体系の中で表現される無矛盾な公理系によって定められるとする。その意味で、公理系の無矛盾性証明は大きな意味を持った。

この形式主義と深く関わるのが、記号論理体系に関するゲーデルの研究成果である。ゲーデルは、一九三〇年に一階述語論理の完全性を証明した。完全性は、証明と意味論的導出の対応を表す論理体系の重要な性質である。さらに一九三一年にゲーデルは、不完全性定理を証明し、十分に表現能力のある形式的理論の無矛盾性はその理論内部で証明できないことを証明した。そこで、無矛盾性証明は「理論T_1が無矛盾ならば、理論T_2は無矛盾である」という相対的無矛盾性証明に限定されることが判明し、ヒルベルトの当初の目的は達成不可能であることが明らかになった。

そして一九三〇年代前半にアルフレト・タルスキ（Alfred Tarski, 1901-1983）は、形式言語に関する真理論を提案した。このタルスキのアプローチは、モデル理論（Model Theory）という数学の分野に発展していく。このモデル理論は、言語の意味解釈を表現できるため、形式的推論体系に対するモデル論的意味論の研究も生まれることになった。哲学においては、様相論理、時制論理、内包論理、直示の論理、ディスコース表示理論などの形式的体系が提案されたが、これらの意味論はどれもモデル論的意味論に基づいている。ここで本書にとって重要になるのは、「形式的理論（formal theory）」と「構造（structure）」の概念である。

理論を表現するためには、まず、語彙（vocabular）を決定する必要がある。語彙は、固有名の集合と関数名の集合と関係語の集合とからなる。これを基盤にして、この語彙から形成される文集合が再帰的に定義される。(5) 形式的理論は、このような文集合の特定の部分集合である。そしてこのような文集合には、数学の研究にとって重要なものが含まれている。例えば、〈ペアノの自然数の公理系〉や〈ユークリッド幾何学の公理系〉や〈ブール代数の公理系〉などである。本書に関係するところでは、〈部分全体論の標準理論〉や〈順序関係の公理系〉なども(付録1)、一階述語論理で表現される形式的理論である。

モデル論的意味論と一階述語論理

モデル論的意味論の装置のうち本書にとって特に重要なのは、構造という概念である。構造は、本書では「領域」と呼ぶ対象集合と記号の解釈関数から構成される〔〈U, I〉〕。ここで、領域をUで表そう。語彙の中の記号の解釈はすべて、この領域Uを前提にしてなされる。固有名は、この領域U内の対象のひとつを指すものとして解釈される〔I(c)∈U〕。一項関数名は領域UからUへの特定の関数を指すと解釈され〔I(f): U→U〕、一項関係語は領域Uの特定の部分集合を指すものとして解釈される〔I(F)⊆U〕。例として、ペアノの自然数の公理系を考えてみよう。この公理系には、0という固有名とsという関数名が現れる。領域を自然数全体として定めよう。そして、0は自然数0を、sは後続者関数(successor)を表すものとして解釈できる〔I(0)＝0〕。このとき後続者関数は、自然数集合から自然数集合への関数であり、自然数nに適応されるとその後続者n＋1を値に持つような関数である〔I(s)(n)＝n＋1〕。

任意のｋ項関数名やｋ項関係語についても、まったく同様な形で解釈を構成できる。また、「$\forall x\phi(x)$ が構造Ｓで真である ⇕ $\phi(x)$ 中のｘが領域Ｕ中のどの対象を指してもφは真である」というように全称量化文は解釈される。そして、「$\exists x\phi(x)$ が構造Ｓで真である ⇕ $\phi(x)$ 中のｘが領域Ｕの中のある対象を指すときにφが真になるような対象が存在する」というように存在量化文は解釈される。このとき本書にとって特に重要なのは、量化文の解釈には領域Ｕの設定が不可欠だということである。

ここで、数学の活動の正当化の問題について再び考えてみよう。形式主義をとる場合には、一階述語論理に関する〈強い完全性の定理〉が重要になる。

［強い完全性の定理］　文φが理論Ｔで一階述語論理を用いて証明可能である ⇕ Ｔを真にするようないかなる構造もφを真にする。

この〈強い完全性の定理〉をもとに、次の主張が正当化できる――形式的理論Ｔが無矛盾であり、Ｔが構造Ｓで真ならば、一階述語論理を用いたＴからの定理の証明はその定理がＳで真であることを保証する。しかし、ゲーデルの第二不完全性定理によれば、算術理論を含むような理論の無矛盾性は、その理論が無矛盾であれば、その理論内部で証明できない。つまりある理論の無矛盾性証明は、他の理論の無矛盾性を前提にしたうえで相対的に証明することに制限されることになる。

5　日常言語学派の言語哲学

一九五〇年代、言語の論理的分析に対抗して、日常言語の使用に注目する哲学者たちがイギリスのオックスフォード大学とケンブリッジ大学を中心に現れた。これは、形而上学批判の展開のひとつとして見ることができるだろう。彼らは、日常言語の意味や使用を解明することで哲学の問題は解消できると考えたのである。

ライルの哲学

日常言語学派の代表者のひとりとして、オックスフォード大学で教鞭をとったイギリスの哲学者ギルバート・ライル（Gilbert Ryle, 1900-1976）をあげることができる。ライルは、哲学者を地図作成者（cartographer）にたとえた（Ryle 1971, vol. 2: p. 441; Tanney 2015: Sect. 2）。村の住民は、村の教会へどのように行くかは知っているのに、外から来た人に地図を用いて教会へどのように行くかを説明できないことがある。これに対し、地図作成者は一般的な語彙を用いて誰に対しても地図を用いて目的地までたどりつく方法を教えることができるような人である。この村の住人が一般の言語使用者のたとえであり、地図作成者が哲学者のたとえとなっている。つまり、一般の人々も世界に対するある種の知識を持っているが、一般的で普遍的な仕方でその知識を表現できないと、ライルは考えていた。

ライルは、この地図作成者の哲学観に基づいて、デカルト的心身二元論を批判した。ルネ・デカルトト（René Descartes, 1596–1650）は、機械論的探究が可能な物体の世界とそれが不可能な心の世界を二分した。しかも、これら二つの世界の間で心から身体への因果関係が成立するとデカルトは主張した。しかし、物理的世界を超えた因果関係を前提にすることは、多くの現代哲学者には受け入れがたいことである。ライルは、心的述語（mental predicates）と行動的述語（behavioral predicates）の関係を分析することによって、デカルト哲学に露呈した心身問題をめぐる謎を解明するアプローチを展開した。そして心的状態は、現に生起しているもののカテゴリーではなく、傾向性（disposition）のカテゴリーに属すると分析した。

ライルはまた、哲学者たちがあるタイプの概念の分析結果を別のタイプの概念の分析に不用意に用いることをカテゴリー・ミステイク（category mistakes）として批判した。つまり哲学者は、言葉のそれぞれの使用の詳細について繊細になるべきなのである。

私は、ライルのこのようなアプローチには限界があると思っており、拙著『現代唯名論の構築』の第五章第3節で指摘した（中山 2009: pp. 133–137）。ライルは、『心の概念』（1949）において、カテゴリー・ミステイクの例として「大学」という概念に関する例をあげている。その例と言うのは、ある外国人の訪問者が、イギリスのある大学を訪問し、図書館や各学部の建物を案内してもらった後、「大学はいったいどこにあるのですか」と問うたというものである。ライルは、この例において訪問者が起こした誤ちを次のようにまとめている――「すなわち、彼は大学というものを他の諸々の建物が属しているカテゴリーと同じカテゴリーの中へ入れるという誤りを犯したのである」（Ryle 1949: p. 16, 邦訳 p. 12f）。ライルの議論は、正しいものではあるが、大学が図書館などと異なるどのようなものであるかについて詳細に述べていない。これに対し私は、大学が一種の社会組織であり、図書館や各学部も大学の部分を形成する社会組織であることを指摘し、また、社会組織の概念規定をそこで私は提示した（中山 2009: p. 136f）。この私の議論の前提になっているのは、部分全体論に基づいた（四次元主義的）存在論である。つまり、ライルの言うカテゴリーの違いを説明するためにも、精確な存在論に関する議論が必要になってくるのである。

後期ヴィトゲンシュタインの哲学

ヴィトゲンシュタインは、『論考』の失敗に気づいた後、言語使用の原理について分析するようになり、言語使用の実践が多様であることを示していくことになる。そして彼は、晩年の主著となる『哲学探究』（1953）の完成を目指すが、彼のたえざる探究は築いては壊すという作業の連続であり、ついにこの作業が未完のまま病死してしまった。このため、現存するヴィトゲンシュタインの多くの著作は、遺稿管理人などによって死後出版されたものとなっている。

後期ヴィトゲンシュタインは、日常言語の使用を記述しようとした。そして、言語は生活実践の中で使用されるとし、言語ゲームの実践を仮想的状況を交えながら複合的視点から描こうとした。この後期ヴィトゲンシュタインの考察には、言語哲学を超える洞察も含まれている。この点を、二つにまとめて指摘しておこう。

（4a）［生活形式という言語実践の基盤］『哲学探究』によれば、言語における判断の一致は、最終的には生活形式（Lebensform, form of life）の一致に基づいている。

（４ｂ）［言語ゲームという ゲーム実践］言語ゲームは、言語使用内部で閉じておらず、日常生活の行為を含めたコミュニケーションにまで拡がっている。それは、原初的言語ゲームの記述にもすでに表れている。

私は、後期ヴィトゲンシュタインの考察は、分析哲学という枠を超えて評価すべきものだと考えている。拙著『規範とゲーム』（2011）では、ヴィトゲンシュタインの言語ゲームの議論を形式的に整理し、これを社会生活のさまざまな営みに適用できることを、私は示そうとした。しかし、私の立場は形而上学的考察を肯定したものであり、ゲームの規範を表現できるためには、その根底にある特定の存在論を明らかにしておかねばならないと、私は考えている。それは、ヴィトゲンシュタインが言う生活形式にも当てはまることであり、生活形式は生物学的基盤と共同体内部における存在論的共有信念の基盤の両方を持つものだと、私は考えている。そして、文化の違いによってこの存在論的共有信念の基盤が異なってくることになる。文化による規範体系の違いの一部は、それらの文化を担うそれぞれの集団に受け入れられた存在論的共有信念の違いに起因する。このように、私は考えている。

６　アメリカ発のプラグマティズム

プラグマティズムは、一九世紀にアメリカではじまった哲学の流派であり、その影響は現代まで続いている。プラグマティズムは、ヨーロッパを中心に展開された分析哲学と合流し、分析哲学の中で発展を続けている。

プラグマティズムとは何か

パース研究者でもある伊藤邦武は、プラグマティズムにとって重要な三つの年をあげている（伊藤 2016: pp. 14-17）。

（5a）［一八七〇年前後］サンダース・パース（Charles Sanders Peirce, 1839-1914）は一八七〇年頃、ハーヴァード大学周辺で友人たち数名と「形而上学クラブ」と呼ばれる討論会を組織した。このクラブの席上でパースは、自らの思想に「プラグマティズム」という命名を与える。

（5b）［一八九八年］形而上学クラブのメンバーでもあったハーヴァード大学の教授ウィリアム・ジェームズが、一八九八年にカリフォルニア大学バークレー校において「哲学の諸概念と実際的効果」と題した講演を行い、プラグマティズムの思想が一個の独立した体系的世界観、人間論、人間の知的能力や本性に関する独創的な思想であることを強く訴えた。そしてこの講演の九年後にジェームズは、『プラグマティズム』（1907）と題した著作を出版し、アメリカを超えて多くの賛同者を集めた。

（5c）［一九五一年］ハーヴァード大学の哲学者クワイン（W. v. O. Quine, 1908-2000）は、一九五一年に「経験主義の二つのドグマ」というタイトルの論文を書き、カルナップ流の論理実証主義を批判し、全体論（Holism）の哲学を提案した。またこの論文でクワインは、自分の哲学がプラグマティズムの思想潮流に属することを表明した。

この記述に見られるように、プラグマティズムはアメリカのハーヴァード大学と深い関わりを持っている。ここからも、ハーヴァード大学が一九世紀末期から二〇世紀前半のアメリカにおける哲学の発展において重要な役割をはたしていたことがわかる。それは、イギリスの分析哲学の発展において、ケンブリッジ大学とオックスフォード大学が大きな役割をはたしたことと似ている。

「プラグマ」はギリシャ語では、活動、行為、実践などを意味している。つまりプラグマティズムは、行為を軸にした思想を意味している（伊藤 2016: p. 48）。プラグマティズムは、パースとジェームズとジョン・デューイ（John Dewey, 1859-1952）という三人のアメリカ人の哲学者たちの活動を中心にはじまった思想であり、特にアメリカ哲学の発展に大きな影響をおよぼした。それは、行為者としての人間理解という共通項を持つが、科学哲学、心の哲学、記号論、教育学、政治哲学におよぶ大きな広がりを持っている。このうち、本書で私が注目したいのは科学哲学の視点を持つパースのプラグマティズムである。そしてパースのプラグマティズムは、認識論中心の近世哲学を痛烈に批判する可謬主義（Fallibilism）の哲学である。

パースの哲学

パースは、フレーゲとともに現代記号論理学の創始者として知られている。しかしパースは、数学に使用されるような推論である演繹的推論（deductive reasoning）のみでなく、科学活動などに用いられる帰納的推論（inductive reasoning）やアブダクション（abduction）も探究していた。特に、アブダクションに関する研究は極めて独創性の高いものである。アブダクションの推論図式は、図1－1のように表すことができる。

$$\begin{array}{l} p \rightarrow q \\ q \\ p\text{は最良の仮説} \\ \hline p \end{array}$$

図1-1　アブダクションの推論図式

フレーゲが数学の基礎づけに関心を持っていたのに対し、パースは自然科学における知識構築のプロセスに関心を抱いていた。そのためパースは、フレーゲよりもより広い視野で推論の問題を扱った。アブダクションは、演繹と異なり、妥当な推論ではなく、正しい前提から誤った結論を導きうるものである。また、アブダクションには「pは最良の仮説」という形式化されない前提が含まれている。しかしこの推論図式は、科学活動の中で重要な役割をはたしてきたと、私は考えている。というのも科学理論は、関連する分野の専門家集団がその分野に関わる現象を説明するための最良の仮説として受け入れているものだからである。

パースの哲学の中で本書にとって重要なのは、可謬主義と反デカルト主義である。可謬主義は、アメリカ生まれの哲学者クワインなどに受け継がれている。また可謬主義は、アブダクションと深く関わっている。自然科学の基本法則が最良の仮説にすぎず、真であることが確定していないなら、その仮説は新しいよりよい仮説で置き換えられうる。このことを認めると、デカルトの明証性による主張の正当化もカントのアプリオリな認識の存在も疑わしくなるのである。

クワインの哲学

クワインは、言語哲学者であり、論理学者である。クワインの哲学において、言語哲学とプラグマティズムが合流する。クワインは一九三二年に、ホワイトヘッドのもとでラッセルとホワイトヘッドの『数学原論』に関する博士論文を書き、ハーヴァード大学で哲学博士を取得している。クワインはまた、ハーヴァード大学でデイヴィッド・ルイス（David K. Lewis, 1941-2001）やダニエル・デネット（Daniel C. Dennett, 1942-　）などの指導教員となった。そしてクワインは、アメリカが誇る言語哲学者デイヴィドソンに多大な影響を与えた。

クワインがプラグマティズムの哲学的方法論を推奨したのは、彼の代表的論文「経験主義の二つのドグマ」（1951）においてである。論理実証主義者たちがおし進めようとしていた形での経験主義に対抗してクワインが提案するのが、全体論である。全体論は、信念総体の構築が人間の知的活動にとって重要であり、絶対的な知識はないと唱える。このことからわかるように、クワインの全体論は、パースのプラグマティズムの可謬主義と調和的な立場である。そして、カント的な静的な認識論は否定され、概念枠の入れ替えも視野に入れた動的で自然主義的な認識論がクワインによって提案された。自然主義（Naturalism）は、パースが暗に哲学的考察の前提にしていた原理だと言っていいだろう。この自然主義をクワインは、論文「自然化された認識論」（1969）などで明示的に主張した。しかし、自然主義の前提はクワインの全体論の中にもすでに含まれていたと言っていいだろう。

クワインは、四次元主義的な立場から実体概念を出来事概念で代替することを提案している（Hookway 1988: 第六章第3節）。その意味でこのクワインのアプローチは、本書における私の提案を先取りしている。クワインによれば、科学的な言説は実体への言及を必要としない。人々や動物や無生物への言及は、それらの歴史を形作っている出来事の系列への言及によって完全に代替することができる（Quine 1981; Hookway 1988: 邦訳 p. 173）。本書のアプローチは、クワインが示唆したような出来事を優先する存在論を、より詳細に展開するものとみなすこともできよう（本書第四章第2節）。

7　語用論的アプローチ

語用論は、記号の使用という要素を意味の特定に導入する理論である。つまり、記号の使用者とその心的状態が意味の解釈過程に不可欠と考える理論である。

ストローソンのラッセル批判

オックスフォード大学の教授だったピーター・ストローソンは、日常言語の文の真理値が発話の文脈に依存することを論文「指示について（On Referring）」（1950）で指摘した。この論文は、ラッセルが提案した記述の理論に対する批判を含んでいた。そしてこの批判は、自然言語の文を意味論だけを視野に入れて解釈することへの批判であり、語用論（Pragmatics）の視点を言語哲学の中に導入した。

私は、拙著『言葉と心』（2007）第三章第2節でストローソンの使用の理論を紹介した。そこに示されているように、ストローソンの指示の理論は次のように要約できる（中山 2007: p. 66f）。

（6a）文は、端的に真や偽であるのではなく、ある主張をするために特定の場面で用いられた文が真理値を持つことができるのである。例えば、「フランス国王ははげである」という文が十七世紀初頭に用いられれば、この文はその状況に応じて真だったり偽だったりするだろう。しかし、フランス国王が存在しない現代においてこの文が用いられれば、この文は真理値を持たない。

（6b）先の例文の使用において、フランス国王の存在は主張されているのではなく、前提にされている。十七世紀初頭にこの文を発した人は、フランス国王が誰であるかということが広く知られているという前提で、「その人物がはげである」と主張している。

私は、『言葉と心』で語用論的観点を考慮に入れた意味論を構築しようとしたが、今でもこの立場は変わっていない(6)。そもそも、先の文のラッセルによる分析は、時制が分析に反映されていない不十分なものである。これに対しストローソンは、「フランス国王ははげである（The king of France is bald）」という文を現在形の文として解釈している。

このストローソンのアプローチは、後に、キース・ドネラン（Keith S. Donnellan, 1931-2015）などによって提唱された指示の理論に発展していく。ドネランは、指示の語用論から、確定記述の帰属的使用と指示的使用を区別している（Donnellan 1966）。この指示の語用論については、詳しくは、拙著『言葉と心』第四章第2節「確定記述の帰属的使用と指示的使用」での議論を参照してほしい（中山 2007: pp. 85–92）。

また語用論は、認知環境を共有する話者と聞き手の認知的状況を考慮に入れて、発話の解釈を分析する方向へと発展し、関連性理論（Relevance Theory）などが提案された（Sperber and Wilson 1986; 中山 2012: 第六章第2節）。そして、デイヴィッド・カプラン（David B. Kaplan, 1933-　）などによって直示語を考慮に入れた意味論が提案された（Kaplan 1978）。このような問題を記述するときに、認知環境の記述やその認知環境に位置する話者と聞き手などを扱うには本書が提案するプロセス形而上学の枠組みが適していることが本書の議論で明らかになることを、私は期待している。というのも、発話行為は、行為主体によって遂行される行為のひとつであり、その行為を世界の中に位置づけることが重要になってくるからである（中山 2012: 第五章第4節）。

言語行為論

オックスフォード大学の教授だったジョン・オースティン（John L. Austin, 1911-1960）は、言語行為論（Speech Act Theory）を提唱した。このときオースティンは、文を発することによって私たちがある行為を遂行しているということを指摘した。オースティンは、一九六〇年に突然死去したが、このオースティンが提唱した言語行為論のアプローチを引き継ぎ、独自の視点から体系化したのが、アメリカ出身の哲学者ジョン・サール（John R. Searle, 1932-　）である。

まず、拙著『共同性の現代哲学』（2004）の第三章第1節に基づいて、オースティンの言語行為論のアプローチを紹介しておこう（中山 2004: pp. 56-63）。オースティンは、彼の主著『言語と行為』（1962）において、遂行的発言（performative utterance）という用語を導入する。私たちは、日常生活において、言語を使用して状況を記述するだけでなく、言語を用いて約束したり命令したりしている。つまり私たちは、言語を用いて何事かをなしているのであり、発話はまさに行為の一種なのである。この指摘によってオースティンは、従来の言語哲学の適用領域を広げることに成功した。またオースティンは、発語行為（locutionary act）、発語内行為（illocutionary act）、発語媒介行為（perlocutionary act）の区別を導入した。発語行為は何かを言うことであり、発語内行為は何かを言うことにおいて（in saying）行う行為であり、発語媒介行為は何かを言うことによって（by saying）行う行為である（Austin 1962: p. 94, 邦訳 p. 164; 中山 2004: p. 59）。

サールは『言語行為』（1969）においてオースティンの言語行為論を明確化し、体系化した（Searle 1969; 中山 2004: pp. 63-73）。そして、『表現と意味』（1979）においてサールは発語内行為を五つのクラスに分類した。それらは、主張型（Assertives）、指令型（Directives）、行為拘束型（Commissives）、表現型（Expressives）、宣言型（Declarations）の五つである。その後サールは、言語哲学の基盤には心の哲学があると考えて、発語内行為の分析において前提としていた信念や欲求という志向性の問題に取り組み、『志向性』（1983）を執筆する。さらに、言語行為が前提とする社会的規範の問題へと関心は移行し、「社会的な存在物はどのような条件のもとで存在するのか」という社会存在論の問題を分析し、『社会的現実性の構築』（1995）や『社会的世界の制作』（2010）を執筆する。ちなみに私は、拙著『規範とゲーム』において、このサールのアプローチを紹介するとともに、その不十分な点を指摘した（中山 2011b: pp. 49-67）。いずれにしろ、このサールの個人的研究史は、言語哲学における言語行為の前提を明らかにし、言語哲学が心の哲学や社会存在論による補完を必要としていることを示唆している。

8　言語哲学研究の進展

言語哲学は、一九七〇年代から一九八〇年代にかけて黄金期を迎える。ここでは、この時期に活躍した哲学者たちの研究を見ておこう。

分析哲学の影響力の拡大

分析哲学は、英語圏を中心に発展してきたが、北欧、オランダ、ドイツ、東南アジア、オセアニアでも研究者を増やしてきた。分析哲学ではおもに英語で論文が発表されるので、この影響力の拡大は見えにくい面もある。ここでは、ドイツにおける分析哲学の影響力の拡大を見ておきたい。

一九五〇年代のドイツでは、現象学とハイデガー哲学が哲学の領域で支配的だった。後に分析哲学の研究にたずさわることになるカール＝オットー・アペル（Karl-Otto Apel, 1922-2017）、ヴォルフガンク・シュテークミュラー（Wolfgang Stegmüller, 1923-1991）、エルンスト・トゥーゲントハット（Ernst Tugendhat, 1930-　）なども現象学と深い接触を持つことから哲学をはじめた研究者たちである。ここではまず、トゥーゲントハットの研究活動を通して、ドイツにおける分析哲学の浸透を見ておきたい。(7)

トゥーゲントハットは、チェコスロバキアにドイツ語を母国語とした富裕なユダヤ人家庭に生まれ、南米のベネゼエラに家族とともに亡命し、アメリカのスタンフォード大学で古典文献学を専門にして学部を卒業し、ドイツのフライブルク大学でアリストテレスに関する博士論文を執筆し、その後、テュービンゲン大学、ミシガン大学、ハイデルベルク大学、ベルリン自由大学で教鞭をとった。この経歴のためトゥーゲントハットは、ドイツ語、英語、スペイン語、古代ギリシャ語に精通していた。トゥーゲントハットの初期の研究テーマは、アリストテレス哲学、フッサールの現象学、および、ハイデガー哲学だった。この時期の研究成果に『フッサールとハイデガーにおける真理概念』（1967）がある。また、分析哲学とも関係する彼の重要な論文に「タルスキによる真理の意味論的定義と論理実証主義における真理問題の歴史の中での位置づけ」（1960）と「フレーゲにおける Bedeutung の意味」（1970）がある。この後者の論文でトゥーゲントハットは、フレーゲの哲学に現れる意味（Bedeutung）を真理値潜在性（Wahrheitswertpotential）として解釈することを提案している。このことが示しているように、真理概念の分析がトゥーゲントハットの哲学において中心的テーマのひとつだった。トゥーゲントハットは、真理概念の歴史を探究し、最終的にはアリストテレスに起源を持ち、タルスキによって定式化された立場を基盤に、真理条件的意味論をとることになった。

中期のトゥーゲントハットは、ストローソンなどを批判しつつ言語哲学の自らの立場を明確化する仕事とそれを基盤にドイツ観念論などの伝統的哲学を批判する仕事をした（Tugendhat 1976, 1979）。そして後期においては、倫理学における研究が主なテーマとなる。トゥーゲントハットは、分析哲学はそもそも言語分析哲学（Sprachanalytische Philosophie）であるという見解を持っていた。つまり、言語哲学の観点から伝統的哲学を批判的に検討したのである。

分析哲学の研究成果を積極的に取り入れ社会科学の研究と結びつけた理論家に、ユルゲン・ハーバマス（Jürgen Habermas, 1929–　）がいる。ハーバマスは、フランクフルト学派の第二世代として知られている社会科学の理論家である。ハーバマスは、アペルやトゥーゲントハットから分析哲学の研究成果を吸収し、普遍語用論（Universal Pragmatics）という言語行為論の一種を提案し、これを基盤にしてコミュニケーション的行為の理論を提唱することになる（Habermas 1976, 1981; 中山 2011b: 第二章第2節）。

このように言語分析哲学は、一九六〇年代頃からドイツの中でも哲学のひとつの方法論として受け入れられ、独自の研究がなされるようになっていった。

デイヴィドソンの哲学

デイヴィドソンは、言語哲学研究を基盤にしながら、出来事論、行為論、心の哲学における自らの立場を展開した哲学者である。

デイヴィドソンは、論文「真理と意味」（1967）で、自然言語のための真理条件的意味論の可能性を示唆した。タルスキは形式言語のための真理論を一九三〇年代に提案したが、デイヴィドソンはこの論文の中でタルスキ流の意味論を自然言語の意味の理論にいかに適用すればよいかを示そうとした。自然言語の意味の理論は、有限の手段によって無限の数の文の意味を構成できるものでなくてはならない。タルスキの真理理論は、このことを可能にする理論である。ただしデイヴィドソンは、この理論を真理の理論としてではなく、意味の理論として自然言語に適用しようとする。というのも、形式言語においては意味の解釈からはじめて文の真理条件を規定できるが、自然言語においては意味こそが解明されなければならないものだからである。

デイヴィドソンは、クワインの全体論と根源的翻訳（radical translation）の考えに影響を受けて、根源的解釈（radical interpretation）と寛容の原理（principle of charity）の考えを提案した（Davidson 1984）。デイヴィドソンによれば、私たちが他者の言明を正しく理解しているというのは、自明のことではない。根源的解釈は、辞書などの用意なしに相手の言っていることを解釈することを指している。それは、私たちがはじめて言語を学ぶときにするような解釈だと言ってもいいだろう。このような場面では、寛容の原理が大きな役割をはたす。寛容の原理とは、「他者と自分との信念の一致が最大になるように、他者の思考や発言を解釈せよ」という原理である。ところでこの原理は、とりうる選択肢のひとつではなく、他者を理解するためにとらざるをえない前提であると、デイヴィドソンは考えている。

ここで、デイヴィドソンが展開する出来事論と行為論と非法則的一元論（Anomalous Monism）の関係について述べておこう。デイヴィドソンの見解によれば、行為は出来事の一種であり、出来事は物体と同様に存在者の一種である。この見解を、デイヴィドソンは、出来事についても量化する形式的理論を用いて自然言語の文の間に成り立つ推論を説明することで正当化しようとした（Davidson 1980）。また、出来事が存在者であるために、出来事については複数の記述が可能になる。デイヴィドソンはこの原理を、身体状態と心の状態の関係を説明するのに用いた。ある人物の同一の状態について、神経科学の言語によって記述がなされることもあれば、日常的な心的述語を用いて記述されることもありうる。しかし、これは身体状態と心的状態のタイプ還元を含意しない。というのも、これらの記述は同一のトークンに対する記述で、タイプに対する記述ではないからである。そして、この考えが非法則的一元論である。つまり、デイヴィドソンのこの考察は言語哲学的基盤を持っているのである。

デイヴィドソンは晩年に、三角測量（triangulation）の考えを発展させた（Davidson 2001: p. 83, 邦訳 p. 141; 中山 2012: 第六章第3節）。三角測量とは、二人の人間がひとつの事象について語るという状況のことである。このとき、三種類の知識が含まれている。それら三種類の知識とは、自己の心の状態についての知識と他者の心の状態についての知識と自己の外部にある世界について知識である（中山 2012: p. 148）。この三角測量の考えは、根源的解釈の考えを後期ヴィトゲンシュタインの考察を取り入れながらさらに発展させたものと言えるだろう。

プラトン主義と構成主義

ダメットは、フレーゲ哲学の研究者だったが、論理学や数学の哲学では構成主義（Constructivism）の確立を目指して研究した。また言語哲学では、一九七〇年代から続けられたダメットとデイヴィドソンの間での意味をめぐる論争がよく知られている。この論争は、言語哲学における実在論と反実在論（Anti-realism）の論争としても知られている（Dummett 1978）。ダメットは、論理学の哲学、数学の哲学においても、古典論理（Classical Logic）のアプローチ以外の選択肢を求め、直観主義論理（Intuitionistic Logic）や構成主義的数学の可能性を追求した（Dummett 1977）。

数学の哲学では、プラトン主義という立場がある。プラトン主義は、数学的対象が抽象的対象として実在するという立場であり、フレーゲもこの立場をとっていた。プラトン主義は、「古典論理」と呼ばれている標準的論理体系と結びついている。本書が基礎とする形式的理論も、古典論理を基盤にしている。また、本章第４節で紹介したモデル論的意味論も標準的な公理的集合論を前提にしており、プラトン主義を前提にしたものである。

古典論理は、「二値原理（principle of bivalence）」と呼ばれる原理を前提にしている。二値原理とは、「対象とされる言語で表現できる文は必ず真か偽かのいずれかである」と表現される原理である。古典論理が二値原理を認めるため、古典論理では「任意の文φについて、φかφの否定が成り立つ」という排中律（the law of the excluded middle）が成り立つ。これに対しダメットが支持した直観主義論理では、排中律が成り立たない。これは、直観主義論理が古典論理よりもより厳しい真理概念を要求するからである。直観主義者は、確実に正しいと示すことができた文だけを真だと認める。数学の多くの体系では、ゲーデルの不完全性定理からも帰結するように、肯定も否定も証明できないような文が必ず存在する。古典論理ではこのような文も（与えられた構造に対して）真であるか偽であるかのどちらかであると前提する。これに対し直観主義者は、排中律に基づいて背理法を用いて存在証明を行うことを認めず、構成的な存在証明しか認めない。古典論理に基づいた数学は、いわば〈神の視点〉のもとでの数学であり、無限の要素を含む対象を認める。これに対し直観主義者は、有限の操作の繰り返しによって構成できないような対象は認めない。言い換えると、直観主義者は可能無限（potential infinity）を認めるが、実無限（actual infinity）は認めない。

本書では、プラトン主義と構成主義を対立する立場としてではなく、ひとつの問題系に対する二つの異なる視点としてとらえる。また本書第五章では、〈超越的表象〉と〈内部からの表象〉という二つの表象方法を提案する。すると、プラトン主義は〈超越的表象〉に対応し、構成主義は〈内部からの表象〉に対応することになる。

プラトン主義者は、私たちが数学の活動を通して知りえないような文の真理値も原理的に決定していると考える。〈超越的表象〉は、神の視点からの表象なので、人間が表象しうることを超えて対象の世界が広がっていると考える。だから私たちは、数学的対象に関してすべてのことを知ることはできない。つまり、知りえない種類の確定した数学的事実があるとするのである。しかし、このような数学像を構成主義者は批判する。

構成主義が〈内部からの表象〉に基づいていることは、直観主義論理のクリプキ意味論（Kripke Semantics）からも見てとることができる。直観主義論理のクリプキ意味論では、評価立脚点の集合が形作る半順序構造を考察する。原子文や連言文や選言文や存在量化文については、評価立脚点でそれらの文が真であるかが確かめられる。これに対し、条件文や全称量化文については、取り出された評価立脚点につながる後の評価立脚点すべてで成立していることが求められる（Moschovakis 2018: Sect. 5.1）。このように、直観主義論理は理想的探究者が知識を着実に拡張していくときの推論過程を描いているとも解釈できる。そこでは、知識の拡張は〈内部からの視点〉から描かれているのである。しかし、この構成主義に基づいて研究を行う数学者は、実数論などに関する数学的活動に限定を与えることを受け入れなければならない。

第二章　部分全体論

部分関係に関する公理系を用いて存在論の特定のテーゼを厳密に表現する「メレオロジー（Mereology）」という形式的体系がある。本書では、イメージを抱きやすいようにするために、「メレオロジー」という用語の代わりに「形式的部分全体論」という語を用いることにする。「メレオロジー」はもともと、「部分についての学問分野」という意味を持っているため、この呼び名も内容的に適切だと言えるだろう。また、部分関係（part relation）を用いて形成された理論のことを本書では「部分全体論」と呼ぶことにする。言語哲学は部分全体論による補足を必要としていると、私は考えている。本章の目的のひとつは、「何が存在するか」という問いに答えるにあたって部分全体論が決定的な役割をはたすことを明らかにすることにある。

1　部分全体論の歴史

部分全体概念を用いた考察は、古代ギリシャに起源を持ち、二〇世紀にいたって厳密な形で定式化された（Varzi 2019: Introduction）。本節では特に、現代につながる部分全体論の歴史を紹介したい。

部分全体論の形式化への歴史

部分全体概念は、プラトンやアリストテレスの哲学以来、哲学の議論の中で重要な役割をはたしてきた（Varzi 2019: Introduction）。本書で議論するように、部分全体論は、アリストテレスの実体論やプロセス存在論を分析するうえで重要な基礎理論である。

現代の部分全体論の起源は、ウィーン大学で教えたドイツ人の哲学者フランツ・ブレンターノ（Franz C. H. H. Brentano, 1838–1917）にあると言われる。ブレンターノは、アリストテレス哲学を研究する中でこの部分全体論を考察するにいたった（Huemer 2019: Sect. 6）。ブレンターノのもとで育った研究者に、現象学のエドムント・フッサール（Edmund G. A. Husserl, 1859–1938）やアレクシウス・マイノング（Alexius Meinong, 1853–1920）やルヴフ－ワルシャワ学派（Lvov-Warsaw School）の創始者であるカジミェシュ・トヴァルドフスキ（Kazimierz Twardowski, 1866–1937）などがいる。トヴァルドフスキは、オーストリア生まれのポーランド人であり、ワルシャワ大学で教え、多くの優秀な論理学者たちを育てた。またフッサールは、部分全体概念の分析を『論理学研究』（1901）で行い、この概念の先駆的研究を行っている（Varzi 2019: Introduction; Simons 1982; 松田 2014b）。

ルヴフ－ワルシャワ学派の論理学者の中で、特筆すべき二人の論理学者がいる。スタニスワフ・レシニェフスキ（Stanisław Leśniewski, 1886–1939）とタルスキである。レシニェフスキは形式的部分全体論を定式化した論理学者であり、タルスキは真理概念の形式的定義を行い、モデル論的意味論の形成に寄与した論理学者・数学者である（本書第一章第4節）。ちなみにタルスキは、レシニェフスキなどのもとで論理学を学び、一九二四年にワルシャワ大学で博士号を取得している。また、一九二九年以降ウィーン学団と深い関係にあり、特に、後期カルナップに強い影響を与えている。その後、カルナップは一九三五年に、タルスキは一九三九年にアメリカに移住し、アメリカの大学で教鞭をとった。

レシニェフスキは、部分全体論の形式的体系を一九一六年および一九三一年に与えている（Leśniewski 1916; 1927–1931; Varzi 2019: Introduction; Simons 1987: pp. 64–81）。レシニェフスキの体系は、ポーランド語で書かれていたこともあり、ポーランド外ではしばらく影響力を持たなかった。そして、このポーランドの論理学者たちの活動とは独立に、一九三〇年代のアメリカでのヘンリー・レオナルド（Henry S. Leonard, 1905–1967）を中心とした定式化によって形式的部分全体論は広まった。特に、レオナルドとネルソン・グッドマン（Nelson H. Goodman, 1906–1998）による「個体計算とその使用」（1940）で提案された体系が部分全体論の体系として知られるようになった（Leonard and Goodman 1940）。レオナルドは、もともと、ハーヴァード大学のホワイトヘッドのもとで部分全体論の形式的体系を研究し、これを一九三〇年の博士論文で提案した（Varzi 2019: Introduction）。「個体の計算」は、このレオナルドの研究を基に、グッドマンの協力のもとに両者が発展させたものである（Cohnitz and Rossberg 2019: Sect. 3.2)。

ちなみに、ホワイトヘッド自身も一九一〇年代の末に出来事の存在論を定式化するために部分全体論の形式化に挑戦している（Whitehead 1919, 1920）。しかしホワイトヘッドは、時空的に連続的な対象のみを出来事として特定しようとしたため、満足な結果を得ることができなかった（Casati and Varzi 1999: p. 11）。このホワイトヘッドの研究は後に、カサッティとヴァルツィによってメレオロジーとトポロジーを統合した形式的体系であるメレオトポロジー（Mereotopology）へと発展させられた（Casati and Varzi 1999）。

標準的部分全体論

部分関係は、形式的には、ある種の半順序関係（partial order relation）である。ところで半順序関係というのは、反射的（reflexive）で、反対称的（antisymmetric）で、推移的（transitive）な関係のことである（付録1の定義1（1PO））。また、形式的部分全体論の最も弱い体系は半順序関係の体系である。そして、この部分関係を用いて〈重なり（overlap）〉などの関係語や〈和（sum）〉などの関数語を定義し、さらにいくつかの要請を課すことができる。そのため、部分全体論の諸体系には、いろいろな強さがある。そのうちで最も強い体系が一般外延メレオロジー（General Extensional Mereology, GEO）である（付録1の定義1）。この体系は研究者たちに広く受け入れられているため、これを本書では「標準的部分全体論」と呼ぶことにする。[1]

この標準的部分全体論の体系は、ブール代数とよく似た特徴を持っている。ブール代数は、結び

（join）の二項演算∪、交わり（meet）の二項演算∩、補元生成の一項演算を持ち、最小元０と最大元１を持つ代数の体系である。これら二つの形式的体系の唯一の違いは、標準的部分全体論ではブール代数の最小元０に相当する対象が存在しないところにある。ブール代数の最大元１は、標準的部分全体論では最大融合体ということになり、それはすべての対象を部分として含む全体ということになる。

標準的部分全体論は、いくつかの重要な特徴を持っている。例えば標準的部分全体論では、次の無制限の合成の原理と外延性原理が成り立つ。

（１ａ）〔無制限の合成の原理〕いかなる複数の対象に関してもそれらの融合体（fusion）は必ず存在する〔∀x ∀y ∃z (z＝x＋y)〕。

（１ｂ）〔外延性原理〕真部分（proper parts）の集合がまったく同じであるような対象 x と y は同一である〔∀x ∀y (∀z (*PPart*(z, x) ↔ *PPart*(z, y))→x＝y)〕。

無制限の合成の原理は、いかなる複数の融合体も存在することを意味し、膨大な数の対象の存在を認めなければならないことがこの原理から帰結する。そして外延性原理は、部分によって全体が完全に規定されることを表現している。

本書では、標準的部分全体論に基づく部分全体論を展開していく。それは、この体系が部分全体関係の特性を最大限に発揮できる体系だからである。本書の議論では、この体系をもとにして部分全体関係の適切な解釈や日常的世界理解との関係を分析していくことにする。

本書が提案する体系では、標準的部分全体論は二重の仕方で使用される。まず、時間的対象に対する標準的部分全体論と瞬間に関する線形順序を組み合わせた体系が提案される（付録1の定義2）。そして、プロセスに関する標準的部分全体論を先の時間理論と組み合わせてプロセス理論が定義される（本書第四章第4節、付録1の定義3）。

2　言語哲学の存在論的前提

言語哲学は部分全体論による補足を必要としていると先に述べたが、私がなぜそう考えるかの理由を、この節で説明することにしよう。

フレーゲの言語哲学の前提

フレーゲはもともと、数学の論証を明確化するために『概念記法』で述語論理の体系を考案した(Frege 1879)。このときフレーゲの念頭にあったのは、自然数の演算体系である。しかし数学には、自然数論もあれば幾何学もあり、どちらも数学の分野として重要である。1、2、3などの自然数は、抽象的対象であり、それぞれ自己完結している。言い換えると、個々の自然数は部分を持たず、自立している。これに対し、幾何学的図形は部分を含んでいる。例えば、ひとつの二等辺三角形は二つの直角三角形に分割できる。

自然数論が原子論的存在論と親和的であるのに対し、幾何学は部分全体論と相性がいい。フレーゲは、数学の基礎づけのプログラムで自然数論の方を重視した。フレーゲの扱った哲学的議論が最もよくあてはまるのは、「3は素数である」などの文を扱う自然数論である。実際、フレーゲの数学における論理主義の最初の目標は、自然数論も含めた算術（Arithmetic）の基本的公理を（二階の）述語論理の論理体系から導き出すことにあった。しかし、よく知られているように、フレーゲ自身の試みは失敗した。そしてフレーゲの論理主義の体系が、カントールの素朴集合論の体系と同様に、矛盾を含んでいることを示したのは、ラッセルだった（本書第一章第2節）。

フレーゲは「意義と意味について」（1892）などの哲学的論文で、述語論理を用いて自然言語の文の意味を解明できることを示そうとした。実際、数学などで使われる自然言語の中にも「かつ」や「ならば」などの論理結合子や「すべての」などの量化子が現れる。そして、単純な文の論理形式を関数記号の項の部分を固有名で充たしたものとして分析し、アリストテレス以来あいまいだった主語と述語というとらえ方をフレーゲは関数によって置き換えた。さらにフレーゲは、不飽和な文を〈対象から真理値への命題関数〉として解釈した（本書第一章第1節）。

フレーゲは、哲学的著作においては、日常言語で記述される対象がどのように個体化されるかという問題を議論しなかった。人間も星も、すでにそのようなものとして個体化されたものであることを議論の前提にしていたのである。自然数の体系で、「すべてのもの」と言ったときに何がすべてのものに属するかは明らかである。しかし、自然言語を扱うときには、何がすべてのものに属するかは自明ではない。フレーゲは、個体化に関する問いをたてることはなかったが、これは形而上学の一分野である存在論の中心的問いである。言い換えると、存在論が明らかにされなければ何がすべてのものなのかが明らかにならず、量化の範囲は確定しないのである。

複合的存在者の問題

フレーゲは、（空でない）固有名は対象を指示するとしたが、この対象は単純なものだろうか？ここで、茂というひとりの人物を例として考えてみよう。このとき、「茂」という固有名は茂という人物を指示している。しかし、茂という対象は、自然数よりも幾何学的図形や立体に似ている。というのも、瞬間で考えれば茂は三次元的に拡がっているし、時間も含めて考えれば茂は四次元的に拡がっているからである。例えば、茂は腕や足のような部分を持っている。つまり、茂は自然数のような単純な対象ではなく、複合的な対象なのである。人物でなくても、世界の中に実在するほとんどの存在者は、原子的個体ではなく、内部構造を持った複合的な存在者である。例えば、ひとつの机には、天板や引出しや脚が部分として含まれている。このように考えると、複合的存在者の問題は、実は、日常言語の分析で無視できない問題であることがわかってくる。

存在者の持つ内部構造は、存在者の種（sortal）を分類するのに重要な役割をはたしている。例えば、机はひとつの天板と四つの脚の特定の組み合わせという内部構造を持っているから机なのである。また、人間とホトトギスの違いのひとつは内部構造の違いにある。つまり、ある対象が人間であるのは、人間特有の身体を持ち、その特有の人間の身体によって可能となる能力を持つからである。

ここで、ラッセルの記述の理論の場合をふり返ってみよう。ラッセルは、「フランス国王ははげである」を次のようにパラフレーズした――「フランス国王である唯一のものが存在し、それがはげである」〔∃x (king-of(x, France)∧∀y (king-of(y, France)→y＝x)∧bald(x))〕。このとき、ラッセルの分析に表れる「～が存在する」や「すべての～」は、どのような量化領域を想定して解釈されているのだろうか？　ここでひとまず、量化領域を〈現在存在している全人類〉と設定してみよう。すると、この量化領域の中には中山康雄も含まれることになる。しかしこの領域には、中山康雄の右腕も右足もまだ含まれていない。それを含めるためには、量化領域を〈現在存在している全人類とそれらの手足全部〉というように拡張しなければならないのである。このように、フレーゲやラッセルの言語哲学に関する議論は、単純化された設定のもとで展開されていることがわかる。そこでは、複雑な構造を持つ複合的存在者が十分な形で扱われていない。

これに対し、複合的存在者の問題はアリストテレス哲学や中世哲学の中で真剣に探究されてきた問題である。例えば、アリストテレス哲学には、質料（hylē, matter）や元素の想定があり、地上に存在するものは必ず四元素（土、水、空気、火）から成るとされていた。アリストテレスの宇宙論によれば、月下界（地球から見て月より下の世界）は四元素の混合体で充たされており、月上界（地球から見て月より上の世界）はエーテルという第五元素で充たされている。そして、これらの混合体と元素としての質料の間に部分関係が成り立つことになる。これに対し、二〇世紀前半までの言語哲学では、複合的存在者の問題は、多くの場合、無視されており、伝統的形而上学の考察を言語哲学者たちが十分に評価していなかったことが見てとれる。そして、前期ヴィトゲンシュタインは、複合的存在者に関する命題はどれも単純な存在者に関する命題の論理的結合によって表現できると考えていた（本書第一章第３節）。しかし、このような論理的要素還元主義が自然科学の領域で成り立つかどうかは疑わしい。

この言語哲学における量化の問題は、どこから出てくるのだろうか？　それは、人間という対象を量化領域に含めただけでは、人間の右足も左足もこの量化領域にまだ含まれていないことに原因がある。この問題を解決する方法のひとつは、ある対象が量化領域に含まれているなら、そのすべての部分も量化領域に含まれていると最初から設定しておくことである。そしてこの設定は、標準的部分全体論を前提として認めた公理系を使用することによって自動的に達成される（付録1）。こうして、標準的部分全体論を基盤にした自然言語のための形式的理論は非常に大きな量化領域を持つことになる。

3　個体化の問題

フレーゲやラッセルは、アリストテレスが直面していたある問題を見ていなかったと言っていいだろう。その問題というのは、「個体とは何であるか」、そして、「個体はいかにして個体化されるのか」、という問題である。

アリストテレスの質料形相論

本章第2節ですでに見たように、フレーゲやラッセルは個体がすでに与えられているものと前提したうえで議論をはじめた。これに対しアリストテレスは、個体の成立条件について詳細に考察していた。そして、前期ヴィトゲンシュタインは原子的個体が存在すると主張したが、原子的個体がどのようなものであるかを指定することは哲学の問題ではなく、自然科学の問題であるとした。この意味でヴィトゲンシュタインは、個体化の問題に取り組むことを避けていたのである。この個体化の問題は、中世哲学においても重要な役割をはたしていたが、近世哲学における認識論的転回（epistemological turn）をへて、この存在論的問題は二〇世紀末までほとんど無視されるにいたったのである。

ところで、アリストテレスはなぜ個体化の問題に取り組んだのだろうか？　アリストテレスが形而上学者であるとともに自然学者でもあったためだと、私は思う。当時の支配的な自然学の説によれば、月下界の元素は、土、水、空気、火の四つである。言い換えると、月下界のあらゆる存在者はこの四元素の何らかの組み合わせから成り立っているはずである。そうであるなら、日常的個体はどのようにその個体性を維持し、それに対する性質帰属がどのように可能となるのだろうか？　これが、アリストテレスが直面した問題だった。そして、この問題に対しアリストテレスは質料形相論で答えたのである。

アリストテレスによれば、宇宙は物質としての質料に充たされている。そして最終的には、月下界の質料はすべて四元素からの何らかの組み合わせから構成され、月上界の質料は第五元素であるエーテルのみということになる。そして、アリストテレスの個体化論において決定的な役割をはたすのが形相（eidos, form）である。しかし、アリストテレスにとって、形相は純粋な抽象物ではない。それは、質料と一体となって個体を形成するものである。例えば、中山康雄という個体は、〈中山康雄を作り上げている質料〉と〈人間という形相〉の合成体ということになる。これが、アリストテレスの質料形相論である。つまり質料形相論によれば、すべての個体は質料と形相の合成体である。

個体の重要な特性のひとつに、数えることを可能にすることがある（本書第四章（5b）、付録1の定義4（4D11））。質料をそのまま、私たちは数えることができない。質料と形相が合体したものを、私たちは数えるのである。私たちは、二人の人間とか五冊の本とかについて語ることができる。そのような語りが可能になるのは、それらの存在者を私たちが、人間として、あるいは、本として個体化するからである。形相は、その形相を持つ個体を特定することを私たちに可能にする。

アリストテレスの実体論と持続の耐続説

アリストテレスにとって、質料と形相の合成体である個体は、実体（substance）である。個体は、実体であるがゆえに、異なる時間の中で同一のものとしてとどまることができる。これが、アリストテレスの実体論である。実体は、時間経過を超えて個体の同一性を保証するものである。

アリストテレスは、『形而上学』Z巻において、実体を三条件によって特徴づけている。その三条件というのは、基体性（述語・所属性の担い手であること）、特定指示性（未定なものに「この馬」と特定指示できるような規定性を与えられること）、離存性（他のものから離れて存在しうること）である（茶谷 2014: p. 8）。

この個体の基体性を時間の中でとらえると、持続に関する耐続説（Endurantism）が生まれる。耐続説というのは、物体は各時点に三次元的に全体として存在し、時間の経過の中で同一にとどまるという持続についての考えである（本書第四章第5節）。アリストテレスの考えでは、個体は実体なので基体性を持ち、耐続説が根拠づけられる。ここでは、基体性は通時的同一性（diachronic identity）を保証する原理となっている。基体性がなければ、私たちは物体の変化について語ることができない。個体が持つ基体性や実体性は、アリストテレスにとって、他のことがらを説明するために受け入れなければならない根本原理と言っていいだろう。

しかし、「アリストテレスが想定したような実体は本当に存在するのか」と、私たちは疑うことができる。耐続主義者であっても、アリストテレスの実体論を拒否することができるが、このとき、時間を超えてなぜ個体は同一にとどまるのかを別の方法で説明することが必要になるだろう。

アリストテレスの質料形相論は、実体概念によって支えられている。しかし動物は、新陳代謝し、時間がたてば動物個体の細胞の一部は入れ替わっていく。つまり、一匹の犬という質料形相合成体であっても、時間がたてばその質料部分で構成部分の入れ替えが起こり、その犬の質料は同一ではなくなる。だからこそアリストテレスは、実体の仮定によって個体の通時的同一性を保証しようとした。しかし、これは単なる要請であり、これでは実体の実在も実体の同一性も説明されないままである。これがアリストテレス流の実体論の根本問題だと、私は考えている。

4　部分全体論と存在論

この節では、アリストテレスの質料形相論を、部分全体論を前提にして解釈してみよう。その後、種名辞を用いた形相概念の表現を提案する。

質料形相論の分析

アリストテレスの主張として、まず、次のことが言える。

（2a）すべての質料は存在する。

（2b）質料と形相の合成体は、すべて個体として存在する。

ところで、アリストテレスの存在論はどのようなものだろうか？　アリストテレスは、質料と形相の合成体とみなせるような特定の質料の融合体のみを複合的存在者として認めていたと言える（本章第3節）。つまり、アリストテレスは〈無制限の合成の原理（1a）〉を認めていなかった。一方、アリストテレスは部分全体論のニヒリストではなかった。というのも、ひとりの人間の質料が複数のタイプの質料の融合体であるということを、アリストテレスは認めていたからである。つまり、アリストテレスは次の（3c）で規定される意味での〈中間的部分全体論者〉であったと言える。

ここで、部分全体論の立場の違いをわかりやすくするために、ブドウbとナシnとリンゴrという三個の（原子的）個体からなる世界を考えてみよう。このとき、部分全体論に関する三つの立場は、次のように説明できる。

（3a）［ニヒリズム（Nihilism）］部分全体論のニヒリストは、bとnとrという原子的個体だけが存在し、量化領域は{b, n, r}という集合だと主張する。以下、部分全体論の文脈であることが明らかなときには、「部分全体論のニヒリズム」のことを単に「ニヒリズム」と呼ぶことにする。(2)

（３ｂ）［標準的部分全体論］標準的部分全体論者は、b, n, r, b＋n, n＋r, r＋b, b＋n＋r が存在し、量化領域は{b, n, r, b＋n, n＋r, r＋b, b＋n＋r}という集合だと主張する。(3) ここで＋は、部分全体論的和（mereological sum）を表しており、b＋n は〈b と n の融合体〉を表している（付録１の定義１（１Ｄ５））。標準的部分全体論を受け入れると、このような融合体は必ず存在することになる（本章第１節（１ａ））。ここで、b＋n, n＋r, r＋b, b＋n＋r などもそれぞれ個体であることに注意していただきたい。

（３ｃ）［中間的部分全体論］ニヒリストの量化領域と標準的部分全体論の量化領域の中間になるような量化領域を採用する部分全体論を「中間的部分全体論」と呼ぶことにしよう。このとき、「{b, n, r, n＋r}という集合だ」と主張する人は中間的部分全体論者となる。

中間的部分全体論の立場は、公理系を用いて特徴づけることが困難な立場である。私は、標準的部分全体論（３ｂ）を受け入れる。するとその結果として、非常にたくさんの融合体を存在者として受け入れなくてはならなくなる。しかし、それは何ら不都合なことではないと、私は考える。それは、標準的部分全体論者は、融合体を受け入れることによっては宇宙に何ら新しい対象を持ち込まないからである。彼らはただ単に、対象への指示の仕方を拡張するだけである。

種名辞を用いた部分全体論の拡張

私は『現代唯名論の構築』（2009）で、〈言語的手段を用いて指示可能な存在者〉だけに通常私たちが注目するということを指摘した。[4] その言語的手段というのは、種名辞（sortal term）のことである。私たちは、言及が必要な存在者に適合する普通名詞（common noun）を作り出すことで、そのような存在者を共同注意の場に取り出し、その存在者を述語付けによって特徴づけすることができる。そのような普通名詞のうち、特に存在者の個体化を可能にする普通名詞のことを本書では「種名辞」と呼ぶ。例えば、「人間」は種名辞だが、「学生」は種名辞ではない。「人間」という普通名詞は、個体を選び出すために用いることができる。これに対し「学生」という普通名詞は、すでに個体化された存在者の状態を記述する普通名詞である。

種名辞の特徴のひとつに、ある個体に種名辞が適用できる時間領域とその個体が存在する時間領域が一致するという事実がある。このようなことが起こるのは、その個体がそもそも種名辞の適用によってあらかじめ個体化されていたからである。例えば、ヴィトゲンシュタインは一八八九年から一九五一年まで存在したが、それはヴィトゲンシュタインが人間であった期間でもある。これに対し、「学生」などの一般の普通名詞は個体の存在期間の一部にしか適用されない。

領域Uの中から種名辞Fが当てはまる対象だけからなる集合U_Fを考えることができる（このとき、U_FはUの部分集合になる）。ここで、F種のものについての量化は次のように定義できる（付録1の定義4（4D3））。

（4a）すべてのF種のものがφである $\Leftrightarrow_{\mathrm{def}}$ すべてのxについて、xがFならばxはφである〔$\forall_{[F]}\,x\,\phi(x)\leftrightarrow\forall x(F(x)\rightarrow\phi(x))$〕。

（4b）φを充たすF種のものが存在する $\Leftrightarrow_{\mathrm{def}}$（Fであり、かつ、φである）ようなものが存在する〔$\exists_{[F]}\,x\,\phi(x)\leftrightarrow\exists x(F(x)\wedge\phi(x))$〕。

すると、質料総体がどのようなものかわからなくても、種名辞を用いた量化表現は使用できることになる。つまり、標準的部分全体論をとっても、アリストテレスの質料形相論の内容は表現できることになる。例えば、「すべての人間には母親がいる（Everybody has his/her mother）」という文の内容は、「すべての人間種のものには人間種の母親がいる〔$\forall_{[human]}\,x\ \exists_{[human]}\,y$ mother-of(y, x)〕」と表現できる。ここで、「$\forall_{[human]}\,x$」と「$\exists_{[human]}\,x$」は人間種のものについての全称量化と存在量化を表している。実際、古代ギリシャ人は、人間が細胞から構成されていることを知らなかったが、それでも種名辞を用いて人間を個体化したり、人間について量化したりすることはできたわけである。

　プロセス存在論の体系では、「原子的F種対象である」という一項述語は、$atom_F$ で表される（付録1の定義4（4D6））。だから、「太郎は原子的人間種である」という文は $atom_{human}$(Taro) と表される。そして、F種のものの集まりは数えることができる。例えば、aがF種のものの集まりのときには、a中の原子的F種対象の個数（cardinality）は「$cd_F(a)$」で表される（付録1の定義4（4D11））。だから、bが三人の人間の集まりならば、「$cd_{human}(b)=3$」が成り立つことになる。

存在の階層性と優先性

部分全体関係に着目すると、存在者の間に階層性があることがわかる。例えば、ひとりの人間はさまざまな臓器から構成されており、それらの臓器はさまざまな細胞から構成されており、それらの細胞はさまざまな分子から構成されており、それらの分子はさまざまな原子から構成されている。この存在の階層構造は、人間だけではなく、すべての物体にあてはまることは、容易に見てとれる。

このような存在の階層性を考えるとき、「存在論的に優先されるべき特別な階層があるのか」という疑問がわく。そして次の四つが、特定の階層の優先性についてとられることがある立場である。

(5a)「最上部の存在者の優先」 階層中最上部の存在者を優先させる立場は、「優先性一元論(Priority Monism)」と呼ばれる。シャッファーがこの立場を主張している(Schaffer 2010, 2018)。

(5b)「最下部の存在者の優先」 この宇宙に階層中の最下部の存在者が存在するかどうかは、究極的には知ることができない。ただし現代科学では、素粒子がこの最下部の存在者と考えられている。すべての存在者はこの最下部の存在者から構成されていると考えたうえで、その構成物質を優先させるのがこの立場である。

(5c)「日常的存在者の優先」 日常的存在者が他の存在者に対して優先されるべきだと、この立場に立つ人は主張する。経験主義者にこの立場をとる哲学者がいる。科学哲学の分野で構成的経験主義をとったファン＝フラーセン(Bastiaan C. van Fraassen, 1941-)が典型例である(van

Fraassen 1980)。

（５ｄ）［文脈依存的に優先性を設定］この立場は、上の三つの立場はどれも適切になる場面があると考え、どれが適切であるかは状況に依存すると考える。この姿勢は、プラグマティズムに通じるものである。

部分全体論に二つの方向性がある。それらは、〈部分から全体へ〉と〈全体から部分へ〉という方向性である。〈部分から全体へ〉という立場では、部分を優先的存在者としてとらえ、全体は部分から構成されたものとしてとらえる立場である。（５ｂ）の立場が、この立場に相当する。〈全体から部分へ〉という立場では、全体を優先的存在者としてとらえ、部分は全体の一部をなすものとしてとらえる仕方である。（５ａ）の立場が、この立場に相当する。私自身は、（５ｄ）の文脈依存的立場をとっている。いずれにしろ、部分全体論を構成の方向と分割の方向の両側面から把握することが重要だと、私は考えている。

５　部分全体論と時間

私たち行為主体は常に、時間の中にいる。言い換えると、私たちは過ぎ去った出来事とまだ起きていない出来事の中間帯に位置し、行為を企てて何事かを世界の中に引き起こそうとする。このとき、部分全体関係と時間の間の関係について明確化することが必要になってくる。これは、部分全体関係を三次元的にとらえるのか、それとも、四次元的にとらえるのか、という問題と関わってくる。本書では、存在者を三次元的にとらえる人を「三次元主義者（Three-dimensionalist）」、それを四次元的にとらえる人を「四次元主義者（Four-dimensionalist）」と呼ぶことにする。だから、「中山康雄」のような固有名は、三次元主義者にとっては空間的拡がりを持つ三次元的対象を指示し、四次元主義者にとっては時空的拡がりを持つ四次元的対象を指示することになる。

三次元主義と四次元主義

全体は部分から構成されるという直観を、私たちの多くは持っている。集合論では、外延性定理が成り立ち、集合はその要素によって一意的に同定される〔$\forall x \forall y (\forall z (z \in x \leftrightarrow z \in y) \rightarrow x = y)$〕。標準的部分全体論でも同様に、外延性定理が成り立ち、いかなる対象もその真部分を融合したものとして一意的に同定される（本章第1節（1b））。ところで、本書第四章第3節で詳しく論じるように、部分全体関係は三次元主義的にも四次元主義にも解釈できる。部分は、三次元主義者にとっては空間的部分を意味し、四次元主義者にとっては時空的部分を意味することになる。

三次元主義者にとって、時間は物体とは本質的に異なる存在者である。これに対し四次元主義者にとって、時間は四次元的宇宙を特定の一次元へ射影することによって得ることができるものである。また四次元主義者にとって、すべての存在者は四次元的拡がりを持っている。

私の考えでは、四次元主義者は部分全体関係を二項関係としてとらえるが、三次元主義者は時間に相対化して部分全体関係をとらえることもでき、そうした場合、この関係は実質的には三項関係ということになる。つまりこのような三次元主義者は、部分全体関係を$Part_{[t]}(x, y)$のように、時間と二つの存在者の間の三項関係としてとらえていることになる。

このように考えると、三次元主義者でも時間に相対化した形での標準的部分全体論を受け入れることができることがわかる。このとき、時間に相対化した外延性定理も成り立つ。ただ、時間をまたいだ外延性定理は成り立たないことになるが、そのような外延性原理は問題をもたらす望ましくないものなので、むしろこのような相対化は三次元主義者にとって都合がいいことになろう。

ちなみに三次元主義者も、次のような要請を加えることで、時点に依存しない部分全体関係を定義することができる。

（６）［三次元主義者による相対化の無効化の要請］（三次元的）部分全体関係は時点に依存しない〔$\forall t1 \forall t2 \forall x \forall y (Part_{[t1]}(x, y) \leftrightarrow Part_{[t2]}(x, y))$〕。

しかしこの（６）の要請は、現実世界の記述に適用した場合には即座に反証される。というのも、ひとりの人間の部分である細胞は常に入れ替わっており、二つの異なる時点では同一の人物の構成部分をなす細胞群に違いがあるからである。そして、部分全体関係に関するいくつかのパズルは、この（６）の要請を暗に受け入れているために生ずるものと思われる。

四次元主義者は、三次元主義と異なり、ある存在者のある時間領域における時間的部分について語ることを可能にする。本書では、〈E_1の時間領域Tにおける時間的部分〉を$tp(E_1, T)$で表すことにする。

そして、そのような時間的部分も存在者のひとつであり、四次元的拡がりを持つことになる。また、「E_1はE$_2$の時間的部分である」を$TPart(E_1, E_2)$で表すことにする。「時間的部分である〔$TPart$〕」という二項述語は、次のように定義できる（付録1の定義3（3D4））——E_1がE_2の時間的部分である $\Leftrightarrow_{def}$ E_1の存在時間の内部では、E_1に含まれる瞬間的プロセスの総体とE_2に含まれる瞬間的プロセスの総体は一致する。つまり、E_1がE_2の時間的領域であるときには、E_1が存在する時間領域では、E_1とE_2の区別がつかない。なお、二項関係の時間的部分〔tp〕は、対象が存在する時間領域に限定して定義された部分関数であり、$tp(E_1, T)$は四次元的対象E_1の時間的部分でその時間領域がTであるような対象を指している（付録1の定義3（3A3））。ここで、例を用いて時間的部分を説明しよう。アインシュタインは、アメリカに亡命し、そこで後半生を過ごしたが、このとき、〈アメリカ時代のアインシュタイン〉は〈アインシュタインの全生涯〉の時間的部分である〔$TPart$(Einstein in the USA, Einstein)〕。また、アインシュタインは一九三三年から一九五五年までアメリカにいたので、「Einstein in the USA＝tp(Einstein, [1933–1955])」が成り立つことになる。このように、三次元主義者が三次元的に対象を個体化するのに対し、四次元主義者は四次元的に対象を個体化する。

四次元主義的に解釈された標準的部分全体論は強力なものであり、三次元主義的部分全体関係も四次元主義的部分全体関係と時間的部分の関数を用いて次のように定義できる——E_1はE_2の瞬間tにおける（三次元的）部分である $\Leftrightarrow_{def}$ E_1のtにおける時間的部分はE_2のtにおける時間的部分の部分である〔$Part_{[t]}(E_1, E_2) \leftrightarrow Part(tp(E_1, t), tp(E_2, t))$〕。

言語分析とプロセス存在論

どのような存在論をとるかによって、自然言語の文を論理的に分析する仕方も変わってくる。それは、「すべての～」や「～が存在する」と言うときに何が量化されているかが存在論に依存し、固有名が指す対象も関係語の関係項も存在論に依存しているからである。

四次元主義者は、種名辞の適用を四次元的に解釈しなくてはならない。そしてプロセス存在論は、すべての存在者はプロセスであり、プロセスは四次元的存在者だと主張する。さらにプロセス存在論者は、物体とみなされているものすべてはプロセスとして表現できると主張する。

また、多くの日常言語での表現もプロセス存在論の形式言語で表現できる。ここで、現時点を *now* で表し、直示語「これ」を $this_1$ で表すとき、それぞれの存在論に従って、「この部屋に三人の学生がいた（There were exactly three students in this room）」という文の内容を形式言語で表してみよう。ただしここで、A分析は時制演算子を用いた分析で、B分析は時間的順序関係を用いた分析を表すとする。これらの分析では、標準的部分全体論と個体化原理が前提にされている。そして、「人間（human）」という名詞は種名辞としてとらえられ、対象は種名辞の適用によって個体化され、数えることが可能になると考えられている。$cd_F(E)$ はFという種名辞によって個体化されたときのEの個数を表す関数であり、「EのFとしての基数（cardinality of E as F）」と読むことができる（付録１の定義４（４D11））。

（７ａ）［三次元主義的A分析］$this_1$ は部屋であり、三人の学生が $this_1$ の内部にいることが過去にあった〔$\mathrm{room}(\mathit{this}_1) \land \mathit{Past}(\exists x\ (\mathrm{student}(x) \land \mathit{cd}_{\mathrm{human}}(x) = 3 \land \mathrm{in}(x, \mathit{this}_1)))$〕。

（７ｂ）［永久主義的存在論に基づく三次元主義的Ｂ分析］this_1は部屋であり、過去のある時点で、学生でありかつthis_1の内部にいたような人間が三人いる〔$\mathrm{room}(\mathit{this}_1) \land \exists x(\mathit{cd}_{\mathrm{human}}(x) = 3 \land \exists t\ (t < \mathit{now} \land \mathrm{student}^2(x, t) \land \mathrm{in}^3(x, \mathit{this}_1, t)))$〕。

（７ｃ）［永久主義的存在論に基づく四次元主義的Ｂ分析］this_1は部屋であり、次の条件を充たす三人の人間と瞬間ｔが存在する——彼らの過去のｔにおける時間的部分が学生であり、かつ、彼らのｔにおける時間的部分がthis_1のｔにおける時間的部分の内部にある〔$\mathrm{room}(\mathit{this}_1) \land \exists E\ (\mathit{cd}_{\mathrm{human}}(E) = 3 \land \exists t\ (t < \mathit{now} \land \mathrm{student}(\mathit{tp}(E, t)) \land \mathrm{in}(\mathit{tp}(E, t), \mathit{tp}(\mathit{this}_1, t))))$〕。

上の形式的表現を比べると、三次元主義的Ｂ分析（７ｂ）では、関係語が時間相対的にとらえられていることがわかる。このことを強調するために、（７ｂ）では$\mathrm{student}^2$という二項関係語とin^3という三項関係語が用いられている。ルイスは、このような分析を性質の内在性の観点から批判している（本書第四章第2節）。三次元主義的Ａ分析は自然な印象を与えるが、それだけでは「昨年の八月一五日に」などの時間の特定を許さない表現となっており、表現能力に欠ける面がある。また、標準的部分全体論を用いた表現は、集団を直接記述することができ、（７ａ）や（７ｂ）の単純な分析よりも表現力において勝っている。ちなみに、（７ｃ）が本書のプロセス存在論が提案する表現である。

II　実体論とプロセス存在論

実体論はアリストテレスに起源を持つ哲学体系であり、プロセス存在論は本書で提案される存在論である。この第II部では、実体論とプロセス存在論がどのような立場かを記述することにする。そして、プロセス存在論の特性を詳細に描き、その利点を明らかにしていきたい。

第三章　実体論の歴史

この章では、アリストテレスの実体論がどのようなものであり、その立場が歴史の中でどのように受け継がれていったのかを記述したい。

1　アリストテレスの実体論

アリストテレスについては、第二章第3節ですでに述べておいた。ここでは、アリストテレスの時間論と実体論について紹介しておこう。

アリストテレスの時間論

アリストテレスの実体論は、通時的同一性に関する考えを含んでおり、時間についてのアリストテレスの見解が前提にされている。ただしここで「通時的同一性」というのは、時間の経過を超えて保たれる三次元的物体の数的同一性のことである。そこで、アリストテレスの時間論がどのようなものだったのかを、まず確認することからはじめよう。アリストテレスは、自然哲学に関する著作『自然学』において時間が何かについて語っている。このアリストテレスの時間論について、私は『時間論の構築』第一章の第1節と第2節で議論した（中山 2003, pp. 14-27）。その内容をここでまとめておく（p. 14f）。

（1a）時間は変化なしにはありえない。
（1b）時間は運動（キネシス）の数である。
（1c）時間が線形順序構造をなすことが、（1b）から帰結する。というのも、数についての〈より大きい〉という関係は線形順序構造をなすからである。しかも、運動が「連続的なもの」だから、時間も連続的なものになる。
（1d）運動こそが実在する。そして時間は、運動から派生する。
（1e）運動は、アリストテレスが「転化（メタボレ）」と呼んだ広義の変化の一種である。
（1f）時間は、消滅の原因である。
（1g）キネシスは、広義の運動であり、移動や増減や変化を含んでいる。
（1h）メタボレは、実体の生成・消滅をも含んでいる（『自然学』1968, p. 379）。
（1i）転化には、場所における転化、量における転化、性質における転化、実体における転化の四種類のものがある（『自然学』1968, p. 407）。

ここで私たちは、アリストテレスが運動の実在を時間の実在に先行するものとして考えていたことを確認できる。つまり、アリストテレスによれば、時間は運動を測るために導入されるものにすぎない。また、転化の概念は物体の通時的同一性を前提にしている。というのも、転化は同一の物体が異なる時点において、異なる位置や異なる量や異なる性質を持つことだからである。

アリストテレスの実体論

アリストテレスの第一実体は、述語付けがなされる個体のことである（本書第二章第3節）。そしてこの個体は、時間の経過を超えて同一性を保ちながら持続するものとしてとらえられている。アリストテレスの考えでは、実体が個体の通時的同一性を保証するものである。個体の転化につい語ることができるためには、性質の時間的変化を貫いて同一にとどまる個体が存在しなければならない。アリストテレスの実体論は、質料形相論に支えられたものだが、それがもたらすひとつの問題について考えてみよう。

ここで、青銅でできたあるカント像について考えてみよう。アリストテレスの質料形相論に従えば、このカント像は青銅という質料と「カント的外観」として私たちが理解している形相との合成体である。二〇一七年にこのカント像が制作され、二〇一八年にこの青銅像の右手の小指が折れて紛失したとしよう。このとき、先の青銅像を「カントＡ〔Kant$_A$〕」と呼び、後の右手小指なしの青銅像を

「カントB〔Kant_{B}〕」と呼ぼう。

私たちの日常での実践によれば、カントAとカントBは青銅像として同一である。例えば私たちは、カントBを見てすぐにそれがカントの青銅像だと見てとるだろう。カントBは、カントのありさまを申し分なく表している。機能の面で、カントBはカントAに対してほとんど見劣りがしない。しかし、カントAとカントBを青銅塊として見たときには、両者は同一ではない。カントAとカントBとは重さが異なり、カントAの方がカントBよりも青銅塊としての価値が少し高いはずである。このように、アリストテレスの質料形相論においては、個体に関する通時的同一性は質料に関する同一性を含意しない。カントAに使われている青銅塊を「青銅塊A」と呼び、カントBで使われている青銅塊を「青銅塊B」と呼ぼう。するとアリストテレスの説に従うと、〈青銅塊Aとカント的外観という形相の合成体〉と〈青銅塊Bとカント的外観という形相の合成体〉は、青銅塊Aと青銅塊Bが異なるのに同一だということになる。このことから、質料形相合成体では、形相のほうが個体形成における比重が大きいことがわかる。

次に、カント像についての別のストーリーを考えてみよう。あるとき、カント像の用途がなくなり、カントAを溶かしてそこから青銅の塊である青銅塊Cを作ったとしよう。このとき、青銅塊Aと青銅塊Cは同じ重量を持ち、青銅塊として同じ価値があると私たちは思うだろう。そして私たちは、「青銅塊Aと青銅塊Cは青銅塊として同一である」と言うだろう。しかし私たちはこのとき、カント像はこれで消滅したと考えるだろう。ここでも、カント像という個体に関しては、形相のほうが個体形成における比重が大きいと判断できる。

私の考えでは、通時的同一性を説明するためにアリストテレスは実体の概念を必要とする。個体の実体は、質料形相合成体と深く関わるが、この合成体と同一のものではない。ある個体の実体は、基体性を持ち、個体の通時的同一性を保証するものであることが要請される。しかし、この実体がどのようなものであるかのアリストテレスの説明は、十分なものではないと私は考える。そして、この説明不足こそが、私がアリストテレス的実体論を拒否するひとつの理由である。ちなみに私は第四章第6節で、プロセス存在論に基づいてこの問題を再考することにする。

2　デカルトの二元論

この節においてデカルトについて私が論じるのは、近世の哲学におけるデカルトの二元論の影響の大きさのためである。デカルトの二元論は、〈精神という実体〉と〈物体という実体〉という異質なものの存在を独立なものとして認める。そしてデカルトは、神の存在証明も試みる。デカルトが哲学者として取り組んだのは、確実な知識の体系を構築するプログラムである。その出発点に方法的懐疑があり、その懐疑によって疑いえないものとしての精神の存在がまず明らかにされ、次に神の存在証明、物体の存在証明へと向かうのが、『方法序説』（1637）や『省察』（1641）で展開された議論である。確実な知識の探究から哲学を出発させるという方法は、古代や中世でとられなかった独自なものである。ここに、哲学の歴史を合理的視点から再吟味しようとするデカルトの意気込みが感じられる。近世哲学の認識論的転回はデカルト哲学とともにはじまったと言っていいだろう。

この節では、特に『哲学原理』(1644) をもとに、デカルトの思想を紹介しよう。この『哲学原理』でデカルトは、探究が完結したところから全体の体系を説明しようとしている。そのため、神が真に独立な実体として位置づけられた視点から、デカルトの体系も説明されている。

デカルトの実体概念

デカルトの実体概念は、アリストテレスとは異なるものである。デカルトの言う実体 (substantia) とは、自立的存在者のことである。だから『哲学原理』では、真の実体は神のみであると主張される。

「実体」という言葉でわれわれの理解しうるものは、存在するために他のいかなるものをも必要とすることなく存在しているもの以外の何ものでもない。そして、まったく何ものをも必要としない実体としては、確かにただ一つ、すなわち神しか理解することができない。(Descartes 1644: 第一部第51節、邦訳 p. 60)

そしてデカルトは、神の協力のみを必要とするという制限付きの実体として、精神と物体をあげている。

ところで、物体的な実体と、精神すなわち考える実体とは、いずれも被造実体として、この実体という共通の概念のもとに理解されうる。それらはいずれも、存在するためには、ただ神の協力のみを必要とすればよい事物だからである。（Descartes 1644: 第一部第52節、邦訳 p. 61）

物体の本性は空間的延長であり、精神の本性は思考であると、デカルトは主張する。ここで、物体の延長というのは三次元的延長を意味し、時間が含まれていないということが、本書では重要になる。

そして確かに、物体はどのような属性によっても認識されるが、しかしそれぞれの実体には一つの主要な特性があって、これがその実体の本性および本質をなしており、他のすべての特性はこれに帰属させられる。すなわち、長さ、幅、深さにおける延長が物体的な実体の本性をなし、思考が考える実体の本性をなしている。（Descartes 1644: 第一部第53節、邦訳 p. 61）

これまでの箇所では、精神と物体ははっきりと分離されているように思われる。しかし、知覚や感覚の問題を記述するとき、物体でありながら精神に結びついている身体という特別な物体が要請される。『哲学原理』では、人間の身体についてデカルトは次のように述べている。

同様に、苦痛やその他の感覚がわれわれに思いがけなく起こることが明らかに認められることから、ある物体がわれわれの精神に、他のいかなる物体よりもはるかにより緊密に結びついている、と結論することができる。というのは精神は、これらの感覚が精神だけから出てくるものではないこと、精神に感覚が生じうるためには、精神が思考するものであることだけでなく、延長があり動くことのできる他の何らかの事物に精神が結びついていなければならないことを、〔精神に本来的な認識によって〕意識しているからである。この何らかの事物というのが人間の身体と呼ばれるものである。（Descartes 1644: 第二部第2節、邦訳 p. 82）

しかし、精神と結びついた人間の身体は、デカルトの二元論を乱すものにならないだろうか。デカルトが心的因果を肯定したことは有名だが、ここにデカルトの二元論のほつれがあることは多く指摘されてきた。現代における心の哲学は、デカルトの心身二元論を乗り越えることを目標のひとつとして発展してきたと言っていいだろう。

ものの持続の問題

デカルトは、時間を思考の様態としてとらえる。つまりデカルトは、時間を認識主体の側の思考様態として理解している。

（…）それぞれの事物の持続とは、その事物が存在し続けるかぎり、われわれがそのもとにこの事物を考えるところの様態にすぎないとみなすことである。（Descartes 1644: 第一部第55節、邦訳 p. 62）

たとえば、われわれが時間を一般的な意味でとられた持続から区別して、運動の数であると言うとき、このような時間は思考の様態にほかならない。なぜなら、明らかにわれわれは、運動における持続が、運動していない事物における持続と別のものだとは理解していないからである。(Descartes 1644: 第一部第57節、邦訳 p. 63)

デカルトは物体を三次元的存在物とみなすため、時間を超えた物体の同一性がいかに保たれるかが問題となってくる。そして、この問題は時間を超えた精神の同一性に関しても同様に生じてくる。そして、事物の持続は神による事物の再産出によって可能になると、デカルトは説く。またデカルトは、これが神の存在証明の一ヴァージョンであると言う。

時間すなわち事物の持続の本性とは、その諸部分がたがいに依存しあっておらず、けっして同時に存在することはない、ということである。したがって、われわれが現に存在しているということから、それにすぐ続く次の時間においても、われわれが存在するであろうとはかぎらないことになる。われわれが次の時間にも存在するためには、何らかの原因、すなわち、はじめにわれわれを産出した原因が不断にいわばわれわれを再産出している、いいかえれば、保存しているのでなければならない。なぜなら、われわれのうちには、それによってわれわれがわれわれ自身を保存していくような、いかなる力もないということ、また自分とは異なるわれわれを保存していくほどの力をもっているものは、ましてそれだけいっそう自分自身をも保存すること、あるいはむしろ、いかなるものの保存をも必要としないこと、要するに、神が存在することを、われわれは容易に理解するからである。（Descartes 1644: 第一部第21節、邦訳 p. 44f）

ここでデカルトは、事物の持続の問題を、神の効力によってしか説明できない問題だとみなしている。しかし、本当にそうだろうか。物体の存続と消滅は、物理的世界内部に閉じた現象ではないか。少なくとも、現代科学に従事している研究者たちはそう考えるだろう。生物体は、自らの持続と種の持続を可能にするように構造化されていると、私は考えている（本書第八章第3節）。だから生物体の存続は、生物体の内部からの活動に支えられていると言っていいだろう。そして、この生物体の存続の原理を説明するのは、生物学の課題であり、哲学の課題ではない。

3　カントの理論哲学――主体の認識論的構造

イマヌエル・カント（Immanuel Kant, 1724-1804）は、彼の理論哲学を『純粋理性批判』（1781/1787）で展開している。この著書の構造は、建築的であり、明確な構成部分から成り立っている。私が特に注目したいのは、カントの時間空間論と持続に関する理論である。

カントの空間論・時間論

アリストテレスとは異なり、カントは時間も空間も認識主体の感性の形式（Form der Sinnlichkeit）

だととらえる。カントによれば、事物はそのままの形で認識主体に現れるわけではない。外界はまず、認識主体の感性を通して多様な現象として認識主体に与えられる。そして、認識主体は、この得られた多様な現象を悟性の使用によって整理することで認識にいたると、カントは考える。そして、空間と時間は現象が現れる認識主体内部の場のようなものとしてとらえられ、カントはこれを「感性の純粋形式」と呼ぶ。

カントは、外界からどのように情報が感性に与えられるかを問わず、情報が感性に現象として与えられた後の問題のみを扱う。こうして、認識主体の存在は哲学に不可欠となる。というのも、現象は認識主体に対してのみ現れるからである。カントによれば、現象の向こう側の物自体（Ding an sich）について語ることはできない。

カントは、「認識主体にとって認識はいかに可能になるか」という問いに導かれて理論哲学を展開した。またカントは、形而上学は可能かという問いを「アプリオリ（a priori）で綜合的な判断は可能か」という問いに置き換えて追及した。ところでアプリオリとは、「先験的」と翻訳されるカントの用語であり、経験に依存せずに成立することを意味している。この用語は、「後験的」と翻訳されるアポステリオリ（a posteriori）という用語に対比されている。

アリストテレスにとって「対象はいかに個体化されるか」が重要な問いだったのに対し、カントは「感性によって与えられた多様な表象がいかに対象として認識されるか」を問題とした。つまりカント哲学では、「対象はいかに個体化されるか」という存在論的な問いではなく、「対象は多様な表象からいかに構成されるか」という認識論的な問いが、哲学の中心的問題だととらえられているのである。

カントの認識論では、知識は確実で、疑いえないものである。そして、数学の知識や自然科学の知識や形而上学の知識も同様に確実なものだと、カントは考えていた。このような知識の確実性への信頼は、パースの可謬主義に代表される現代哲学の見解といちじるしく異なっている（本書第五章第1節）。

カントの持続に関する理論

カントが唱える「実体の恒常不変性の原則」とは、次のものである。

現象がどんなに変易しようとも実体は常住不変であり自然における実体の量は増しもしなければ減りもしない。（Kant 1781/1787: B224, 邦訳上巻 p. 257）

カントは、この原則の妥当性を次のように論証する。

すべて現象は時間において存在する。同時的存在も継起も、基体（Substrat 実体的基礎）としての時間（内的直観の不変な形式としての）においてのみ、表象せられるのである。それだから時間は、現象の一切の変易（Wechsel）がそのなかで考えられねばならぬところのものであるが、しかし時間そのものは常住であって変易しない。時間は、継起や同時的存在がそのなかで、時間の規定としてのみ表象され得るところのものだからである。ところで時間は、それ自体だけでは知覚され得ない。すると知覚の対象即ち現象において、時間一般を表わすところの基体が見出されねばならないということになる、つまり一切の変易や同時的存在は、かかる基体に即して、この基体に対する現象の関係によって覚知され得るのである。ところで一切の実在的なもの、即ち物の実際的存在に属するものの基体は実体である、そして現実的存在に属する一切のものは、それぞれ実体の規定としてのみ考えられる。従ってまた現象の一切の時間関係は、常住不変なものとの関係においてのみ規定せられ得る、してみるとこの常住不変なものが即ち現象における実体である、——換言すれば、現象の一切の変易の基体として、現象において常に同一不変であるところの実在的なものである。してみるとこの実体は、現象の現実的存在において変易することがあり得ない、故に自然における実体の量は、増すこともあり得なければ減ることもあり得ないのである。（Kant 1781/1787, B224f. 邦訳上巻 p. 257f）

このようにカントは、現象の変化が把握されるためには恒常不変な実体が存在しなければならないと論じる。そしてカントは、実体に関する永久主義（Eternalism）をとる。現象の変化を私たちは知覚する。カントは、この現象変化を知覚することが可能になる条件として実体の存在を唱えるのである。デカルトとは異なり、このカントの論証の中には神は登場しない。

カントにとって、感性は悟性（Vernunft）への通路に過ぎない。これは、現代の脳科学からの知見とは異なる。意識的に処理される感性情報は知覚情報の一部にすぎず、意識化されなかった情報も脳内の情報処理には影響を与えている。つまり、カントの考察にも思考能力を偏重する姿勢がみられる。

4　固有名の指示に関する分析哲学内部の論争

言語哲学の主要な問題のひとつに固有名の指示をめぐる問題がある。ここでは、この固有名の指示に関する問題を、指示対象はどのような存在者かという存在論的観点から描いてみよう。

数学の哲学における固有名の消去主義と非消去主義

固有名に関する議論として、ラッセルからはじまる記述説とソール・クリプキ（Saul A. Kripke, 1940–　）が提案した直接指示説が知られている。ラッセルやクワインは、固有名を含んだ文が確定記述を含んだ文によって置き換えることができ、それによって固有名なしですますことができる、つまり、固有名を消去できるという立場をとっていた。これに対しクリプキは、固有名が確定記述の助けなしに直接的に対象を指示するという〈固有名の直接指示説〉を提案した。ここでは、この問題が数学基礎論の問題と関わっていることを指摘したい。

数学の哲学で、フレーゲは論理主義という立場をとり、ラッセルもこの立場を引き継いでいた。論理主義は、数学を論理学に還元するという立場であり、フレーゲは算術と言われる数学の分野を二階述語論理のみで表現しようとしたが、その試みは失敗に終わった。二階述語論理では、述語について量化することが許されており、ライプニッツの不可識別者同一の原理によって同一性を定義できる。この原理は、「すべての性質について同一の性質を持つものは同一の対象である〔∀x∀y(∀F(F(x)

$\leftrightarrow F(y))\rightarrow x=y)]$」という内容を持つ原理である。しかしゲーデルの不完全性定理によれば、「算術理論を帰結できるような二階述語論理の体系は不完全であるか矛盾しているかのどちらかである」ということがわかっている。そして実際、フレーゲの二階述語論理を用いた算術を基礎づける体系が矛盾を含んでいたことをラッセルが指摘したのである。

　ここで、ペアノの公理系[1]による自然数の公理的特徴づけを参考にしながら考えてみよう。この体系は、0という固有名とsucという後続関数を用いて一階述語論理で表現される。二階述語論理であれば、0もsucも定義できる。これに対しこのペアノの公理系では、0は消去不可能な固有名であり、自然数を指示する他の固有名は、次のように明示的に定義できる――$1 =_{def} suc(0)$, $2 =_{def} suc(1)$, $3 =_{def} suc(2)$, ... この明示的定義をもとの体系に付け加えることによってペアノの公理系は拡張され、この言語も1、2、3などの固有名を含むように拡張される。この標準的体系における固有名の扱いは、クリプキによる固有名に関する特徴づけと完全に一致している。0は直接的に導入された固有名であり、ある自然数を指示している。ここで1は、「0の後続者」として記述によって導入され、この記述によって同定された対象を指示している。しかしこの導入後は、1はこの同定された対象を固定的に指示する固有名となる。すると、クリプキの直接指示説は数学理論の標準的解釈と親和的な立場ということになる。

　この標準的解釈とは異なり、ラッセルは記述の理論によってこれらの数字を解釈することを提案した。記述の理論では、確定記述は一種の複雑な量化表現として解釈される（本書第一章第2節）。そして固有名は、特定の確定記述によって置き換えられ消去される。このように見ると、クリプキの直接指示説は、数学理論の解釈という観点からも自然なアプローチだということがわかる。

固有名の指示の記述説

藤川（2014）が論じる意味での記述説や記述の束説は、ラッセルの記述説とは異なり、固有名の指示に関する説明理論であり、消去主義的主張とは独立である。この記述説は、クリプキが『名指しと必然性』（1980）で批判した立場となっている。これらの説に対する藤川（2014）のまとめを見ておこう。

（2a）［固有名の指示に関する記述説］話し手Sによる固有名「N」の発話が対象Aを指示するのは次の場合、かつ、その場合に限る：

［1］Sは、性質 $\phi_1, \phi_2, \ldots, \phi_n$ をそれぞれ表現する記述「ϕ_1」,「ϕ_2」,…,「ϕ_n」を、「N」に結び付けており、かつ、

［2］Aは $\phi_1, \phi_2, \ldots, \phi_n$ のすべてを持つ唯一の対象である。（藤川 2014: p. 6）

（2b）［固有名の指示に関する記述の束説］話し手Sによる固有名「N」の発話が対象Aを指示するのは次の場合、かつ、その場合に限る：

［1］Sは、性質 $\phi_1, \phi_2, \ldots, \phi_n$ をそれぞれ表現する記述「ϕ_1」,「ϕ_2」,…,「ϕ_n」を、「N」に結び付けており、かつ、

［2］これらの記述の大部分を充たすのはAだけである。（藤川 2014: p. 7）

ここで私が考察したいのは、固有名によって指示される対象Aが三次元的存在者か四次元的存在者かという問題である。記述説は、この問いに対して中立的であると思われる。この問題を検討するために、藤川（2014）があげている「アリストテレス」に関する例を見てみよう。「アリストテレス」という固有名と結びつけられた性質のひとつは「古代ギリシャの哲学者で、アレキサンダー大王の師であり、『形而上学』の著者」である（p. 7）。ここでは、アリストテレスという過去の存在者について議論がなされており、永久主義的な存在論がとられていると考えられる。先の性質記述を三次元主義的に解釈すると、「あるとき古代ギリシャに生きる哲学者であり、かつ、あるときアレキサンダー大王の師であり、あるとき『形而上学』という著者を書いた人間」というようになる。今度はこの性質記述を四次元主義的に解釈すると、「ある時間的部分は古代ギリシャに生きる哲学者であり、かつ、ある時間的部分はアレキサンダー大王の師であり、ある時間的部分は『形而上学』を書いたというそれらの時間的部分を含むひとりの人間」というようになる。つまり、対象を特定する三次元主義的記述も四次元主義的記述も同様に可能である。

この考察の結論として言えることは、記述説そのものは、実体論かプロセス存在論かという選択に対して中立的だということである。

クリプキの固定指示子の理論

クリプキの固定指示子（rigid designator）の理論は、三次元主義的で、実体論的な立場と親和的なものである。ここでは、このことを説明しよう。

クリプキは、固有名と確定記述を区別するために、可能世界（possible world）を用いた議論を行った。確定記述が記述に基づいて指示対象を選び出すなら、その指示対象は可能世界によって異なりうる。例えば、「日本で最も背が高い男」は現実世界では守だが、ある可能世界では徹かもしれない。これに対し、固有名の指示対象はどのような可能世界でも現実世界で指示する対象と同一の対象を指示する。例えば、守はどの可能世界でも守である。このように、異なるどの可能世界でも同一の対象を指示するような記号のことを、クリプキは「固定指示子」と呼ぶ。言い換えると、次のことが成り立つとクリプキは主張する――aとbが固有名のとき、a＝bならば、必然的にa＝bである〔a＝b→Necessarily(a＝b)〕。

クリプキが時間の問題をどのように扱おうとしていたかについては、私は詳しく知らない。しかし、三次元主義を最も忠実に表現する時間の形式化は、時制（tense）を用いた表現である。そして、先の固定指示子の考えを、時制を使用した場合に拡張して考えれば、次のことが言える――現在においてa＝bならば、過去においても未来においても常に（aが存在するなら、a＝bである）〔a＝b→(H(exist(a)→a＝b)∧G(exist(a)→a＝b))〕。（ただし、Hは「過去において常に」を表す過去必然性の演算子であり、Gは「未来において常に」を表す未来必然性の演算子だとする。）

クリプキの指示の理論として知られているものに、固有名の指示に関する因果・歴史説がある。この説は、固有名の固定指示子の理論と結びついている。固有名の固定指示子に関するテーゼは様相論理におけるテーゼだが、固有名の指示に関する因果・歴史説は日常的言語使用に関するテーゼであり、それらは互いに調和的である。拙著『言葉と心』(2007) での因果・歴史説に関する説明がわかりやすいので、これを紹介しよう。

ここで、小百合が「アリストテレスは自然哲学者でもあった」と言ったとしてみよう。このとき、「アリストテレス」という固有名はいったい誰を指示しているのか？　フレーゲやラッセルが唱えた記述説 (Description Theory) では、この固有名と結びつけられた「スタゲイラ生まれのギリシャ時代の大哲学者」などという記述が指示対象の特定において決定的な役割を果たす。これに対し、因果・歴史説では、このケースでの固有名の導入場面につながる歴史的連関が、指示対象の特定に関して決定的となる。アリストテレスの場合は、まず、彼の両親が自分たちの子供のひとりを「アリストテレス」と命名し、この命名が社会に受け入れられたことが、この名前の使用の因果的つながりの始点となる。この命名の時点において、固有名とその指示対象の結びつきがその社会で固定される。そして、この結びつきが、彼の弟子たちや崇拝者たちを経て、古代、中世、近世の哲学者たちへと受け継がれ、現代に生きる小百合にまでつながっていくことになる。だから、この歴史的つながりを逆にたどれば、私たちは、命名の始点にまで、すなわち命名と指示対象の関係が結び付けられた命名の場面にまでたどりつくことができる。そこで、「アリストテレス」という固有名の場合には、命名の場面でそのように名づけられた人物を指示することになる。これが、固有名の因果・歴史説による指示対象特定の描像である。(中山 2007: p. 189f)

ここで注目したいのは、命名場面で固有名と指示対象の意味論的結びつきが与えられるというクリプキの主張である。命名はある特定の時点で行われており、その時点で話者は命名という宣言（declaration）によって固有名と対象を結びつけようとする。だから、ここで指示対象としてクリプキが考えているものはその時点で直接指示された三次元的対象である。そして、この固有名と三次元的対象の結びつきは通時的同一性のもとに、その対象が存在する限り維持されるのである。「アリストテレスがプラトンの弟子になった」とアリストテレスが一八歳のときにギリシャ人が言うときには、一八年前に「アリストテレス」と命名された対象と一八年後も通時的同一性を保っている対象のことを指してそう主張するのである。記述説が三次元主義か四次元主義かという問いに対して中立的であるのに対し、クリプキは明確に三次元主義をとっている。しかしクリプキ自身は、通時的同一性がどのように保たれているかについては、私が知る限り、明確な説明を与えていない。

5　分析形而上学におけるアリストテレス主義

近年、分析哲学においてアリストテレス主義が復活し、「新アリストテレス主義（Neoalistotelian-ism）」と呼ばれるようになった。この立場をとる哲学者たちの最近の展開は、トゥオマス・タフコ編集の『アリストテレス的現代形而上学』（2012）によって私たちは知ることができる。

新アリストテレス主義

ジョシュア・ホフマンは、論文「新アリストテレス主義と実体」（2012）の中で新アリストテレス主義を次のように説明している――「形而上学におけるアリストテレス主義とは、アリストテレスの形而上学の拡張ないし模倣、あるいはその両方である」（Hoffman 2012: 邦訳 p. 271f）。またタフコは、先の論文集の序論においてアリストテレス的形而上学をクワイン的形而上学に対置している。ここで、タフコの議論におけるこの二つのタイプの分析形而上学の立場を簡単にまとめておこう。

（３ａ）［アリストテレス的形而上学の特徴］形而上学は第一哲学である。すなわち形而上学は、「世界に関するありとあらゆる哲学的・合理的な探究の中核をなし、開始点となるもの」（Tahko 2012: 邦訳 p. 17）である。

（３ｂ）［クワイン的形而上学の特徴］形而上学は、その方法と目的に関して科学と連続的である（Tahko 2012: 邦訳 p. 18）。

このように、自然科学との関係性に関する見解においてこの二つの流派の形而上学は対立する。アリストテレス的形而上学は、自然科学の見解に対して哲学的考察を優先するが、クワイン的形而上学は自然科学の成果と形而上学の主張は整合的でなければならないと考える。さらに、加地大介が論文「分析哲学のなかのアリストテレス的形而上学」（2015）であげているアリストテレス的形而上学の三つの特徴を紹介しておこう。

（4a）［第一哲学としての形而上学］「諸科学との関連性を認めつつも、科学から独立した自律的学問であると同時に科学や他の哲学の分野に先行する「第一哲学」として形而上学を位置づける」（加地 2015: p. 9f）

（4b）［形而上学的実在論］「世界の基本構造が精神から独立に成立していることを主張する」（加地 2015: p. 10）

（4c）［反物理主義的・反還元主義的傾向］「アリストテレス的形而上学者たちは、存在論的依存性・存在論的カテゴリー・実体・本質・事物様相・力能・根拠づけ（grounding）・〈真にするもの〉などの、多くの場合アリストテレスに本源を見いだせる形而上学的概念を積極的に肯定し、それらを用いた存在論的探究こそが形而上学固有の課題だと考える」（加地 2015: p. 10）

ちなみに私は、クワイン的形而上学者に属するが、同時にアリストテレスの個体論を評価し、それを自然科学のアプローチと統合できるように修正しようと企てる者である。このように私は、アリストテレス哲学の中に重要な洞察が含まれていることを認めるが、それを全面的に受け入れるわけではない。特に、科学と哲学の関係に関して、クワイン同様、私は自然主義者である。私にとっては、形而上学を第一哲学としてとらえることは、ドグマ的であり、時代錯誤的であり、受け入れがたい見解である。

アリストテレス主義的実体論

近年、個体的実体に関して新アリストテレス主義の復興が起こった（Hoffman 2012: 邦訳 p. 292）。ここでは Hoffman（2012）に基づいて、アリストテレス主義的実体論がどのようなものかを記述しておこう。

実体は、「内在的な変化を通じて持続するもの」（Hoffman 2012: 邦訳 p. 275）である。このことについてアリストテレスは、次のように述べている。

> 実体について最も特徴的なことは、数的に同一なものでありながら互いに相反するものを受け入れうるということであるように思われる。実体以外のいかなるものについても、数的にひとつでありながら互いに相反するものを受け入れうるような事例を提示することはできないだろう。（アリストテレス『カテゴリー論』4a10–11; Hoffman 2012: 邦訳 p. 275）

つまり、実体は通時的同一性の基盤となるものである。これは、三次元主義や耐続説を支える役割をはたしてきたと、私は考えている。次に、ホフマンがあげるアリストテレス形而上学の七つの特徴を簡単にまとめておこう。

（５ａ）〔実体の消去不可能性〕実体カテゴリーは消去することもできなければ、他の存在のカテゴリーにも還元できない。〔この規定は、新アリストテレス主義にとって本質的である。〕（Hoffman 2012: 邦訳 p. 278）

（5 b）［実体の第一義性］実体はある点で存在論的に基礎的・基本的・第一義的である。〔この見解は、擁護可能ではなく、新アリストテレス主義にとって本質的でない。〕（Hoffman 2012: 邦訳 p. 278）

（5 c）［実体カテゴリーに対する非懐疑性］アリストテレスは、実体というカテゴリーに対して非懐疑的・非主観主義的・非相対主義的である。〔この態度は、新アリストテレス主義にとって本質的である。〕（Hoffman 2012: 邦訳 p. 278f）

（5 d）［実体論のカテゴリー体系内への位置づけ］アリストテレスの実体論は、より一般性の高い存在論的カテゴリー論の一部となっている。〔実体論をカテゴリー体系内に位置づけようとする姿勢は、新アリストテレス主義的である。〕（Hoffman 2012: 邦訳 p. 279）

（5 e）［常識の尊重］実体論は、可能な限り常識にしたがったものでなければならない。〔この態度は、新アリストテレス主義者にとって本質的である。〕（Hoffman 2012: 邦訳 p. 280）

（5 f）［実体概念の分析可能性］実体概念は、哲学的に分析することができる。〔この態度は、多くの新アリストテレス主義者が受け入れている。〕（Hoffman 2012: 邦訳 p. 280）

（5 g）［実体の独立性］実体だけが、ある種の存在論的な独立性を持っている。〔この態度は、多くの新アリストテレス主義者が受け入れている。〕（Hoffman 2012: 邦訳 p. 281）

ホフマンは、ロデリック・チザム（Roderick M. Chisholm, 1916–1999）、ジョナサン・ロウ（E. Jonathan Lowe, 1950–2014）、ホフマン／ローゼンクランツの新アリストテレス主義が、上の要請を充たしていることを確かめている。このように、アリストテレスと新アリストテレス主義の間には明確な連続性が存在している。

第四章　プロセス存在論

プロセス存在論は、私が本書で提案する存在論の立場である。それは、すべての物的対象とすべての出来事がプロセスであることを主張する。この立場は、アリストテレス流の実体論に抗して提案されてきたいくつかの立場と似ている面もあるかもしれないが、本書ではその歴史的起源を問うことはしない。

1　出来事存在論

出来事存在論は、出来事を物体と同様な存在者として認める存在論である。つまり出来事存在論は、私たちが物体に対して指示や量化ができるのと同様な仕方で出来事に対しても指示や量化ができると主張する立場である。

デイヴィドソンの出来事存在論

デイヴィドソンは、行為論を展開するにあたり、行為は出来事であり、出来事も物体と同様に存在者であるという説を唱えた（Davidson 1980）。そして出来事も、物体と同様に量化されると主張した。デイヴィドソンによれば、出来事はそれ自体として根源的であり、物体に関する表現に還元されて消去されることはない。また、出来事は常に四次元的に特定される。言い換えると、出来事はそれが起こる場所とそれが起こる時間を持っている。

デイヴィドソンの出来事論は、彼の言語哲学と深く結びついている。デイヴィドソンはもともと、副詞句の意味を一階述語論理の枠内で説明するために出来事という存在者を導入したのである（Davidson 1980）。

デイヴィドソンは、出来事と物体の違いに固執した。そして、次の引用に見られるように、物体としての個体に対して耐続説の立場をとっていた。

> 出来事と対象とは、同じ時空間を占めながらも、異なっている。対象は変化を通じて同一の対象のままであり、他方、出来事は対象（または諸対象）における変化である。（Davidson 1985: p. 176; 伊佐敷 2010: p. 222）

そしてデイヴィドソンは、出来事と物体を区別する根拠として言語実践上の区別をあげている。

時空間は両者〔出来事と物体〕を区別しない。しかし、我々の述語・我々の基本的文法・我々の分類の仕方は両者を区別する。我々の言語に潜在する形而上学に対する私の興味を前提すれば、この区別を私は放棄したくない。(Davidson 1985: p. 176; 伊佐敷 2010: p. 222)

しかし、生物体や動的存在者を考えた場合、それらを動的プロセスと考えることはきわめて自然だと、私は考える。このことは、本書第八章でいくつかのプロセスの事例を記述するときに、より明らかになるだろう。

デイヴィドソンはまた、同一の出来事に対して複数の異なる記述が可能だと指摘し、心の哲学において非法則的一元論をとるにあたってこのテーゼを基盤にした。ある人物の脳を含めた身体状態について、心的記述も神経科学的記述もできる。それらは、同一の身体状態に対する異なる記述でありうる。デイヴィドソンは、心理学的法則を認めないため、身体状態に関する因果関係の記述は物理学を基盤にしたものだけになる。こうしてデイヴィドソンは、彼の出来事論を基盤にして非法則的一元論を展開した(Malpas 2015)。

出来事の形式的記述

出来事は、時空的拡がりを持っている。例えば、日本で最初に開催された東京オリンピックは、東京で一九六四年の一〇月一〇日から二四日までの一五日間開催された。東京オリンピックは、物体ではなく、出来事である。そして、「東京オリンピック」は二〇世紀の間は固有名として機能していた。現在、二〇二〇年開催予定の東京オリンピックが計画されているので、一九六四年の東京オリンピックは「第一回目の東京オリンピック（the first Tokyo-Olympic）」というような確定記述で指示される。デイヴィドソンは、出来事存在論を支持したが、四次元主義的存在論は展開しなかった。そのため、時間的部分を用いた自然言語の分析は行っていない。ここでは、四次元主義的存在論に基づいた出来事の形式的記述を特徴づけることにしよう（付録1の定義2＋定義3）。

（1a）まず、いくつかの関係と関数を導入しておく（付録1の定義2（2A1）＋付録1の定義3（3D3））。

$Part^T$：時間に関する部分全体関係。ここでは、時間に関しても形式的標準的部分全体論を前提とする。また、時間に関して標準的部分全体論を使用するときには、上付きの添え字「T」を用いて使用することにする。

time：出来事が生起している時間帯を特定する一項関数。

place：出来事が生起している場所を特定する一項関数。

（1b）［物体に関する例文］「太郎は、一年前病気だったが、いまは健康である。」

太郎の時間的部分で一年前に病気だったものが存在し、かつ、太郎の時間的部分でいま健康なものが存在する〔$\exists E_1\ \exists E_2\ (TPart(E_1, \mathrm{Taro}) \wedge \mathrm{sick}(E_1) \wedge Overlap^T(time(E_1), \mathrm{one\text{-}year\text{-}ago}(now)) \wedge TPart(E_2, \mathrm{Taro}) \wedge \mathrm{healthy}(E_2) \wedge Part^T(now, time(E_2)))$〕。

（1c）［物体と出来事に関する例文］「太郎は、今日、講義に出席した。」
太郎の時間的部分で今日ある講義に出席したものが存在する｛$\exists E_1 \exists E_2 (TPart(E_1, Taro) \wedge lecture(E_2) \wedge hear(E_1, E_2) \wedge Part^T(time(E_2), day(now)) \wedge time(E_2) < now)$｝。

（1d）［出来事に関する例文］「二〇世紀に日本では、一回の夏季オリンピックが開催された。」
夏季オリンピックであるような出来事で二〇世紀に日本にあるものが唯一存在する(1)｛$\exists^{=1} E (Summer\text{-}Olympic(E) \wedge Part(place(E), Japan) \wedge Part^T(time(E), [1991\text{-}2000]) \wedge time(E) < now)$｝。

この例に現れる「講義」や「オリンピック」は出来事に関する種名辞である。これらの例は、出来事に関して量化することなくして表現することは困難である。少なくともこれらの例は、四次元主義の形式的言語の表現能力の強さを示している。

2　四次元主義の哲学史

ホワイトヘッドはアメリカのハーヴァード大学で教鞭をとっていた時期にプロセス哲学（Process Philosophy）を唱えた。この立場は、四次元主義に属するものだったと思われる。しかし、ホワイトヘッドの哲学は難解であり、私の理解能力を超えているので、本書で論じることはやめにしておく。ただし、四次元主義者の多くがアメリカで活動していた哲学者だったとは言うことができる。

クワインは、『ことばと対象』（1960）ですでに、四次元主義を存在論のひとつの選択肢として記述していた。そしてクワインはしだいに、はっきりと四次元主義を表明していくようになる。その後、三次元主義と四次元主義が持つ帰結についての研究がさらに深まり、存在論や時間との関係が考慮され、それぞれの立場が明確化されていった。そして、デイヴィッド・ルイスやサイダーという形式的部分全体論に基づいて四次元主義を擁護する哲学者たちも現れてきた。

興味深いことに、四次元主義の伝統は、プラグマティズムの伝統と同様に、ハーヴァード大学の哲学科と強く結びついている。クワインは、ホワイトヘッドの指導のもとで一九三二年にハーヴァード大学で博士号を取得している。そしてルイスは、クワインの指導のもとで一九六七年にハーヴァード大学で博士号を取得している。

クワインの四次元主義

クワインは、いくつかの著作で四次元主義を表明している（Quine 1960, 1970, 1985; 伊佐敷 2010: 第一二章）。クワインの四次元主義は、出来事を基礎的存在者とみなすものであり、物体はそれと時空的に同一な占有領域を持つ出来事によって代替できると主張する。その基本にあるのは、物理的対象はそれが占める時空領域によって一意的に同定されるというテーゼである（Quine 1985; 伊佐敷 2010: p. 204）。

この〈時空領域による出来事の同一性基準〉に見られるように、クワインの四次元主義はプロセス間の部分全体論に基づいたものではない。また、プロセス間の部分全体関係は、時空領域による部分全体関係と同一ではない。ここでは、このことを明らかにするために、先の同一性基準に反論するために批判者たちが考案した例をもとに考えてみよう（Quine 1976: p. 260, 1985: p. 167; 伊佐敷 2010: p. 204）。その例というのは、次のものである。

あるときＡ氏は、口笛を吹きながらバス停まで歩いていった。このとき、〈Ａ氏による口笛吹き〉と〈Ａ氏によるバス停までの歩行〉は同一の時空的拡がりを持っている。ここで、〈時空領域による出来事の同一性基準〉を適用するなら、両者は同一の出来事ということになる。

ここでは、プロセス存在論の観点からこの問題に答えておこう。口笛吹きは、主に、肺から息を吹き出し、口笛を震わすプロセスから構成されている。また、口笛吹きができるためには、音を伝達する空気が外界に存在しなければならない。だから、Ａ氏による口笛吹きを構成しているプロセスの総和は、Ａ氏のそのときの歩行による身体移動と同一ではないと考えられる。むしろ口笛吹きは、肺の運動プロセスと唇の筋肉の運動プロセスの両方を部分として含んでいる。次に、Ａ氏のバス停までの歩行を考えてみよう。Ａ氏の歩行は、外界に歩行を支える地面があり、これが歩行を可能にしている。この条件は、口笛の場合と異なっている。Ａ氏の歩行は、両足の筋肉の運動プロセスや手足の運動プロセスの総和を含んでいる。しかし、口笛吹きにはそのようなプロセスは含まれていない。このように考えると〈Ａ氏による口笛吹きというプロセス〉と〈Ａ氏によるバス停までの歩行というプロセス〉はプロセス存在論を基盤にした標準的部分全体論において同一ではないと言える。この例に見られるように、時空領域に関する同一性を基盤にするよりもプロセスの外延性原理を基準にするほうがよりきめの細かい出来事の同一性基準を定式化できることがわかる。

ルイスの四次元主義

四次元主義の存在論を標準的部分全体論に基づいて積極的に擁護した哲学者にデイヴィッド・ルイスがいる。ルイスが展開した四次元主義の擁護の議論として有名なものに、内在的性質と内在的変化に関するものがある（Lewis 1988）。ここでは、この議論を紹介しよう（中山 2003: pp. 127–130; Sider 2001: 邦訳 pp. 170–180）。ルイスは、内在的変化について次のように述べている。

通常のものは、例えば私たち自身は、疑うべくもなく時を超えて持続する。そして、それは、どこかで子供が生まれ私がおじになったというような外在的な仕方ばかりではない。私たちはまた、私たち自身の内在的性質において、つまり、他の物に対しての私たちの関係ばかりではなく、私たち自身の在り方において変わる。私が座っているとき私は曲がっているが、私が立っているとき私はまっすぐだ。私が私の形態を変えるとき、それは他のものに対する私の変わっていく関係の問題ではないし、他の変わっていく物に対する私の関係の問題でもない。私は、ただ私自身において変化するのである。（Lewis 1988: p. 65; 中山 2003: p. 127）

ルイスは、変化の問題が内在的性質の変化であることを明らかにしている。そして、ルイスの考察では、時間的部分を用いた四次元主義による記述こそが内在的性質を適切に描くことができる唯一の立場ということになる。例えば、「太郎はいま立っている」ということを時間的部分を用いて standing(*tp*(Taro, *now*)) のように表現でき、この文は太郎の現在における時間的部分の形状という内在的性質を端的に表現していることになる。ちなみに、ジョナサン・ロウのような実体論者からは、ルイスが持続物（continuant）を適切にとらえておらず、内在的性質は時制依存的であるという批判がある（Lowe 1988: p. 73; Sider 2001: 邦訳 p. 178f）。しかしこの批判も、持続物をどのようにとらえることが適切かという問題と関わっており、ロウの批判は決定的なものではない。

それでは、内在的変化についてはどうだろうか。この問題については、「変化はB変化ではなくA変化である」というジョン・マクタガート（John McTaggart, 1866–1925）にまでさかのぼる有名な批判がある（McTaggart 1908）。同一の四次元的対象の異なる時間的部分における内在的性質の違いは、マクタガートの立場からは、異なる位置の性質的違いとしてとらえられ、本当の変化ではないとされる。（このような変化がB変化である。）マクタガートが考える本当の変化は、まだ成立していないことがいまの時点で成立するようになるというタイプの時制変化（A変化）である。この批判には、四次元主義者は答えねばならないだろう。この問題については、本書第六章で考察することにする。

サイダーの四次元主義

セオドア・サイダー（Theodore Sider, 1967–　）の四次元主義は「段階説（Stage Theory）」と呼ばれる独特なものである。それは、三次元主義のよいところと四次元主義のよいところの両方を取り入れようとして考案された立場である。サイダーは、この立場を『四次元主義の哲学』（2001）で詳しく議論している。段階説は、日常的な持続物は瞬間的な段階だと主張する立場である（Sider 2001: 邦訳 p. 179）。

サイダーは、この著作の中でいくつかのパズルを論じ、三次元主義の苦境を描写する。しかしそれと同時に、サイダーは四次元主義のワーム説（Worm Theory）の奇妙さを認める。ここでワーム説というのは、クワインやルイスが唱えた四次元主義の立場であり、存在者は、日常的持続物も含めて、（細長く足のない）虫（worm）のような形状の四次元時空を占めているという説である。ワーム説に抗してサイダーが提案するのが、四次元主義の枠組みの中での三次元主義に対する折衷案となる段階説である。

サイダーは、視点依存的（perspectival）な描写法を自然なものとして受け入れており、四次元的対象の構成はこの描写法に従って行われることになる。そして、このとき重要になるのが〈アリストテレス的実体論が前提とした同一性〉に代わる〈類似性に基づいた対応物〉の概念となる。すでに述べたように、サイダーは三次元主義者の実体論を拒否しており、持続物は時間をまたいで対応物の融合体として統一化されると考えている。

サイダーの説をより具体的にみるために、第三章第1節で議論した青銅像の〈カントA〉と〈カントB〉の例を再び考えてみよう。サイダーの段階説に従うと、カントAとカントBは時空的に異なる位置に存在するため異なる存在者だが、両者は非常に似ているため互いの対応物となる。そのため、カントAについて成り立つ多くのことがカントBについても成り立つことになる。このため、カントAとカントBは持続する個体としてとらえられることになると、サイダーは考えるのである。

しかし、サイダーによるパズルの解決法は、対応物という関係のあいまいさのため、不安定な部分を持っている。何が対応物であるかは解釈の多義性を含むが、サイダーはそれを解釈の柔軟性としてみてむしろこの解釈の利点として評価しているようである。

私は本書で、サイダーの折衷的な説に反対し、四次元主義と個体原理を結びつけたプロセス存在論という立場をとり、種名辞によって個体は四次元的に同定されるという説を提案する（本章第4節）。さらに私は、プロセス認識論を積極的に活用する立場をとる。つまり、私たちの日常生活での世界理解の多くはプロセス認識論の中に反映されていると考えるのである（本書第Ⅲ部）。

3　標準的部分全体論の解釈と時間

私たちは、本書第二章第1節で標準的部分全体論を紹介した。この形式的体系に現れる部分関係は、三次元的にも四次元的にも解釈できる。この節では、これらの解釈がどのようなものであるかを見ることにする。また、これらの解釈と時間との関係も見ておこう。

標準的部分全体論の解釈

標準的部分全体論は、五つの公理からなっている（付録1の定義1）。このうち三つは、部分関係を半順序として規定する公理であり、これらはどの部分全体論の形式化においても基礎として認められている公理である。他の二つの公理は、強い補足性の公理と融合体の公理である（Casati and

Varzi 1999; 中山 2009: p. 39f)。この節では、この標準的部分全体論の三次元主義的解釈と四次元主義的解釈について説明しておこう。例として、部分関係の反射性の公理をここではとりあげる。ただし反射性の公理とは、「すべての対象は自分自身の部分である〔∀x *Part*(x, x)〕」と主張する公理である。他の公理に関しても、同様の議論ができるので、ここでは最も簡単な公理で議論することにした。

（2a）〔反射性公理の四次元主義的解釈〕すべての（四次元的）存在者は、自分自身の部分である。すなわち、「xがxの部分である」と言うときの変項xは、四次元的存在者を指している。また*Part*は、四次元的存在者間の二項関係を表している。

これに対応する三次元的解釈の定式化は次のようになる。

（2b）〔反射性公理の三次元主義的直接解釈〕すべての（三次元的）存在者は、自分自身の部分である。すなわち、「xがxの部分である」と言うときの変項xは、三次元的存在者を指している。また*Part*は、三次元的存在者間の二項関係を表している。

部分全体関係に対するこの三次元的直接解釈は、通時的同一性の問題を考えると問題がある。例えば、多細胞生物体の新陳代謝を考えると、ある時点で生物体Aを構成していた細胞Bが別の時点では細胞Cで置き換えられていることもある。このとき三次元主義的に考えて、「BはAの部分である

〔*Part*(B, A)〕」が成り立っているかどうかがわからなくなる。というのも、どの時点を前提にするかによって*Part*(B, A)の真理値が変わるからである。これに対し四次元主義では、A、B、Cはいずれも四次元的対象を表していることになり、「BはAの部分である〔*Part*(B, A)〕」と「CはAの部分である〔*Part*(C, A)〕」の両方が成り立つことになり、何の問題も生じない。というのも、Aは時空的に拡がった生物体であり、細胞BとCを時空的に包摂する存在者だからである。

標準的部分全体論の解釈と時間

先の三次元主義的直接解釈がもたらす問題を回避するために、次のように部分関係を時点によって相対化することが考えられる。

（３ａ）〔反射性公理の時点による相対化〕すべての時点ｔについて、すべての（三次元的）存在者はその時点において自分自身の部分である〔∀ｔ∀ｘ $Part_{[t]}$(x, x)〕。このとき変項ｘは、三次元的存在者を指している。変項ｔは、時点を指している。また*Part*は、時点と二つの三次元的存在者の三項関係を表している。

この相対化によって、先の問題は解決できる。先の状況では、「時点t1においてBはAの部分である〔$Part_{[t1]}$(B, A)〕」と「時点t2においてCはAの部分である〔$Part_{[t2]}$(C, A)〕」の両方が成り立っていると表現できるからである。そしてここでは、「時点t2においてBはAの部分である〔$Part_{[t2]}$(B,

A))」は成り立っていない。だから、（2b）のもとで構成された矛盾は回避できる。

同じような解決法は、HとGという時制演算子を導入することでも表現できる。ただしここで、Hφは「これまでずっとφだった」を表し、Gφは「これからずっとφである」を表すとする。

（3b）［反射性公理の時制演算子を用いた表現］これまでずっと、すべての（三次元的）存在者は自分自身の部分だった、そして（今）、すべての（三次元的）存在者は自分自身の部分である、そしてこれからずっと、すべての（三次元的）存在者は自分自身の部分だろう〔$H(\forall x\, Part(x, x)) \wedge \forall x\, Part(x, x) \wedge G(\forall x\, Part(x, x))$〕。このとき変項xは、三次元的存在者を指している。また*Part*は、三次元的存在者間の二項関係を表している。

この（3b）の内容は、時点による相対化の手法を用いて次のように表現できるように見える。ここで、*now*は現時点を表す指標詞として解釈されるとする。

（3c）［（3b）の再現］すべての時点tで、tが現在より前なら、すべての（三次元的）存在者はtにおいて自分自身の部分である。そしてすべての（三次元的）存在者は現在において自分自身の部分である。そしてすべての時点tで、tが現在より後なら、すべての（三次元的）存在者はtにおいて自分自身の部分である〔$\forall t\,(t < now \rightarrow \forall x\, Part_{[t]}(x, x)) \wedge \forall x\, Part_{[now]}(x, x) \wedge \forall t\,(now < t \rightarrow \forall x\, Part_{[t]}(x, x))$〕。ここで変項xは、三次元的存在者を指している。また*Part*は、時

点と三次元的存在者の三項関係を表している。

ちなみに、∀t（t＜*now*∨t＝*now*∨*now*＜t）が成り立つので、（3c）は（3a）と論理的に同値な文となる。ここで厳密に考えてみると、（3b）と（3c）の間には三次元的存在者に関する量化のずれがあることがわかる。（3b）では、それぞれの時点で存在しているものに対してだけ量化がなされている。これに対し（3c）では、量化の範囲は時点に依存せず、全存在者に対してなされている。このため、（3b）こそがオーソドックスな三次元主義の意図を最も忠実に表現した定式化だと言える。しかし、（3b）の表現は表現能力に欠ける部分がある。例えば、「かつてソクラテスは存在したが、もはや存在しない〔*Past*(∃x（x＝Socrates))∧¬∃x（x＝Socrates)〕」と言うとき、人は現在のみでなく過去全体を含めた量化領域を想定しているように思われる。つまり、「ソクラテスは、かつていたがいまはいないような存在者である〔∃x（x＝Socrates∧*Past*(exist(x))∧*Now*(¬exist(x)))〕」というように言いたいと思われる。しかし、（3b）の表現法ではこのことは表現できない。

4　プロセス存在論の定式化

プロセス存在論は、四次元主義的存在論の一種である。それは、プロセスの個体化原理を含んでおり、この点において、ルイスやサイダーの四次元主義と異なる側面を持っている。

プロセス存在論の規定

プロセス存在論は、次の規定によって表現される（付録1）。

（4a）時間的対象の理論（付録1の定義2）。時間的対象の理論は、時間的対象に関する標準的部分全体論、時間総体と時間帯（interval）の定義、瞬間に対する線形順序の公理系などを含んでいる。

（4b）プロセス理論（付録1の定義3）。プロセス理論は、時間的対象の理論、プロセスに関する標準的部分全体論、プロセスの時間的存在に関する規定、プロセスの存在時間、時間的部分、宇宙などに関する定義、時点相対的な時制の定義などを含んでいる。

（4c）プロセス存在論（付録1の定義4）。プロセス存在論は、プロセス理論、F種部分関係、F種量化、種名辞、量名辞、原子的F種対象、F基数などの定義、各種の同質性の定義などを含んでいる。

この規定に見られるように、プロセス存在論は時間的対象に関する理論を含んでいる。また、プロセス存在論は単なるプロセスに対する標準的部分全体論ではなく、プロセスと時間の関係に関する規定や種名辞による対象の個体化の規定を含んでいる。

ここで、プロセス解釈について述べておこう。私が提唱するプロセス解釈は、標準的部分全体論の四次元主義的解釈の一ヴァージョンである。四次元主義的解釈では、宇宙は四次元時空に拡がっており、存在者はすべてこの宇宙の四次元的部分となっている。プロセス解釈は、この存在者をすべて、時空的拡がりを持つ動的プロセスとして解釈する。プロセス存在論の基本的考えは、プロセス解釈によって表現される。ここでは、部分全体関係はプロセス間の関係として解釈される。

プロセス存在論によれば、宇宙はひとつの閉じた動的プロセスであり、すべての具体的存在者は動的プロセスとして宇宙の部分となっている。私たちが「三次元的物体」と呼ぶものは、プロセスに起源を持ち、三次元的物体に関するまともな文はプロセス言語に真理値を変えずに翻訳可能である。例えば、時点ｔにおいて三次元主義者が物体とみなすものは、あるプロセスＥの時点ｔにおける時間的部分 *tp*(E, t) として解釈される（付録1の定義3（３Ａ３））。

プロセスの個体化原理

本書では、種名辞の適用を基盤にした対象の個体化を提案する。種名辞については、歴史上異なる理解があるが、それら見解の主要な特徴は三つにまとめられる（Grandy 2016; Nakayama 2017: p. 183）。

（５ａ）種名辞は、ものの本質が何であるかを教える。

（５ｂ）種名辞は、その種類のものをどのように数えるかを教える。そして数えることは、どのようなものが同一であり、どのようなものが互いに異なっているかを知っていることを要求する。

（５ｃ）種名辞は、ものがいつ存在し続け、いつ消滅するかを教える。

本書の見解は、（５ｂ）と（５ｃ）を種名辞の主要な特徴として認めるものである。しかし、本質的規定について本書は懐疑的立場をとるため、（５ａ）は認めない。さらに、プロセス存在論は次の特徴を付け加える。

（５ｄ）［プロセスの個体化原理］種名辞は、プロセスに適用され、プロセスを個体化する。

プロセス存在論においては、アリストテレスの質料に相当するものは動的プロセスである。プロセスは必ず、特定の時空的拡がりを持つ。つまり、プロセスは四次元的存在者である。プロセスの個体化原理によれば、種名辞はプロセスの個体化と結びついた名辞である。例えば「人間」、「机」などの種名辞は、プロセスに適用される。つまり人間は、いつか生まれ、活動を続け、その後いつか死ぬ存在者として解釈され、「人間」という種名辞は、この生涯全体に適用される名辞となる。「机」に関しても同様であり、「机」はいつか製造され、使用され、そののち廃棄される全過程を指す名辞として解釈される。だから、「これは机だ」という文は次のように解釈される――「これ〔$this_1$〕」で指示されたプロセスは、時空的に拡がったある机の時間的部分である〔$\exists E_1 \exists E_2 (E_1 = this_1 \wedge \mathrm{desk}(E_2) \wedge TPart(E_1, E_2))$〕。このように、種名辞がプロセスの個体化に用いられるため、（５ｃ）の特徴づけは自ずから充たされることになる。またプロセス存在論は、種名辞Ｆに相対的な基数の演算子 cd_F を用いるため（付録１の定義４（４Ｄ11））、（５ｂ）の特徴づけも充たされていることになる。

固有名は、種名辞によって個体化されたひとつのプロセスを指示する。例えば、「プラトン」という固有名は紀元前四二七年から紀元前三四七年にアテネの一部に拡がるひとりの人間の時空的連続体を指示する。このように、故人の固有名は、過去に位置するひとつのプロセスを指示する。「クリプキ」のような現在生きている人の固有名についても同様であるが、私たちはクリプキの未来の部分を知らない。しかし、生存中の人間の過去部分は確定しており、この過去部分については故人と同様な指示が可能となる。

種名辞による対象の個体化は、存在者の階層構造を生み出す（付録1の定理1）。例えば、動物はさまざまな器官の融合体であり、それら器官はさまざまな細胞の融合体であり、それら細胞はさまざまな分子の融合体である。このとき、「動物」、「器官」、「細胞」、「分子」などはすべて種名辞である。プロセス一般に関する標準的部分全体論を一度規定しておけば、それぞれの階層レベルを基盤とした標準的部分全体論が自由に展開できる。つまり、プロセス存在論は存在の階層構造を詳細に記述できる体系である（付録1の定理1）。

プロセスの内部構造

プロセスは、内部構造を持つ。そして、この内部構造を基にして、プロセスは図4－1のように分類できる。図4－1は、プロセス存在論によるプロセスの分類を表現している。まずプロセス（process）は、もの（thing）と出来事（event）に分けることができる。ただし、どのプロセスも種名辞の適用によって他の存在者から時空的に分離されるとする。

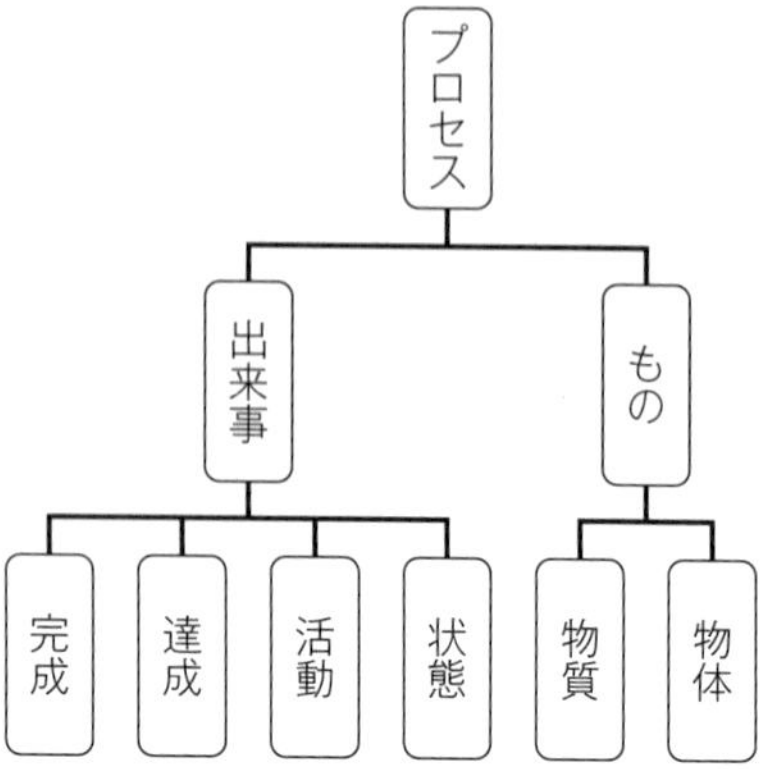

図 4-1　プロセスの分類

ものはさらに、物体（body）と物質（matter）に分けられる。物体は、空間的（三次元的）に非等質的な内部構造を持つ。物体は、この空間的内部構造を一定期間持ち続ける。種名辞Fが適用された物体には、原子的F種対象が必ず含まれ（付録1の定義4（4D6））、数えることができる（付録1の定義4（4D11））。これに対し物質は、時空的同質性（spatial-temporal homogeneity）を持つ。言い換えると、F種の物質は時空的に同質であり、F性を保ったまま分割可能である（付録1の定義4（4D12））。物体の典型例は机であり、物質の典型例は（液体としての）水である。

出来事は、時間的内部構造を持つ。そして出来事は、状態（state）、活動（action）、達成（achievement）、完成（accomlishment）という四つの活動様態（Aktionsart）に分けられる。また出来事は、等質的なものと非等質的なものに分けることができる。状態と活動は等質的内部構造を持ち、達成と完成は非等質的内部構造を持つ。状態と活動は、時間的同質性（temporal homogeneity）を持つが、時空的同質性は持たない。ただし、F種の時間的に同質的なプロセスは、時間的に分割してもF性を失わないという性質を持っているプロセスのこととする（付録1の定義4（4D13））。状態と活動の違いは、F性が静的であるか動的であるかによる。状態は静的であり、活動は動的である。状態の典型例は睡眠であり、活動の典型例は歩行である。

状態や活動と異なり、達成も完成も時間的特異点を内部に含んでいる。また、達成が瞬間的であるのに対し、完成は時間的幅を持ち、特異点への到達によって完了する。そして、達成も完成も数えることができる。達成の典型例は山頂への到達であり、完成の典型例は家の建築である。

ここで展開したプロセスの分類は絶対的なものではない。それは、存在者の階層性に依存している。例えば、歩行は時間的に分割しても歩行だが、限りなく瞬間に近づいていくともはや歩行と同定できないような動きとなってくる。同様なことは、水のような物質にも当てはまる。水を分割していけば、最後には、水分子となり、そして素粒子となってしまい、時空的同質性は厳密な意味では成り立たない。それでも、すべてのものはプロセスから成り立っているということは、言うことができる。

プロセス存在論を基盤にした自然言語の分析

プロセス存在論の言語は、実体論の言語よりも豊かである。つまり、実体論で表現可能なことはプロセス存在論に翻訳可能であるが、逆は必ずしも成り立たない。

プロセス存在論では、個体は種名辞の適用によって四次元時空的に特定される。例えば、ソクラテスについて語るためには、最低、ソクラテスがひとりの人間であることを知らねばならない。そして、ソクラテスがひとりの人間であることは $cd_{\mathrm{human}}(\mathrm{Socrates})=1$ と表現される（付録１の定義４（４D11））。ここで Socrates は、ひとつのプロセスであり、ソクラテスの全生涯を指しているとする。また現時点は、*now* で表されるとする。すると、現在時制のもとで解釈される「ソクラテスははげである（Socrates is bald）」は bald(*tp*(Socrates, *now*)) と表されることになるが、「ソクラテスの現時点における時間的部分（*tp*(Socrates, *now*)）」が指示対象を持たないため、フレーゲの意味論と同様に、この文は真理値を持たないことになる。そして、無時制的に解釈された「ソクラテスははげである」という文は「∃t bald(*tp*(Socrates, t))」と表すことができる。この文は、Socrates の時間的部分では げの状態にあるものが存在するということを意味しており、これは真である。ちなみに、三次元主義的A論者であればこの文は「*Past*(bald(Socrates))∨bald(Socrates)∨*Future*(bald(Socrates))」と表され、三次元主義的B論者であればこの文は「∃t bald(Socrates, t)」と表されることになる。

次に「紀元前四〇〇年にソクラテスははげだった」という文をプロセス存在論によって分析してみよう。すると、「bald(*tp*(Socrates, BS400))∧BS400<*now*」が得られる。この形式的表現は、「Socrates の紀元前四〇〇年の時間的部分ははげの状態にあり、紀元前四〇〇年は現時点より前である」ということを意味している。

この分析に見られるように、プロセス存在論では「はげである（bald）」は一項述語として解釈される。また、プロセス存在論に現れる「ソクラテスの紀元前四〇〇年における時間的部分（*tp*(Socrates, BS400)）」は、紀元前四〇〇年に生きるアテネの人々が出会うソクラテスを指示していると考えることができる。つまり、ここで指示されているソクラテスは紀元前四〇〇年の老人になったソクラテスである。こう考えると、プロセス存在論における時間的部分を用いた表現は個体の状態を記述する場合にもきわめて自然なものと思われる。だから私は、デイヴィドソンが言語分析を根拠に物体の存在論を保持しようとしたのは、彼が時間的部分による表現の可能性を十分に追及しなかったためだと思っている。

5　実体論とプロセス存在論

アリストテレスの実体論では、時間を超えて実体は変化せず、その実体が持つ偶有的性質のみが変化する。これに対しプロセス存在論は、種名辞がプロセスを（時空的に）個体化する機能を持っていると考える。そして、時空的に拡がった個体の時間的部分に性質帰属がなされると主張する。

プロセス存在論に基づく形相概念の解釈

アリストテレスの質料形相論において中心概念となる実体の基体性は、プロセス存在論の観点から表現することができる。ここで、ある形相を表す種名辞をFとしよう。すると、〈種名辞Fのもとで同一〉という関係 $\approx_F$ は、二つのプロセスがともに原子的F種の存在者の時間的部分であることとして定義できる（付録1の定義5（6D1））。（この節での以下の記述では、「付録1の定義5」を略し、単に「(6D1)」のように表すことにする。）そして、〈種名辞Fのもとで同一〉という関係を用いて通時的同一性の概念を説明することができる。つまりこの規定によれば、E_1とE_2が通時的に同一であるとは、E_1とE_2が同一の原子的F種の存在者の時間的部分であることにほかならないことになる。

〈Fのもとでの同一性〉の例として、「明けの明星と宵の明星は星として同一である（As a star, the morning star is identical with the evening star）」という文を考えてみよう。わかりやすくするために、

「Venus」は太陽系内のある惑星のプロセス全体を指す固有名だとしよう。すると、明けの明星も宵の明星もVenusの時間的部分ということになる〔star(Venus)∧*TPart*(Morning-star, Venus)∧*TPart*(Evening-star, Venus)〕。だから（6D1）によって、「Morning-star $\approx_{star}$ Evening-star」が成り立つことになる。ところで、明け方に見える明るい星が夕方に見える明るい星と同一の星の異なる時間的部分であるということ〔$\exists^{=1}$E (*atom*$_{star}$(E)∧*TPart*(Morinig-star, E)∧*TPart*(Evening-star, E)〕は、自明なことではない。だから、「Morning-star $\approx_{star}$ Evening-star」という文は（多くの人にとって）認識的価値を持つことになる。これは、有名なフレーゲの同一性言明の認識的価値に関する問いに対するプロセス存在論からの回答となる（Frege 1892）。

このように規定される〈種名辞Fのもとで同一〉の関係は、実は、論理的な同一性でないことが判明する。というのも（6D1）に従えば、〈種名辞Fのもとで同一〉である二つの存在者は一般に異なる時空区間に存在し、そのような二つの存在者は異なるものであることが帰結するからである。それらは、あるF種の存在者の異なる時間的部分なのである。例えば、〈小学生の頃の中山康雄〉と〈大学生の頃の中山康雄〉は〈「人間」という種名辞のもとで同一〉であるが、中山康雄の異なる時間的部分となり、論理的には両者は同一ではない。

クリプキは、確定記述の使用を避けるため、「明けの明星」と「宵の明星」の代わりに、「フォスフォラス（Phosphorus）」と「ヘスペラス（Hesperus）」という固有名を用いた。私の四次元的解釈ではこのとき、「フォスフォラス＝ヘスペラス＝金星〔Phosphorus＝Hesperus＝Venus〕」が成り立つ。ただしこのとき、「フォスフォラス」、「ヘスペラス」、「金星」という固有名は四次元時空に拡がったある惑星の全歴史を指示していることになる。

いま、本章第1節のカント像の例において小指がなくなる直前のカント像を「カントC（Kant_C）」と呼ぼう。すると（6D1）に基づいて、次のことが容易に証明できる。ただし、〈金属塊として同一〉であることは、重さが同一であることを含意するとする。

$$\mathrm{Kant}_A \approx_{statue} \mathrm{Kant}_C \ \& \ \mathrm{Kant}_C \approx_{statue} \mathrm{Kant}_B \ \& \ \mathrm{Kant}_A \approx_{statue} \mathrm{Kant}_B$$

$$\mathrm{Kant}_A \approx_{lump} \mathrm{Kant}_C \ \& \ \mathit{not}\ (\mathrm{Kant}_C \approx_{lump} \mathrm{Kant}_B) \ \& \ \mathit{not}\ (\mathrm{Kant}_A \approx_{lump} \mathrm{Kant}_B)$$

つまり、カントAとカントBは、〈彫像として同一〉だが〈金属塊として同一〉ではないことになる〔$\mathrm{Kant}_A \approx_{statue} \mathrm{Kant}_B \ \& \ \mathit{not}\ (\mathrm{Kant}A \approx_{lump} \mathrm{Kant}_B)$〕。

〈種名辞Fのもとでの同一性〉の命題（6D2）によって私たちは、アリストテレスの実体概念を用いることなしに、個体の基体性を説明できる。（6D2）によれば、原子的F種の存在者のどの時間的部分も、〈Fのもとでの同一〉なものとして存在し続ける。このように解釈された個体の基体性が成り立つのは、種名辞Fが時空的に拡がったプロセスを指示しているからである。また個体の離反性は、F種の個体の分離性（6D3）から説明できる。そして特定指示性は、（6D4）の直接指示の特徴づけで説明されている。このようにして、通時的同一性のプロセス存在論に基づく解釈（付録1の定義5）を用いてアリストテレスの実体が持つ三機能（本書第二章第3節、茶谷2014: p. 8）を説明することができる。

持続の問題をとらえなおす

三次元主義と四次元主義の対立を描く場合に、持続（persistence）に関する両者の立場の違いがよく対比される。例えばサイダーは、持続の二つのとらえ方を次のようにまとめている（Sider 2001: 邦訳 pp. 422-425）。

（6ａ）［耐続（endurance）］三次元主義者の対象の持続に関する捉え方である。対象が持続するとは、ある時点において余すところなく現れた対象が、そのまま続行する時点でも余すところなく現れ続けることを意味する。

（6ｂ）［延続（perdurance）］四次元主義者の対象の持続に関する捉え方である。対象が延続するとは、その対象が時間的部分を持ち四次元時空に拡がっていることを意味する。

しかし、問題を持続に関わるものと設定した時点でこの対比はすでに耐続主義の側よりのものになっている。プロセス存在論者にとって、どのようなプロセスもすでに動的なものである。ひとつの静的に見える状態でさえ、その状態を保つための動的プロセスによって構成されている。例えば、直立姿勢の維持は、身体諸部分に位置する筋肉の適切な緊張によって支えられており、筋肉内部では細胞が活動し、エネルギーを消費している。

私が最も適切な対比とみなすのは、耐続と延続の対比ではなく、実体論とプロセス存在論の対比である。実体論では、実体は三次元的存在者の背後にあり、時間経過においても不変にとどまるものとして前提にされている。これに対しプロセスは、四次元的宇宙のいたるところに動的のものとして存在し、それら各プロセスを融合したものも複合的プロセスとして動的ふるまいを見せる。プロセス的存在者の典型例には、生命活動を続ける生物体がある（本書第八章第3節）。例として、犬のような動物を考えてみよう。犬は、呼吸し、その心臓は体内に血を循環させる活動を続ける。そして犬は、ときに食物摂取を行い、排泄をする。犬は、ひとつの場所に持続的にとどまる岩とは異なり、たえず進行する動的プロセスの融合体なのである。犬のある時間帯における生命活動は、犬を構成している細胞群の局所的動的プロセスのすべてに支えられて維持されている。このようなプロセス存在論が描く存在者の描像は、延続主義のイメージとは異なるものである。プロセス存在論による持続のとらえ方は、次のように記述できる。

（6c）［時間的部分の継続的現れ］プロセス存在論によれば、対象は四次元時空に拡がったプロセスであり、特定の種名辞によって個体化される。そのプロセスがなお形成途中であるときには、そのプロセスに属する新しい時間的部分が次々と現れてくる。このことによって、形成途中のプロセスはそのプロセスの完成へ向かってたえず時間的に拡大していく。

この持続の描像をより詳しく描くためには、プロセス認識論を私たちは必要とする。そしてこの描像は、本書第Ⅲ部で拡充されていく。

III　プロセス形而上学

プロセス認識論は、プロセス存在論を前提にして行為主体を四次元宇宙の中に位置づけることから出発する認識論である。そしてプロセス認識論は、プロセス存在論と一体となってプロセス形而上学を形成する。プロセス存在論は〈超越的表象〉に基づいた記述を提供し、プロセス認識論は〈内部からの表象〉に基づいた記述を提供する。それらは、第五章で示されるように、実在を記述する二つの異なる方法である。そしてこれら二つの方法を時間描写に適用することで、〈超越的様相〉と〈内部的様相〉という二つの様相概念が得られることを第六章で示すことにする。

第五章　プロセス存在論とプロセス認識論

近世哲学では、認識論を出発点にとる哲学が主流となった。これに対しプロセス認識論は、プロセス存在論を前提とし、行為主体を存在者のひとつとして宇宙の中に位置づける。この立場では、認識能力は行為主体が持つ能力のひとつとしてとらえられる[1]。

1　近世哲学の誤謬

近世哲学は、認識主体という純粋な一人称的視点から哲学体系を構築しようとした。これが問題だったと、私は思う。私たちの世界理解は、一人称的視点と超越的視点の両方から成り立っているというのが、私の立場である。私たちは、両方の立場を適切に組み合わせながら生きている（中山 2012, 2014）。

近世哲学における認識論的転回

古代ギリシャ哲学と中世哲学は、いくつかの形而上学的問いを共有していた。しかし多くの近世哲学者たちは、これらの伝統を否定して、新しい出発を試みた。まず、この近世における伝統への批判を自然哲学の領域から見ておこう。自然哲学におけるアリストテレスの伝統に果敢に挑戦した人の中に、ガリレオ・ガリレイ（Galileo Galilei, 1564-1642）がいる。ガリレオは、実験や望遠鏡を用いた天体観測を通して、アリストテレスが提唱した力学や宇宙論に反する事実があることを明らかにしていった（中山 2016b: 第一一章第2節）。そしてデカルトも、自然哲学における仕事をしている。デカルトは、座標の導入や慣性の法則や運動量保存則の提案などで近世における自然哲学の発展に貢献した。こうしてデカルトも、アリストテレス自然学の問題点を明確化し、新しい自然哲学を作り出そうと試みた。

近世哲学における認識論的転回は、自然哲学内部で起こったガリレオなどによるアリストテレス的伝統に対する挑戦と並行して進んだと見ることができるだろう。デカルトはおそらく、形而上学の領域においても、自然哲学におけるような新しい出発を目指したのである。そしてそれは、認識論を基盤とした形而上学構築のプログラムとなり、方法的懐疑によって、常識のみならず古代・中世の哲学的伝統をも打ち壊すものとなった。

またデカルトにおいてもカントにおいても、彼らの認識論は基礎づけ主義的なものだった。つまりそれは、認識がいかに可能であるかを認識論内部で答えなければいけないという課題を担ったアプローチだった。認識論が第一哲学となり、知識がどのように可能になるかを説明することが哲学の根本問題だとされた。

近世哲学に現れる主体・客体（Subject-Object）という図式は、認識主体を中心にして作られた図式である。デカルトが考える実体として精神を特徴づけたとき、思考主体が他のすべてのものに先立って最も確実な存在者として位置づけられることになった。そこでは客体（あるいは対象）は、思考対象や知覚対象として、認識主体が確定した後に登場することになる。

デカルトの二元論では、精神と物体が別種の実体だとされる（本書第三章第２節）。そして身体は、物体の側に属することになる。精神は思考能力を本質とするが、空間的位置を持たない。デカルトの二元論によれば、空間的位置を持つことは、物体の性質であり、精神の性質ではない。この精神の特性のため、考える実体としての認識主体はデカルトの哲学の中で特別な位置を持つことになる。行為主体は身体を持つ存在者だが、この身体との関係性は認識主体に対して二次的なものとなる。

このような人間理解は、現代科学の視点から見るとき、時代錯誤の見解となろう。認識は、行為を通して生存を維持するために進化してきた能力だと言える。そして、認識を共有し、共同作業をするためには、言語の使用が欠かせないものとなるはずである。

デカルト哲学へのパースの批判

パースは、いくつかの著作でデカルト哲学をはげしく批判した。ここでは、論文「四能力の否定の帰結」（1868）でパースが展開したデカルト主義批判を紹介する。この批判は、鋭いものであり、現代の視点からも有効さを失っていない。

パースは、デカルト哲学を、中世のスコラ哲学を批判し、近世哲学の基礎を作り上げた哲学として位置づける。パースは、デカルト主義に四つの特徴づけを与えている。ここで、それらをまとめておこう[2]（Peirce 1868: p. 39）。

（1a）［普遍的懐疑からの出発］スコラ哲学は、伝統的基盤を疑うことはけっしてなかった。これに対しデカルト哲学は、普遍的懐疑から哲学は出発しなければならないとする。

（1b）［個人の確実性］スコラ哲学は、賢者やカトリック教会の言明を基盤とした。これに対しデカルト哲学は、確実性の究極的判定は個人の意識の内に見いだされるとする。

（1c）［単線的推論］中世における多様な論証は、デカルト哲学では、しばしば決定的でない前提に基づいた単線的推論によって置き換えられる。

（1d）［神を用いた論証］スコラ哲学は神秘的教義を持ったが、すべての創造物を説明することを企てた。しかしデカルト哲学には、それを説明しないばかりか、「神がそうした」と言うことが説明とみなされるのでなければまったく説明できないことがらが多くある。

これは、現代的視点からのデカルト哲学に対する鋭い批判的描写である。パースは、哲学者であると同時に自然科学者でもあった[3]。パースは特に、科学哲学の視点からデカルト哲学の不十分性を指摘した。パースのデカルトへの反論を私なりにわかりやすくまとめると、次のようになる。

（２ａ）［普遍的懐疑の不可能性］私たちが何かを疑うときには、別のことがらを前提として信じて、それを足場に自分の信念の一部に疑いの目を向けるのである。疑いが持つこの特性のため、すべてを疑うことは不可能である。

（２ｂ）［共同体における評価の一致］特定の個人を真理の絶対的判定者と定めることは、ドグマ的である。

（２ｃ）［議論の多様性］自然科学の諸分野は、明確な前提から出発し、その前提を強固にする多数で多様な議論に支えられている。哲学も、この方法を取り入れるべきである。

（２ｄ）［現象の説明可能性］デカルトは、知識体系の前提をなす永遠真理を神の意志に依存させ、人間には理解不可能だとしている（伊藤 1985/2003: p. 55）。これは単なるドグマであり、私たちの知的探究のさまたげになる。

このように、哲学者は自然科学研究の方法論から学ぶべきだと、パースは考えていた。つまりパースは、自然主義(4)（Naturalism）をとり、基礎づけ主義的認識論に反対していた。またパースは、知的探究は基本的に集団レベルで行われるものだととらえていた。

2　認識論の存在論的前提

近世哲学は、認識論を哲学の出発点とした。二〇世紀に入って、何人かの独創的哲学者たちはこの姿勢を批判した。それでは、認識論はどのように哲学の中で位置づけられるべきなのか？　この節では、この問いに答えようと思う。

認識形成のための存在論的前提

先に述べたように、近世哲学は認識論を出発点にとる哲学だった。そして現代哲学においても、フッサールの現象学は認識論的基礎づけ主義をさらに徹底し、厳密化しようとしたアプローチだったと言っていいだろう。この徹底化の中で、内的時間意識の分析なども可能になった。フッサールの時間論では、時間の存在は前提にされず、時間は現象の現れから構成されるものとしてとらえられた(Husserl 1928; 中山 2003: 第二章)。

デカルトが提案した実体としての思考主体は、現代の視点からふり返るなら、架空のものだったと言っていいだろう。言い換えると、現代科学の視点から見るなら、身体から独立の精神など存在しない。また、高度の思考は公共の言語を使用できることを前提にしている。というのも、言語は思考の道具のひとつであり、言語の使用なしには思考は単純なレベルに限定されてしまうからである。私は日本語で思考し、デカルトはフランス語で思考した。そしてこれらの自然言語は、ある言語共同体に人が生まれて、習得したものである。

後期ヴィトゲンシュタインは、言語がいかに使用され、いかに学習されるかを哲学の根本問題ととらえ、そのありさまを記述しようとした。言語は、思考の手段である前に、コミュニケーションの手段である。そして人々は、言語共同体の中に生まれ、そこで成長し、言語を学習し、生きる術を身につけていくのである。このような自覚は、二〇世紀における哲学の言語論的転回の一部を構成している。

近世の哲学観への否定は、事実性からの哲学の出発を唱えたマルティン・ハイデガー（Martin Heidegger, 1889–1976）によってもなされた。ハイデガーによれば、哲学はすでに理解が成立している地点からはじめねばならず、この理解を私たちはすでに生きており、その理解がどのようなものであるかを哲学者は記述すべきである。現象学的解釈学を方法にとったハイデガーはこのように考え、私たちが世界の内に存在する者であるということを分析の出発点にとった。私たちは、世界の特定の場所と時点に存在し、行為者として未来に対して態度をとり行為を企て続ける者であると、ハイデガーは『存在と時間』（1927）で唱えた。

ヴィトゲンシュタインやハイデガーなどのヨーロッパでの新しい哲学と並行して、アメリカではプラグマティズムの哲学が登場した。プラグマティズムの提唱者パースは、人間の思考を本質的に行為と結びついたものとしてとらえた（伊藤 1985/2003: p. iii）。そして前節ですでに見たように、パースは近世哲学の根本にあるデカルト主義をはげしく批判した。人々が現時点で真として受け入れている知識も原理的に誤っている可能性から逃れておらず、絶対的な意味で確実なものではない。これが、

「可謬主義」と呼ばれるパースの立場である。

　こうして、二〇世紀に入って哲学者たちは、近世哲学の認識論的哲学理解を破壊した。またハイデガーによれば、どの人も特定の存在論的位置をすでに世界の中に持っている。そして哲学は、この事実性の確認から出発しなければならない。つまり、存在論は認識論に先行すると、ハイデガーは指摘した。

行為主体にとっての認識

　近世哲学は、人間の認識者としての側面を強調した。しかし人間は、認識する者である以前に、行為する者である。言い換えると、私たちは行為主体に心的状態を帰属するが、認識状態も心的状態のひとつである。実際、認識能力は、行為者にとって、自分が持つさまざまな能力のうちのひとつにすぎない。例えば、行為主体にとっては意図の形成能力が認識能力と同様にきわめて重要な能力である（本章第3節）。知覚に関しても、行為者の知覚であることが前提になっている。日常の中で私たちは、行為を実行するのに必要になることがらに自動的に注意を向けて知覚している。中山（2017）で述べたように、人間の感覚器はかなり不十分なものであり、人間の活動が可能になるように情報が脳によって補充されて知覚は成立している。また、情報処理の担い手であるワーキングメモリ（working memory）の容量は極めて限定的である。だから、カントが唱えたような感性と悟性の厳格な分離は神経系では成立していない。脳の中では、知覚さえも純粋に受動的なものではなく一部は能動的に構成され、物体の輪郭などが明瞭にされている。

ところで、行為主体は環境の中で生きている。そしてその環境は、物理的環境と社会的環境の両方から構成されている。人は、外部の環境と身体的に相互作用して生命を維持している。人は、複数の社会組織に同時に属し、役割を割り当てられ、周りの人たちと行為を通して相互作用している。

行為主体にとっては、世界の状態に対する認識だけではなく、隣人の心的状態に対する認識も重要になってくる。特に、共同行為の場面やケアの場面では、隣人の心的状態の認識は重要な役割をはたすことになる(5)（本書第七章第1節）。

3　プロセス認識論

四次元主義的認識論は、私が中山（2014）で提案した立場である。私の考えでは、四次元主義的存在論やプロセス存在論は哲学的体系としてはなお未完であり、それは四次元主義的認識論やプロセス認識論による補充を必要とする。しかしプロセス認識論は、存在論から独立ではなく、むしろ、行為主体を存在論的に位置づけることから出発しなければならない。というのも認識という現象は、行為主体の認識という形で現れてくるからである。

プロセス認識論の存在論的原理

ここでは、中山（2014）第7節で提案した四次元主義的認識論をプロセス存在論にあうように変形して、プロセス認識論を定式化する。プロセス認識論は、宇宙の中に存在する行為主体の認識論である。そのため、プロセス認識論は行為主体に関する存在論を前提にする。

（3a）［プロセス存在論］プロセス認識論は、第四章のプロセス存在論を前提とする。このプロセス存在論によれば、宇宙は時空に拡がっており、プロセスの中で最大のものである。そしてプロセスとしての宇宙は、四次元的部分に分割可能であり、それら部分もプロセスである。

（3b）［プロセスとしての行為］行為は宇宙の部分であり、したがって、ひとつのプロセスである。行為遂行者は、行為を実行する存在者であり、宇宙の部分である。したがって、行為遂行者も一種のプロセスである。

（3c）［行為主体の存在論的位置づけ］行為主体は、特定の行為の主体であり、行為遂行者のその行為の遂行における時間的部分である。

（3d）［行為主体の認識能力］行為主体は、知覚能力と認識能力を持っており、自分の行為遂行を確認できる。

（3e）［行為主体の意図能力］行為主体は、特定の意図を形成できる。そして行為主体は、特定の意図にしたがって行為を実行できる。

（3f）［プロセスとしての認識］新たな認識を獲得することも、特定の知識を保持しておくことも、行為主体に関わるプロセスである。

（3g）［プロセスとしての意図］新たな意図を形成することも、特定の意図を保持しておくことも、行為主体に関わるプロセスである。

このように、プロセス認識論は基本的に、行為主体の認識論である。そして、行為も行為主体も宇宙の中のプロセスである。

プロセス形而上学は、プロセス存在論から出発する。そして、この認識能力を持つ行為主体を存在論的に位置づけることで認識論を記述しようとする。すると認識は、行為主体の存在論的位置に依存した形式をとることになる。この表象形式では、行為主体は自分を原点にした三次元空間の座標上に認識された対象を位置づけることになる。そして行為主体は、未来に向かって行為を企てるものであり、現在を中心に時制的に時間を理解するものである。行為主体は、未来に働きかけることによって自分の生命を維持しようとするものである。

行為主体の志向的状態

本章の（3d）と（3e）に記したように、行為主体は認識能力と意図能力を持っている。私は、信念には三種のものがあるという立場をとっている。それら三種の信念とは、世界の状態に関する信念、規範に関する信念、欲求に関する信念の三種である。そして、これら三種の信念を基盤にして意図が形成されると、私は考えている。また、信念は常に自覚的である。これは、「自分があることを信じているときには、必ず、そのことを信じていると信じている」ということが成り立つことを意味している。

私は、『規範とゲーム』（2011）において規範体系論理（Logic for Normative Systems）を提案したが、この体系はその後さらに発展させられている。[6] ここで、少しこの体系を簡単に説明しておこう。

私が、行為主体の志向的状態をどのようにとらえているかを描いたのが図5－1である。この図で用いられている概念を簡単に説明しておこう。

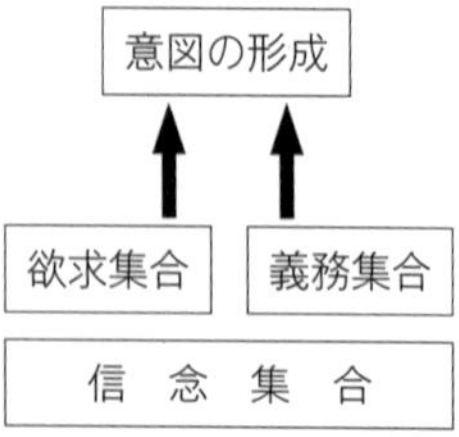

図5-1　志向的状態の図式

（4a）［信念基盤］信念基盤は、明示的に信じられている文の集合である。

（4b）［義務基盤］義務基盤は、義務として明示的に受け入れられている文の集合である。

（4c）［欲求基盤］欲求基盤は、欲求として明示的に受け入れられている文の集合である。

（4d）［信念集合］信念集合は、信念基盤から帰結する文の集合である。

（4e）［義務集合］義務集合は、義務基盤と信念基盤から帰結するが信念集合には属さない文の集合である。

（4f）［欲求集合］欲求集合は、欲求基盤と信念基盤から帰結するが信念集合には属さない文の集合である。

（4g）［意図形成の戦略］意図は、義務集合と欲求集合から行為を選択することによって形成される。このとき、行為選択に関する以下の四つの戦略が考えられる。

［1］義務集合と欲求集合の共通部分からひとつの行為を選び、実行を試みる。

［２］欲求集合の要素で、それを実行しても義務集合と矛盾しない行為を選択し、実行を試みる。

［３］義務集合からひとつの行為を選択し、実行を試みる。このとき、欲求集合は無視する。

［４］欲求集合からひとつの行為を選択し、実行を試みる。このとき、義務集合は無視する。


信念集合は、義務集合や欲求集合から影響を受けない。これに対し、義務集合も欲求集合も信念集合を基盤として形成される。そして、義務集合と欲求集合は互いに独立であり、それらを合わせると矛盾することもありうる。

4　プロセス形而上学

前節で見たように、プロセス形而上学はプロセス存在論をプロセス認識論によって補完した理論である。

宇宙の〈超越的表象〉と〈内部からの表象〉

私は、『示される自己』（2012）で〈世界内存在としての表象〉と〈超越的表象〉を区別した。(7) 本書では、〈世界内存在としての表象〉のことを「内部からの表象」と呼ぶことにする。ちなみに、本章第３節の〈プロセス認識論の存在論的原理〉から帰結するように、行為主体は宇宙内存在者である。そのため、〈内部からの表象〉は〈宇宙内存在者としての行為主体にとっての表象〉でもある。

以下の記述のうち、（5a）と（5b）は『示される自己』での二つの表象方式に関する議論をまとめたものである（中山 2012: p. 46）。ここではさらに、二つの表象方式の関係に関する記述（5c）と（5d）を加えることにする。

（5a）［超越的表象（外側からの表象）］この表象方式に従った描写は、宇宙の内には存在しない架空の超越的視点からなされる。この描写は抽象的超越的視点からなされるため、描写されるものの内容は描写主体の現実の宇宙の中の位置に依存しない。

（5b）［内部からの表象］この表象方式に従った表象は、特定の時点で特定の場所に位置する存在者の視点からなされる。この存在者は描写の主体でもありうるし、描写されるものの内容はこの存在者の宇宙の中の位置に依存する。

（5c）［行為主体による自分の表象の埋め込み］行為主体からの表象内容は、超越的表象内容の一部として取り込むことができる。実際、私たちはこの取り込みを繰り返しながら、宇宙や世界への理解を深めようとする。この埋め込みによって両表象内容の間に関係が作り出される。行為主体からの表象から得られる表象内容は、宇宙から見れば局部的なもので、超越的表象の一部についての情報しか与えない。行為主体は、他の行為主体から得られる表象内容についての情報も超越的表象の他の部分に補充することができる。

（5d）［行為主体の位置の確認］行為主体からの表象内容を超越的表象に取り込むためには、超越的表象の内部で行為主体の位置を確定し、それに基づいて行為主体からの表象内容を適切に超越的表象の内部に埋め込まなければならない。そのためには、行為主体は超越的視点から自分自身を宇宙の部分として表象できなければならない。これは、一種の自己意識である。[8]また行為主体は、自分がどの行為遂行者の時間的部分であるかを理解していなければならない。

フィヒテ（Johann Gottlieb Fichte, 1762–1814）などのドイツ観念論の哲学者は、自己意識を自己の自己自身への関係性としてとらえた。これに対し私は、（５d）で示されたように、自己意識は行為主体の宇宙の中での自分の位置の確認のことだと考える。夢想にふけっているとき、列車に急ブレーキがかかった瞬間に自分が列車の中にいることに気づくことがある。このようなものも、自己意識と呼べるだろう。この例では、世界の中のこの瞬間における自分の位置が確認されている。そしてこのような意味での自己意識は、状況判断とも結びついており、適切な行為遂行のために重要な役割をはたしている。

行為主体による表象の埋め込み（５c）は、地図を見ながら目的地に向かって移動する例を用いるとわかりやすいだろう。地図は、超越的視点から地球の時空的部分の一部を一定期間における不変性を基準に二次元平面に写像して作成される。私たち行為主体は、自らの表象内容と地図上の表記を手掛かりに、現在の自分の位置を地図上で確定することをまず試みる。この確定に成功すれば私たちは、現実世界のどの方向に目的地があるかを、地図を用いて適切に判断できることになる。

考える。

三次元主義とプロセス形而上学

多くの三次元主義者は、存在の様態が私たちの知覚世界と同型（isomorphic）のものだと暗に前提にしている。しかしプロセス形而上学によれば、このことは必ずしも成り立たない。つまり、存在の様態は知覚によって直接得られる表象とはかなり異なったものでありうると、プロセス形而上学者は考える。

プロセス形而上学者は、プロセス存在論とプロセス認識論を明確に区別する。だからプロセス形而上学者は、三次元主義者が語るような世界の描像を、存在論的描像としてではなく、認識論的描像としてとらえる。そして、それがそのままの形では存在論に適用できないかもしれないと考える。プロセス形而上学者にとって、存在論は個々の行為主体がいだく認識論的描像を説明できるようなものでなくてはならない。私はこの存在論と認識論の関係が一般相対性理論における理論と観測の関係と似ていると考えているので、このことについて少し説明しておきたい。

ニュートン力学は、宇宙の構造が私たちの経験世界の描像と類似していると前提し、物体が三次元のユークリッド空間の中を一次元的時間進行とともに移動すると前提して物体の運動を描いた。アインシュタインにとって、物体の運動に関するそのような描像は個々の観測者がいだく描像としては正しいものである。しかし、この観測者が持つ描像の受け入れは、宇宙の時空構造がそのようなものであることを帰結しない。むしろそのような宇宙像は、電磁気学に関するマックスウェルの方程式が座標系に依存しないという一般相対性原理と矛盾してしまう。ただし、一般相対性原理というのは、物理学の法則は、任意の仕方で運動している座標系に関していつも成立するという要請のことである。

そこでアインシュタインは、電磁気学に関する一般相対性原理が成り立つように、四次元的に湾曲した宇宙を受け入れるべきだと提案した（中山 2016b: 第一三章第1節）。観測者は、四次元宇宙の特定の点に存在し、その位置で四次元的時空のゆがみにそった観測を行うことになる。そして重要なことは、一般相対性理論に基づいた予測が実際の観測値と一致したということである。こうして一般相対性理論を受け入れる人にとって、ニュートン力学の日常的スケールでの適用は、存在論的にではなく、認識論的にのみ許容されることになる。

同様の存在論と認識論の乖離は、量子力学でも起きている（中山 2016b: 第一三章第2節）。量子力学の描く像は、日常の世界理解とかけはなれたものである。例えば量子力学では不確定性原理が成り立ち、位置と運動量を同時に正確に測定することはできない。しかし、量子力学は古典力学の基礎にあり、日常的スケールで古典力学が描くような記述が非常に高い確率で成り立つことを示すことができる。ここでも量子力学を受け入れる人は、日常スケールでの古典力学の適用を、存在論的にではなく、認識論的にのみ許容する。

これらの基礎物理学の事例が示しているように、存在論的描像と認識論的描像は同型だとは限らない。基礎物理学の理論は、宇宙についての存在論的な主張を行い、観測は宇宙の局所的部分についての認識論的描像を与える。そしてプロセス形而上学は、それらが同型ではないことを積極的に主張する。プロセス形而上学者は、当然、認識論を出発点にして、存在論的描像が認識論的描像と同型であると前提することを拒否する。というのも、認識論と同型の存在論をとるなら、私たちは他の存在論の選択肢を無視してしまうことになるからである。

5　仮説としての存在論

何が存在するかに答えようとするとき、私たちは理論的前提を必要とする。例えば、細胞や分子について語るとき、現代の生物学や化学を私たちは前提にしている。そしてそれら自然科学の基礎理論は、真であると確定したものではなく、現時点における最良の仮説である。

仮説としての存在論と観察・観測の理論負荷性

いくつかの科学理論は、存在論的主張を含んでいる。例えば、基礎物理学者が「原子や電子やクウォークやヒッグス粒子は実在する」というような存在論的主張をすることがある。このとき、「原子」、「電子」、「クウォーク」、「ヒッグス粒子」は基礎物理学分野の種名辞である。そしてこのような自然科学における存在論的主張は、観測行為によってその主張を受け入れるべきかどうかがテストされる。重要なことは、観測者も観測行為も宇宙の（四次元的）部分であるということである。そして、観測される事象も宇宙の（四次元的）部分である。このとき、観測行為プロセスによって理論が予測したようなデータが得られるかどうかが確かめられる。つまり観測行為によって得られる観測結果が、試されている理論とさらに専門家たちが受け入れて共有されているそれまでに蓄積された信念集合と整合的かどうかが問われるのである。

観測行為は、現代ではほとんどの場合、観測装置を用いて集団によって遂行される集団的行為である。[9] ニュートリノが質料を持つことの観測を例にとって、この観測行為について考えてみよう。ちなみにニュートリノは、原子核がベータ線を放出して崩壊するときにエネルギー保存則が成り立つようにパウリとフェルミによって予言された素粒子である。そして、一九五六年にライネスらが、ニュートリノが存在することを観測によってはじめて確かめた（政池 2007: p. 69）。

ニュートリノの質量観測の前提となったのは、坂田昌一、牧二郎、中川昌美らによって一九六二年に提案されたニュートリノ振動に関する理論である。この理論は、ニュートリノは質量を持ち、ニュートリノが電子・ミュー・タウの三つの型の間で変化するニュートリノ振動を予測した。そこで、ニュートリノ振動を観測によって確かめる実験が日本のスーパーカミオカンデ共同実験グループではじまった。まず、一九九八年に大気ニュートリノの観測結果が報告され、二〇〇一年に太陽ニュートリノの観測結果も報告され、ニュートリノ振動の証拠が得られた。その後、つくば市にある高エネルギー加速器研究機構からスーパーカミオカンデに向かってニュートリノを発射する実験がなされ、ニュートリノの存在確率が変動しているデータが得られ、二〇〇四年にこの結果が発表された。このように、ニュートリノ振動に関する仮説が観測をもとに受け入れられることでニュートリノが質量を持つことも受け入れられたのである。

この例に見られるように、自然科学においては、理論と観測は相互に支えあうような構造を持っている。そして、自然科学の基礎的分野の一部は、新しい種名辞を用いて存在論的主張を行う。この主張は、プロセス存在論内部の主張としても理解できる。つまり、自然科学の主張の一部は存在論的なものである。自然科学内部での主張は、理論を前提とし、理論が仮説的なものなので、存在論的主張も仮説的なものとなる。同様に、プロセス存在論内部での主張も理論的なものであり、したがって、仮説的なものである。具体的に構築されたプロセス存在論も、自然科学の理論と同様に観察・観測結果を適切に説明できるかどうかで、そのヴァージョンを受け入れるべきかどうかが判断されるのである。

言語と科学技術進化論

私は、『パラダイム論を超えて』(2016) で科学活動を共通の言語を基盤にした集団的認識活動として描写した (第一四章第3節)。現在の自然科学は、さまざまな専門化された研究分野に分かれている。それらの研究分野は、数学的表現も含めたその分野特有の言語が研究者たちに共有されることで発展してきた。

基礎物理学の理論は、根源的存在者について記述しようとする。この意味で、基礎物理学のいくつかの理論は何が宇宙の中に存在するかについての仮説を提出している。また「電子」や「クウォーク」などの専門用語は、量子力学で用いられる種名辞である。そして、他の学問分野はそれら根源的存在者の融合体に対する種名辞を導入する。化学では、「水分子 (H_2O)」や「水酸化ナトリウム (NaOH)」などの種名辞が導入される。それら種名辞適用の正当性は、それら種名辞の導入において前提にされた理論の正当性に依存している。そして自然科学の仮説は、行為主体が自分の周りの局所的場面で収集する観測データを適切に説明できるという認識的価値に基づいて受け入れられている。

現代の自然科学の実践では、部分全体論が暗黙に利用されている。原子核はクウォークとグルーオンから成り、原子は原子核と電子から成り、分子は原子から成り、細胞は分子から成り、生物個体は細胞から成るとされる。この「から成る」という語句は、「(四次元的) 部分を持つ」という語句で置き換えることができる。このとき私たちは、「原子核はクウォークとグルーオンという部分を持つ」と言うことができる。そして、原子核、原子、分子、細胞、生物個体などは常に運動状態にあるため、それらを動的プロセスとしてとらえることは適切に思われる。それらはどれも、適切なエネルギー状態のもとでのみ安定的に存続できるものである。

『パラダイム論を超えて』で私は、科学活動の進展と専門用語の生成を次のように描いた。

科学の各分野は、その分野特有の専門言語を発展させてきた。それぞれの分野の専門家たちは、この専門言語を用いて互いに議論する。だから、ある専門分野の学生はその分野で使われている専門言語をまず学ばなければならない。個々の研究学派における専門言語の表現可能性の度合いは、その発展のひとつの指標として考えることができる。ときには専門用語や専門的理論が新たに導入されることによって、伝統的分野から新たな分野が枝分かれする。このように、科学が進歩するときには、多くの場合、専門的科学言語の数は増加する。(中山 2016b: p. 219)

ここでは、科学活動の進展と言語体系の新構築や再構築の関係について語られている。自然科学で使用される言語も、複合的プロセスとしての宇宙をそれぞれのレベルで適切に表現する目的で作成されたものとして理解できるだろう。そしてこれらの専門言語の使用は、普通、何が自然界に実在するかについての存在論的主張と結びついている。

第六章　時間と様相

私は、拙著『時間論の構築』（2003）において、時間をどのようにとらえるかについてひとつの提案を行った。また、『示される自己』（2012）で私は、〈超越的表象〉と〈世界内存在としての表象〉という区別を導入し、この区別を時間論に適用した。この章では、この時間論での区別を様相にまで拡張し、〈超越的様相〉と〈内部的様相〉という区別を導入する。

1　マクタガートの時間論

マクタガートは、「時間の非実在性」（1908）という論文を書き、時間が実在しないことを証明しようとした。これ以降、分析哲学における時間論は、マクタガートが設定した問題記述の枠の中で主に議論されてきた。マクタガートは、ケンブリッジ大学で教鞭をとった哲学者であり、ヘーゲル主義者として知られていた。しかし、彼のヘーゲル解釈は独特なものであり、ヘーゲル自身の哲学とは異質なものだった。現在では、マクタガートの哲学は時間論の文脈に限定して議論されている。

時間の非実在性のテーゼ

ここでは、マクタガートの論文「時間の非実在性」に基づいて彼の時間論を紹介しよう。マクタガートは、いくつかの時間特性を前提にしてこの論文を書いている。このことの確認からはじめよう。まずマクタガートは、出来事は系列をなすと前提する。また、マクタガートは出来事に関する永久主義の立場も前提している。つまり、世界に起こる出来事の総体が定まっていると前提して議論を展開している。

ところで、私が『時間論の構築』（2003）で論じたように（p. 74）、マクタガートによる時間の非実在性の証明は次のようにまとめることができる。

（1a）時間には、A系列（過去・現在・未来）による記述とB系列（より前・より後）による記述とがある。
（1b）変化なしには時間はありえない。
（1c）A系列なしには時間はありえない。
（1d）A系列による記述は矛盾を含む。
（1e）A系列は実在しない（（1d）より）。

（1f）時間は実在しない（（1b）、（1c）、（1e）より）。

このマクタガートの論文が公刊されて以来、時間にとってA系列こそが根源的だとするA論者（A theorist）とB系列こそが根源的だとするB論者（B theorist）が区別された。そして、分析哲学における時間論は主に、A論者とB論者の間の論争として展開されてきた。ちなみにマクタガートは、変化を出来事の時制が変わることと解釈している。例えば、ナポレオン・ボナパルトの死は、未来から現在になり、そして、過去になる。このような出来事に対する時制変化を、本書では「A変化」と呼んでいる（本書第四章第2節）。

マクタガートのA系列とB系列を本書の表象に関する区別と結びつけるなら、A系列は〈内部的表象に基づく出来事の線形列〉となり、B系列は〈超越的表象に基づく出来事の線形列〉ということになる。そして本書第五章第4節ですでに述べたように、A系列からB系列へは埋め込みの関係が成り立つというのが、私の立場である。

マクタガートの時間論の前提

マクタガートの時間論では瞬間的出来事の存在論がとられている。つまり、瞬間的出来事しか、そこには存在していない。そして、それら出来事が線形的系列をなすことが前提されている。マクタガートは、この出来事が成す線形的系列のことを「C系列」と呼んでいる。このC系列の要素群について、一項の時制述語を用いて表現するのがA系列であり、「より前」という二項の述語で表現するのがB系列である。このときマクタガートは、「より前」という語が時間的意味を含んでいるものととらえている。マクタガートは、B系列とC系列はこのB系列に付与される時間的意味によって区別されると考えている。言い換えると、C系列はB系列から時間的意味を排除したものということになる。

現在の議論では、B系列は「より前」という二項述語をもとにした線形順序列としてとらえられている。そして、時間の向きをB系列に与える問題は、別の問題としてとらえられることが多い。実際に、物理法則の多くは時間の向きを限定しない体系であり、時間の向きを定めるためには熱力学の法則などが必要になると考えられている（Callender 2016）。

またマクタガートの議論では、出来事が瞬間的出来事に限定されている。つまり、マクタガートが言う出来事は、本書の瞬間的プロセスに相当する。だから、マクタガートの議論の中には、部分全体論の視点は現れていない。

ところで、一般相対性理論が正しいなら、出来事の絶対的順序列としてのC系列は実在しないという結論が得られる。というのも、一般相対性理論によれば、出来事系列内の順序は座標系に依存して相対的に定まることになるからである。また、C系列が空間を抽象して、出来事の時空的位置を考察からはずしていることにも、相対性理論から見れば問題がある。さらに、相対性理論によれば、運動状態や重力も時空のゆがみに関わることになる。このように、マクタガートの時間論を現代の視点からふり返ると、一面的で不十分な側面を多く持っていることがわかる。

私の考えでは、時間論を論じるにあたって、どのような足場の上に立って議論するのかということを明確化する必要がある。多くの場合、時間の問題は存在論的問題として論じられている。三次元主義者たちが四次元主義者たちの時間論を反直観的だと感じる理由は、このような存在論的立場の前提にある。私の視点から見るなら、プロセス認識論の視点を彼らは見落としているのである。

マクタガートの時間論への批判

マクタガートによる時間の非実在性論証に対する私の見解は、『時間論の構築』第三章や『示される自己』第九章で論じた。私はそこで、Ａ系列とＢ系列を論理的観点から明確化し、（１ｄ）を否定した。私は、複合的Ａ系列を定式化し、単純Ｂ系列と複合的Ｂ系列を区別した。単純Ｂ系列はマクタガートのＢ系列に対応し、複合的Ｂ系列は単純Ｂ系列に現時点を加えた出来事系列である。単純Ｂ系列はひとつであるのに対し、複合的Ｂ系列は時点の数だけ存在することになる。

ここで、『示される自己』第九章第１節に従って、マクタガートの時間論に対する私の立場を簡潔に紹介しておこう。まず私は、複合的Ａ系列を次のように導入している。

ところで、『時間論の構築』や後の一連の時間論についての論文で僕が示そうとしたことは、Ａ系列やＢ系列というときの記述の曖昧さである。マクタガートの議論を十分に展開するためには、単純なＡ系列ではなく、複合的Ａ系列が必要になってくる。というのもマクタガートは、出来事が「より近い未来になる」とか「さらに遠い過去になる」とか語るからである（中山 2003: p. 78）。複合的Ａ系列というのは、「時点ｔで出来事ｅはＸである」（Ｘには「過去」、「現在」「未来」のいずれかが入るとする）という複合的Ａ述語で表される体系である。このような複合的Ａ系列からはＢ系

> 列が帰結する。（中山 2012: p. 201）

また私は、「出来事eは**現在**である」という現在への指示によって拡張されたB系列を「複合的B系列」と呼んだ。そして複合的B系列では、「**過去**」と「**未来**」も容易に定義できる。例えば「**過去**」は、次のように定義できる——「出来事e_1が**過去**であるのは、e_2が**現在**であり、e_1がe_2**より前**であるような出来事e_2が存在するとき、かつ、そのときに限る」（p. 202）。私はさらに、複合的A系列が私たちの時間体験を適切に記述していることを次のように説明している。

> 現在を示し続けるだけでも、示しは重層化していく。というのも、先ほど示していた現在の時点は、いま新たに現在を示すときには、過去へと移行し、その時点はかつて現在だった時点となっているからである。このとき時制は複合化しており、ここから複合的A系列を構成することができる。われわれによる事象の観察は、普通、その観察が現在において行われていることの自覚をともなうものである。だとするなら、観察を続けるだけでも、新しい事象の立ち現われを確認することになり、示しが重層化し、時制が複合化していく。（中山 2012: p. 214f）

このような私のかつての見解は、今も変わっていない。しかし本書では、時間現象の存在論的側面と認識論的側面をさらに深く探究することにしよう。

２　時間の存在論的描像と認識論的描像

時間論の論争においては、存在論的な枠組みの中で議論されることが多くあった。私の提案は、「時間現象を正しく描写するためには、存在論的視点と認識論的視点の両方を必要とする」というものである。

現在主義、成長宇宙説、永久主義

まず、時間的対象について、分析哲学内部でどのような議論があったかを粗描したい。分析哲学においては、存在論の観点から、時間に関する三つの立場が区別されることが多い。それら三つの立場とは、現在主義（Presentism）、成長宇宙説（the Growing Universe Theory）、永久主義である（Markosian 2016）。

（２ａ）［現在主義］現在主義によれば、現在の対象だけが存在する。言い換えると、現在の対象だけが存在するということが常に真であるということは必然的である。

（２ｂ）［成長宇宙説（成長ブロック宇宙説）］過去と現在の対象のみが存在し、未来の対象は存在しない。そして、現在の対象は時の経過とともに次々と過去の方へと移行していく。

（２ｃ）［永久主義（ブロック宇宙説）］過去と未来の対象は、現在の対象と同様に存在する。

現在主義は、現在の特異性を存在論的に説明しようとする説である。成長宇宙説は、現在の特異性を、存在論に加えて時間経過の中で現れる現在の先端性で説明する。これに対し永久主義は、現在が存在論的に特別なものであることを否定する。

普通、現在主義者と成長宇宙論者はA理論を支持し、永久主義者はB理論を支持するとされる。このため永久主義者は、時間経過の現象学的体験を存在論ではなく、別の議論で説明することを要求される。というのも、永久主義者にとっても時間経過の現象学的体験は明らかなものだからである。このとき、現代の永久主義者たちの多くがとるのが、指標主義（Indexicalism）の考えである。(1)

プロセス形而上学は、存在論的には永久主義をとっている（付録1の定義2）。ただし、それは時空の四次元構造が存在するという立場であり、プロセスこそが実在するということを主張する。永久主義は、自然科学の理論と親和的である。というのも、自然科学の基礎理論には、現在も過去も現れず、超越的視点から時間がとらえられているからである。自然科学の基礎理論は、通常、B理論の形式で表現され、すべての時空で成り立つことが要請される。さらに、一般相対性理論などの基礎物理学の理論は、座標変換に関して自然法則が不変になるような四次元的幾何学構造を宇宙の構造として要請する。永久主義者は、現在の特異性を存在論的なものではないと主張するが、現在の特異性そのものを否定する必要はない。そしてプロセス形而上学は、現在の特異性は、存在論によってではなく、認識論との関係で説明されるべきだと主張する。

時間の〈超越的表象〉と〈内部からの表象〉

本書第五章第4節で宇宙についての〈超越的表象〉と〈内部からの表象〉を導入し、それらの関係について記述した。ここでは、この関係を時間に関する側面から描いてみよう。次の（3a）と（3b）と（3d）は第五章第4節での（5a）と（5b）と（5d）と同じものである。ここで新しく加えられるのは、埋め込みについての記述ということになる。

（3a）［超越的表象（外側からの表象）］この表象方式に従った描写は、宇宙の内には存在しない架空の超越的視点からなされる。この描写は抽象的超越的視点からなされるため、描写されるものの内容は描写主体の現実の宇宙の中の位置に依存しない。

（3b）［内部からの表象］この表象方式に従った表象は、特定の時点で特定の場所に位置する存在者の視点からなされる。この存在者は描写の主体でもありうるし、描写されるものの内容はこの存在者の宇宙の中の位置に依存する。

（3c）［行為主体による自分の表象の埋め込み］行為主体が現在の時間域での知覚的表象内容を超越的表象内部に埋め込もうとするとき、その行為主体にとっての時空的位置が超越的表象のどの部分に対応するのかを知らねばならない。つまり、超越的表象内容との関係において、現在がいつであり、ここがどこであるのかを、この表象の埋め込みにあたって行為主体は判断しなければならない。

（3d）［行為主体の位置の確認］行為主体からの表象内容を超越的表象に取り込むためには、超越的表象の内部で行為主体の位置を確定し、それに基づいて行為主体からの表象内容を超越的表象の内部に適切に埋め込まなければならない。そのためには、行為主体は超越的視点から自分自身を宇宙の部分として表象できなければならない。これは、一種の自己意識である。また行為主体は、自分がどの行為遂行者の時間的部分であるかを理解していなければならない。

（3e）［埋め込みのシフト］プロセス形而上学によれば、行為主体は人物である行為遂行者の時間的部分である。だから、この埋め込みにあたって行為主体は自分がこの行為遂行者の先行した時間的部分の直後の時間的部分であることを理解しなければならない。だから表象の埋め込み自身も、その行為遂行者の新しい時間的部分である行為主体が現れてくるごとに、超越的表象の中への埋め込みの時間的位置を後方へとシフトさせていかなければならない。

この（3e）が示しているように、行為主体の宇宙の中の位置は連続的に変化していく。この変化のために、マクタガートがA変化として特徴づけた時制のシフトは、行為主体が自分の表象内容を超越的表象内部へ埋め込む過程で生まれてくる。つまり、先ほど現在であったものとして超越的表象に埋め込まれた表象内容は、現在活動中の行為主体の視点からは過去の方へとシフトしていき、行為主体は新しく形成された表象内容を超越的表象の以前埋め込んだ部分と時間的に継続した部分に埋め込んでいく。

ここで、太郎が上野駅から上野公園まで徒歩で移動したときのことを例として考えてみよう。最初の時間帯T_1では、太郎のT_1における時間的部分は上野駅の中にいる。そして、しばらく時間が経過した後のT_2では、太郎のT_2での時間的部分は上野公園の中にいる。このとき太郎は、T_1がT_2より前であることを知っている。そして、自分に見えているのはT_1の上野駅の一部であることもT_1における太郎の時間的部分は知っているだろう。これは、T_1における太郎の時間的部分が自分に見えている表象内容をT_1の上野駅の表象内容に埋め込んでいることを意味している。同様に、T_2における太郎の時間的部分は自分に見えている表象内容をT_2の上野公園の表象内容に埋め込むことになる。そして、T_2における太郎の時間的部分にとっては、上野駅での経験は過去の方へとシフトしていることになる。

3　分岐的プロセスモデル

この節では、プロセスの進行によって過去が確定していくような二つの四次元主義的時間モデルを提案する。それらは、〈多様性縮減的プロセスモデル〉と〈分岐的プロセスモデル〉である。なお以下の議論では、基本的考えを中心に記述し、詳細な記述は付録で与えることにする（付録2）。

可能世界モデルと四次元主義

まず、未来に向かった可能性を表現するための可能世界モデルについて、デイヴィッド・ルイスの「普遍者の理論のための新しい仕事」(1983)での議論を紹介したい。ルイスはこの論文で、可能世界の集合に関する分岐（branching）モデルと拡散（diverge）モデルの区別を導入する。[2] これら二つのモデルはいずれも、過去において一致しているが未来は可能性に開かれていることを表現する可能世界モデルである。

まずルイスは、複製（duplication）という概念を以下のように規定する。

（4a）［複製の規定］二つの物が複製であるのは、それらが持つ外在的（extrinsic）性質がいかに著しく異なっていようと、それらが正確に同じ内在的（intrinsic）性質を持つときであり、そのときにかぎる（邦訳 p. 167）。

この規定は暫定的なものであると、ルイスは言う。というのもここでは、内在的性質と外在的性質の区別が前提にされているからである。しかし私たちにはこの規定で十分なので、ここではさらに詳しい議論にはたちいらないことにする。

この複製概念を基盤にして、ルイスは可能世界の拡散を、分岐とは区別して、次のように規定する。

（4b）［分岐的可能世界モデル］一つの可能世界が二つに分岐するのは、それら二つの可能世界が初期の区間を共有している場合である（邦訳 p. 174）。

（4c）［拡散的可能世界モデル］二つの可能世界が拡散するのは、それら二つの可能世界が、全体として複製ではないものの、初期の時間的な区間（segment）に関して複製であるとき、かつ、そのときにかぎる（邦訳 p. 174）。

ここで提案されている可能世界は、いずれも時空的に拡がったものである。そして、これら二つの可能世界モデルの違いは、初期の時間的な区間が同一なのか、それとも複製なのかという点にある。様相実在論（Modal Realism）を唱えるルイスの場合、可能世界も現実世界と同様に実在的なものとしてとらえるため、拡散的可能世界モデルを好ましいものとして選択したものと思われる（本章第6節）。

多様性縮減的プロセスモデル

ここでの目的は、プロセス認識論に基づく独自の様相モデルを提案することである。まず、過去に起こったことを記述していくことによって知識を拡張させていく状況を無矛盾な文集合の拡張によって表現するモデルを提案する（付録2の定義1）。

（5a）プロセス存在論の公理系をＰＴで表すことにする。また、ＰＴを自然法則などで補充した一階述語論理の理論をＰＴＮで表すことにする。ここで、ＰＴＮは無矛盾とする。

（5b）語彙の集合Ｌを便宜上、超越的視点から定められた包括的なものとする。そして、時点ｔまでに使用される語彙をＬ(t)で表す。

（5c）過去のプロセスを記述する文の集合は、時間経過とともに増加すると仮定する［$t_1 < t_2 \Rightarrow \Gamma(t_1) \subseteq \Gamma(t_2)$］。ただし、Γ(t)はＬ(t)で表現された一階述語論理の文集合とする。

このとき、次の命題が成り立つことを証明できる（付録2の定理1）。

（6）過去のプロセスを記述するモデル集合は、時間経過とともに減少する。

この（6）の命題は、時間経過にしたがって新しく表現可能になった過去のプロセスに関する記述を加えることでモデル集合が収縮していくことを表している。つまり、このモデルは多様性縮減的プロセスモデルとなっている。

加地（2018）は、事実に対する様相と物体に関する様相を区別する議論をしている。前者は「事実様相（factual modality）」と呼ばれ、後者は「対象様相（objectual modality）」と呼ばれている（p. 12）。そして対象様相のうち実体に関するものは、「実体様相（substantial modality）」と呼ばれる。またこの実体様相はさらに、本質様相（essence modality）、力能様相（power modality）、過去様相（past modality）、未来様相（future modality）に区別され（p. 110）、傾向性と潜在性（potentiality）は力能様相に属するとされる。

これに対しプロセス形而上学では、超越的様相（transcendental modality）、内部的様相（internal modality）、潜在的様相（potential modality）が区別される。超越的様相は、〈超越的視点〉から見た様相である。これに対し、内部的様相は〈内部からの視点〉から見た様相に対応する。潜在的様相は内部的様相をプロセスの時間的部分の未来的性質に適用したときに現れる様相的側面であり、内部的様相の特殊ケースである。また傾向性と能力と反事実的条件文は、内部的様相を用いて特徴づけることができる（付録2の定義2と定義3）。なお、「⇕$_{def}$」という記号は、「以下のように定義される」という意味で、真理条件が一致していることによる定義を表している。またここでは、「PTNに相対的に必然的である」などの様相に関する表現を省略して「S必然的」などというように記すことにする。そして、本書における傾向性と能力の記述では、次のように前提しておく。すなわち、傾向性Fは「Gが起こるとすぐにHが起こる」という条件文と結びつけられており、能力Fは「Gの状態になるとHの状態になる」という条件文と結びつけられている。

（7a）［超越的S必然性（transcendental S-necessity）］文ϕはS必然的 ⇕$_{def}$ ϕがPTNから帰結する。

（7b）［超越的S可能性（transcendental S-possibility）］ϕはS可能 ⇕$_{def}$ ϕがPTNと無矛盾（つまり、PTN∪{ϕ}が無矛盾）。

（7c）［内部的S必然性（internal S-necessity）］ϕは時点tでS必然的 ⇕$_{def}$ ϕがPTN∪Γ(t)から帰結する。

（7d）［内部的S可能性（internal S-possibility）］ϕはtでS可能 ⇕$_{def}$ ϕがPTN∪Γ(t)と無矛盾。

（7e）［潜在的S必然性（potential S-necessity）］対象aはtで潜在的にS必然的にFである ⇕$_{def}$「aの未来の時間的部分がFである」がtでS必然的。

（7f）［潜在的S可能性（potential S-possibility）］aはtで潜在的にS可能的にFである ⇕$_{def}$「aの未来の時間的部分がFである」がtでS可能。

（７ｇ）［反事実的Ｓ可能性（counterfactual S-possibility）］「ϕということもありえた」という反事実的可能性文がｔでＳ真 $\Leftrightarrow_{\mathrm{def}}$ ｔより前のある時点でϕがＳ可能。

（７ｈ）［Ｓ反事実的条件文（S-counterfactual conditional）］「もしϕだったとしたならψだろう」という反事実的条件文がｔでＳ真 $\Leftrightarrow_{\mathrm{def}}$［$\phi$がｔ以前ではＳ可能でない］または［$\phi$をＳ可能にするｔ以前でｔに最近接の時点$t^*$で、（$\phi$ならば$\psi$）がＳ必然的］。

（７ｉ）［Ｓ傾向性］対象ａの時点ｔにおける時間的部分がＳ傾向性Ｆを持つ $\Leftrightarrow_{\mathrm{def}}$「ａのこの時点での時間的部分にＧが起こる」をＳ可能にするｔ以後の時点t^*が存在し、かつ、「ａのこの時点での時間的部分にＧが起こる」をＳ可能にするｔ以後でｔに最も近接する時点t^*で、「ａのこの時点での時間的部分にＧが起こるならば、ａのその直後の時点での時間的部分にＨが起こる」がＳ必然的。

（７ｊ）［Ｓ能力］ａのｔにおける時間的部分がＳ能力Ｆを持つ $\Leftrightarrow_{\mathrm{def}}$「ａのこの時点での時間的部分がＧである」をＳ可能にするｔ以後の時点t^*が存在し、かつ、「ａのこの時点での時間的部分がＧである」をＳ可能にするｔ以後でｔに最も近接する時点t^*で、「ａのこの時点での時間的部分がＧならば、ａのその時点での時間的部分がＨである」がＳ必然的。

私たちは、「ゲーデルは不完全性定理を証明したが、他の誰かがこの定理を証明することもありえた」と言うことがある。この文は、「現在においてϕでないが、ϕということもありえた」という反事実的可能性の表現図式の一例である（（７ｇ）を参照のこと）。また、反事実的条件文「もしϕだったとしたならψだろう」は、実際には、φで記述されたことの生起が可能だった最も近い過去の時点までさかのぼり、そこで必ずψが生起することを、主張していることになる（(7h) を参照のこと)。

傾向性の分析と能力の分析で、なぜ「t以後でtに最も近接する時点t*で」という限定があるかというと、対象aの状態とまわりの状況が現在の状態と極めて類似したものであることが要請されるからである。これは、因果性の規定などで現れる「他の条件が同じならば (ceteris paribus)」という限定語句とも関わっている。

この規定からただちに次の命題が帰結する（付録2の定理2)。

(8a)［超越的S必然性］φはS必然的 ⇕ PTNのすべてのモデルでφが真。

(8b)［超越的S可能性］φはS可能 ⇕ φを真にするようなPTNのモデルが存在する。

(8c)［内部的S必然性］φは時点tでS必然的 ⇕ PTN∪Γ(t) のすべてのモデルでφが真。

(8d)［内部的S可能性］φはtでS可能 ⇕ φを真にするようなPTN∪Γ(t) のモデルが存在する。

(8e)［S傾向性］対象aの時点tにおける時間的部分がS傾向性Fを持つならば、aはtで潜在的にS可能的にHである。

(8f)［S能力］aのtにおける時間的部分がS能力Fを持つならば、aはtで潜在的にS可能的にHである。

この（8e）と（8f）の命題に示されているように、傾向性と能力は潜在的可能性を含意している。例えば、水溶性（water-solubility）は〈未来において水に溶ける可能性〉を含意しており（F＝「水溶性」、H＝「水に溶ける」）、歩行能力は（未来の）歩行可能性を含意している（F＝「歩行能力」、H＝「歩行する」）。ただし、潜在的可能性それ自身は、傾向性や能力の必要条件でしかない。

ここで見たように、プロセスの記述に関して〈超越的表象〉と〈内部からの表象〉が区別されたのと同様に、様相を用いた記述に関しても〈超越的様相〉と〈内部的様相〉が区別できる。そして、傾向性や能力や反事実的条件文や潜在性を特徴づけることができるのは、〈超越的様相〉ではなく、〈内部的様相〉の方である。

分岐的プロセスモデル

多様性縮減的プロセスモデルをさらに意味論的に限定することで分岐的プロセスモデルを得ることができる。ただし、ここでは公理論的な特徴づけはできない。この分岐モデルは、時間が経過するにつれて現実世界のありさまがしだいに明らかになっていくようなモデルである。

（9）分岐的プロセスモデルの精確な定義は、付録2の定義4で与えられる。ここでは、分岐的プロセスモデルが持つ性質のうち重要なものだけをあげておく。

［a］W_MはＰＴＮのモデル集合の部分集合である。また、W_Mの要素を「W_M内の可能世界」と呼ぶことにする。

［b］W_Mは現実世界モデルw_rを含んでいる。
［c］W_M内の任意の可能世界wは、現実世界w_rと過去部分のどれかを共有する。
［d］時点tまで同一の発展を示すようなW_M内のすべての可能世界の集合である。時点tまで現実世界と過去部分を共有する可能世界集合$W_M^{\leq}(t)$は、現実世界モデルw_rと
［e］［固定指示子の規定］固有名は、その固有名が指示する対象が存在するW_M内のどの可能世界でも同一の対象を指示する。

この（9）の規定にあるように、$W_M^{\leq}(t)$内のモデルはどれも、時点tまでは現実世界モデルと同一であるが、時点t以降で分岐していくようなモデルである。私たちは、この（9）の規定から次の命題を容易に証明できる（付録2の定理3）。

（10）〈現実世界と過去部分を共有する可能世界集合〉は、時間経過とともに減少する［$t_1 < t_2 \Rightarrow W_M^{\leq}(t_2) \subseteq W_M^{\leq}(t_1)$］。

この命題が明らかにしているように、時間がたつにつれて、実現された過去部分は拡張し、許容される可能世界は絞られていく。この（9）のモデルを、「分岐的プロセスモデル」と呼ぶことにする。このモデルでは、時間の向きは許容された可能世界の集合が縮減していく方向と一致する。また、時間の経過とともに一意に定まった過去が拡大していく。この実現された過去部分の拡張によって、時

間の進行が表されている。

多様性縮減的プロセスモデルの（8a）から（8d）の規定と同様の仕方で、分岐的プロセスモデルに関しても、超越的様相と内部的様相を特徴づけることができる（付録2の定義6）。なおここでは、現実世界とは異なる形で発展しえた世界という意味で、「モデル」に代わって「可能世界」という用語を用いている。またここでは、「W_Mに相対的に必然的である」などの様相に関する表現を省略して「W必然的」などというように記すことにする。

（11a）［超越的W必然性］φはW必然的 $\Leftrightarrow_{def}$ W_M内のすべての可能世界でφが真。

（11b）［超越的W可能性］φはW可能 $\Leftrightarrow_{def}$ φを真にするようなW_M内の可能世界が存在する。

（11c）［内部的W必然性］φは時点tでW必然的 $\Leftrightarrow_{def}$ $W_M^{\leq}(t)$ 内のすべての可能世界でφが真。

（11d）［内部的W可能性］φはtでW可能 $\Leftrightarrow_{def}$ φを真にするような $W_M^{\leq}(t)$ 内の可能世界が存在する。

（11e）［潜在的W必然性］対象aはtで潜在的にW必然的にFである $\Leftrightarrow_{def}$「aの未来の時間的部分がFである」がtでW必然的。

（11f）［潜在的W可能性］aはtで潜在的にW可能的にFである $\Leftrightarrow_{def}$「aの未来の時間的部分がFである」がtでW可能。

超越的様相は、可能世界意味論で標準的に受け入れられている様相理解に対応している。これに対し内部的様相の意味論は、ルイスの反事実的条件文の分析に用いられる圏域モデル（sphere model）を用いた意味論に対応している（付録2の定理3）。このとき、時間的に近接する可能世界は互いに類似しているという直観を認めると対応付けが理解しやすいだろう。ただし重要なことは、$W_M^{\leqq}(t)$が時間経過とともに減少していくため、$W_M^{\leqq}(t)$タイプの可能世界集合間に線形的順序が成立することである。そして、この圏域集合の中心には現実世界w_rが位置している。

内部的様相の定義（11c）と（11d）から、過去や現在についてのプロセスを記述する文について、次の命題が成り立つ（付録2の定理4）。

（12a）［過去と現在の確定］φが時点tにおいて過去あるいは現在のプロセスについて記述する文のとき、次のことが成り立つ——φは現実世界w_rで真⇔φはtでW必然的⇔φはtでW可能。

（12b）［内部的W必然性と時間経過］t_1がt_2より前のとき、φがt_1でW必然的ならば、φはt_2でW必然的。だから、φが今W必然的ならば、未来においてもφはW必然的である。

（12c）［内部的W可能性と過去投射］t_1がt_2より前のとき、φがt_2でW可能ならば、φはt_1でW可能。だから、φが今W可能ならば、過去においてもφはW可能だった。

命題（12a）が成り立つのは、分岐的プロセスモデルでは$W_M^{\leqq}(t)$内の可能世界の共有過去部分が現実世界の過去部分と一致するからである。このとき、時点tにおける可能世界集合$W_M^{\leqq}(t)$内の任意の可能世界でのtまでの全経過は現実世界でのtまでの全経過と一致している。また命題（12b）

は、時間経過とともに可能世界集合の多様性が減少していくために成り立つ。だから、ある時点で必然的であることが確定した文は、その後も必然的であり続けることになる。つまり、時間経過において真理と必然性は保存される。しかし可能性は、時間経過において必ずしも保存されない。というのも、時間経過にともなう多様性の減少のため、以前許容されていた可能世界が削除されることがあるからである。

これに対し、未来のプロセスを記述する文については、命題（12a）は成り立たない。それは、過去は確定しているが、未来は可能性に対して開かれているためである。このように、分岐的プロセスモデルでは、過去と未来は非対称的になる。

なお、反事実的可能性と反事実的条件文の真理条件やW傾向性やW能力の概念規定も、多様性縮減モデルと同様の仕方で分岐的プロセスモデルでも定義できる（付録2の定義7）。

反事実的表現の意味分析

本書における反事実的条件文の分析は、基本的に、デイヴィッド・ルイスが『反事実的条件法』（1973）で提案した反事実的条件文の分析に従っている。しかし、微妙に異なっている点もある。ここでは、その違いを確かめておこう。ルイスの分析を適用するためには、「圏域集合」と呼ばれる可能世界集合の線形列が必要になる。この点においても、本書のアプローチはルイスに従っている。ルイスは先の著作において、この順序関係が中心に位置する世界との類似性の程度であるという哲学的解釈を与えた。この順序関係の解釈において、私の提案はルイスのものとは異なっている。

本書における線形に並んだ圏域は、分岐的プロセスモデルから自然に発生するものである。圏域をS_tで表すと、このS_tは〈時点tまで現実世界と過去部分を共有する可能世界集合〉$W_M^{\leqq}(t)$と一致する〔$S_t = W_M^{\leqq}(t)$〕。そして、時間経過とともに未来の可能性が排除されていき、その結果$W_M^{\leqq}(t)$は狭まっていき、順序付けられた圏域集合が形成されることになる（本章（10）、付録2の定理3）。つまり本書のアプローチでは、圏域集合は、可能だったプロセスが次々と現実化されていくことによって自動的に形成されていくことになる。そして、現実世界を中心とする圏域集合全体は全歴史を見渡す超越的視点から描かれることになる。だから、本書における反事実的表現の分析には時間発展の視点が組み込まれている。そしてこのことは、反事実的表現を時制表現と関連させて分析することを可能にする。このことを、反事実的条件文の分析を例に見ておこう。

ジョン・F・ケネディは、一九六三年一一月二二日にオズワルドによって暗殺されている。これを例にとり、「オズワルドがケネディを殺していなかったなら、彼〔ケネディ〕は今も生きているだろう（If Oswald had not killed Kennedy, he would be still alive）」という文について考えてみよう。以下、この文のことを「ケネディ文」と呼ぶことにする。本書の分析では、この文が一九六四年一月に発話された場合にはこの文は真とみなされるが、二〇五〇年に発話された場合にはこの文は偽とみなされる。そして、このような発話時点を考慮した反事実的表現の分析はルイスの解釈ではできないものである。

まず、ケネディ殺害以降に位置する時点tにケネディ文の話者がいると考えよう。ここで、オズワルドが銃をケネディに向けて撃ったその前に何かが起こり、ケネディはこの時点で無傷だったということが考えられるだろう。このとき、「もしφだったとしたならψだろう」という文中のφは「オズワルドがケネディを殺さない」という文であり、ψは「ケネディは今も生きている」という文となるが、この「今」はケネディ文の発話時点を指している。このとき、「もしφだったとしたならψだろう」という文が一九六四年一月でW真かどうかを付録2の定義6＋定義7の規定に照らし合わせて確かめてみよう。まず、ケネディ殺害の一日前から非常に厳しい警備体制を引いて暗殺を未然に防ぐことも可能だったと考えることは自然である。だから、φをW可能にする一九六四年一月以前でこの時点に最近接の時点はこの状況では一九六三年一一月二一日と考えられる。だから、「オズワルドがケネディを殺していないなら、彼〔ケネディ〕は今〔一九六四年一月〕もなお生きている」という文が、一九六三年一一月二一日まで現実世界と過去部分を共有しているすべての可能世界で成り立つかどうかが問われていることになる。そして普通、私たちはこの条件が充たされていると考えるだろうから、ケネディ文は一九六四年一月でW真と言えることになる。これに対し、二〇五〇年にはケネディはたとえ暗殺されていなくてもすでに病死しているだろうから、ケネディ文は二〇五〇年でW偽となる。

次に、ルイス流の分析を見ておこう。そのために、次の〈ケネディ対応者（t）文〉を考えよう――「オズワルド対応者がケネディ対応者を一九六三年一一月二二日に殺していなかったなら、彼〔ケネディ対応者〕は時点tでも生きているだろう」。本章第6節であらためて論じるように、ルイスは世界をまたいで同一であるような対象を認めないため、対応者概念が用いられることになる。そして、発話時点への直接指示もルイスの体系では可能でないため、〈ケネディ対応者（t）文〉の「時点t」のところには具体的時点を代入することになる。

ここで最初に、〈ケネディ対応者（一九六四年一月）文〉を見ておこう。ルイス流の分析では、まず、〈ケネディ対応者（一九六四年一月）文〉の前件が真になる可能世界を含む圏域で現実世界に最も類似したものを取り出さねばならない。そのような圏域を「S_K」と呼ぼう。ここでケネディ文に相当する反事実的条件文がルイス流に現実世界で真かどうかを確かめるためには、S_Kに含まれるすべての可能世界で〈ケネディ対応者（一九六四年一月）文〉が真かどうかを見ればいい。ここで好意的に類似性を解釈すれば、この条件が充たされていると判断することは自然である。だから、ケネディ文に相当する反事実的条件文はルイス流の分析でも真になると考えることができる。

次に、〈ケネディ対応者（二〇五〇年）文〉を考えてみよう。この場合にも、ルイス流の分析では、先ほどの圏域S_Kを取り出すことになる。このとき、百三〇歳を超えた高齢者が生きていることは現実世界では不可能に近いので、S_K内の可能世界にいるケネディ対応者のほとんどが二〇五〇年にはすでに死んでいると考えられる。だからルイス流の分析でも、「オズワルドがケネディを一九六三年一一月二二日に殺していなかったとしたなら、彼［ケネディ］は二〇五〇年でもなお生きているだろう」という反事実的条件文は現実世界で偽ということになる。

以上見てきたように、本書のアプローチとルイスのアプローチの大きな違いは、時制表現を含んだ反事実的条件文を本書のアプローチのみがそのまま扱うことができるということにある。また、ルイスが拡散的可能世界モデル（４ｃ）を採用しているのに対し、本書でのアプローチは分岐的可能世界モデル（４ｂ）を採用していることも決定的に異なっている。

4　行為主体にとっての時間

行為主体は、宇宙のある時空的位置に存在している。分岐的プロセスモデルに現れる過去部分の先端部分としての現在は、行為主体が行為の実行に向かう位置でもある。そのため、分岐的プロセスモデルは行為を分析するためにも適している。

行為の効果を反映する分岐的プロセスモデル

マクタガートのA変化に基づいた時間記述では、行為と時間経過の関係を明らかにすることはできなかった。ここでは、先ほど導入した〈分岐的プロセスモデル〉を用いて行為の効果が適切に記述できることを示そうと思う。

行為主体の行為によって、それまで許容されていた〈分析的プロセスモデル〉中の可能世界群の一部が無効になり、除外されていく。ここで、そのような状況に関わる三つのケースを考えてみよう。

（13ａ）［行為の阻止］Ａが行為することによってＢがしようと意図していることが不可能になるかもしれない。例を用いて説明しよう。Ｂが時点t_1で目の前にあるひとつのケーキを食べることを意図しているとしよう。このとき、Ａがこのケーキを素早く食べてしまうとする。すると、次の時点t_2ではＢがこのケーキを食べることが不可能になってしまう。この例では、Ｂがケーキを食べるという行為を時点t_2で阻止したことになる。このとき、時点t_1での可能世界集合$W_M^{\leq}(t_1)$には未来でBがこのケーキを食べることを許す可能世界が含まれていたが、時点t_2までの可能世界集合$W_M^{\leq}(t_2)$にはそのような可能世界がもはや含まれていないことになる。

(13ｂ)［行為の補助］Aが行為することによって、Bがしようと意図していることが準備されるかもしれない。ここで、ひとつの例を考えてみよう。Bがプロジェクターを使用して自分のパソコンと接続して研究発表をしたいと時点t_1で思っているが、Bはプロジェクターを持っていない。このとき、Aが自分の小型プロジェクターをBのために時点t_2に発表会場に持ってきてくれた。このため、Aはスライドを用いた発表ができた。このとき、時点t_1での可能世界集合$W_M^{\leq}(t_1)$にはBが誰の助けも借りずにスライドを用いた発表がすぐできるような可能世界は含まれていない。これに対し、時点t_2での可能世界集合$W_M^{\leq}(t_2)$にはBがすぐスライドで発表できるような可能世界が含まれている。またどの時点t_2での可能世界にも、Aがプロジェクターを持ってきてくれたことが含まれている。

(13ｃ)［共同行為］行為プロセスEが行為プロセス$E_1, \ldots, E_n$の融合体とする。つまり、$E=E_1+\ldots+E_n$が成り立つとする（ただし、＋は部分全体論的和とする）。このとき、各行為主体$A_i (1 \leq i \leq n)$がそれぞれ行為プロセスE_iを実行するとき、それによって行為プロセスEが実行される。つまり、共同行為E中の個々の行為プロセスがすべて実現されることで、その後の許容された可能世界すべてで共同行為プロセスEが実現された過去部分に含まれることになる。ピアノを三人で移動させることも共同行為だが、チームが団結して駅伝を完走することも共同行為である。七区に分けられた駅伝コースを例として考えてみよう。七人の選手$A_1, \ldots, A_7$がそれぞれ分担された区間を走り、$E_1, \ldots, E_7$の走行プロセスが実現される。チームの完走E_Rは$E_R = E_1 + \ldots + E_n$で表現でき、$E_1, \ldots, E_7$はそれぞれE_Rの時間的部分となる〔$TPart(E_1, E_R) \wedge \ldots \wedge TPart(E_7, E_R)$〕。そして、各選手がそれぞれの区間を完走することによってチームの完走は実現する。逆に、ひとりの選手が棄権すると、その後のどの可能世界でもこのチームの完走は不可能になることが決定する。

このように、行為が実現されることで、許容される可能世界が絞られていくことになる。（13c）で用いられた駅伝の例では、共同行為が異なる時間帯をまたいで成立している。このような例を、三次元主義的可能世界のモデルで表現することは困難に思われる。

〈分岐的プロセスモデル〉に基づく傾向性と能力と潜在性の分析

傾向性と潜在性は、物体が持つ様相的性質である。ところで、私たちはなぜ知覚によってとらえられるような顕在的な性質だけでなく、傾向性や潜在的性質をも言語によって表現しようとするのだろうか？　それは、傾向性や潜在性を物体の時間的部分に帰属させることが、私たちが行動するときの指針となるからである。このことを確かめるためにここでは、傾向性や潜在性の帰属を行為主体との関係性において記述することとしよう。

まず傾向性の例として、角砂糖の水溶性について考えてみよう。水溶性は、「水に入れれば溶ける」

という条件文と結びついている（G＝「水に入れる」、H＝「溶ける」）。今、ある角砂糖が容器の中にあるとする。この角砂糖を温かい湯の入ったコップに入れれば、角砂糖は解けるだろう。だから、今この角砂糖は水溶性という傾向性を持っている。そして、このような知識は行為を計画するのに役立つ。コーヒーを甘くして飲むためには、角砂糖を入れればよい。というのも、角砂糖は甘いという性質を持つとともに水溶的だからである。同様に、ガラスのグラスはこわれやすいという傾向性を持つと私たちは知っているので、ガラスのグラスを持つときには床に落とさないように気をつけなければならないと私たちは考える（G＝「落とす」、H＝「こわれる」）。ちなみに、アリストテレスの質料形相論にしたがうと、角砂糖は水に溶けてなくなるが、このとき立方体状という形相が失われるだけで、砂糖としての質料は水の中に残ることになる。

次に能力の例として、歩行能力を考えてみよう。歩行能力は、「意図すれば歩く」という条件文と結びついている（G＝「意図する」、H＝「歩く」）。そして、歩行していないときでも歩行能力はそれだけで失われることはない。また、幼児が歩行能力を持っているならば、どこかに行ってしまわないように常に気を配っていなければならない。そして、高齢者に歩行能力がなければ車いすなどで補助を行わないといけない。このように潜在性に関する理解は、私たちがどのような行為計画をたてるかに関わってくることになる。

ここで潜在的可能性の例として、先の駅伝について考えてみよう。第一走者がスタートする時点でチームの完走は潜在的に可能である。そして、次の走者にたすきがつながるごとに、潜在的可能性は潜在的必然性に向かって近づいていく。しかし、最終走者がケガのために途中棄権した途端にチームの完走は不可能になる。このように、潜在的可能性は、プロセスの進行に依存して変化していく。

5　プロセスと歴史記述

歴史記述は、過去に向かった視点を持つとともに、階層構造を持つ行為プロセスの複合体も記述の対象としている。プロセス形而上学は、歴史記述について、歴史家の視点から説明を与えることができる。

理想的編年史の限界と歴史記述

アーサー・ダント（A. C. Danto, 1924-2013）は、『物語としての歴史』（1965）で「理想的編年史」という概念を導入している。理想的編年史家は、マクタガートの議論に現れる出来事系列と似たものを作り上げる。

さてここで私の構図に、理想的な編年史家を取り入れてみたい。彼はたとえ他人の心のなかであれ、起こったことすべてを、起こった瞬間に察知する。彼はまた瞬間的な筆写の能力も備えている。「過去」の最前線で起こることすべてが、それが起こったときに、起こったように、彼によって書き留められるのである。その結果生ずる生起しつつある叙述を、私は「理想的編年史」（Ideal Chronicle）と名付けることにしよう。いったん出来事Eが、無事過去のなかに落ちつくと、その十

分な記述は、理想的編年史に含まれる。（邦訳 p. 181）

ダントはこの著書の中で、理想的編年史家が用いることができないタイプの文が存在し、そのひとつが物語文（narrative sentence）だと指摘する。物語文は、二つの別個の時間的に離れた出来事を指示し、より初期の出来事を記述する文である（邦訳 p. 185）。物語文の例には、次のようなものがある――「アリスタルコスは紀元前二七〇年に、コペルニクスが一五四三年に発表した理論を先取りしていた」（邦訳 p. 190）、「『プリンキピア』の作者はウールソープで生まれた」（邦訳 p. 192）。ちなみに、『プリンキピア』の作者というのはニュートンのことである。これらの例が示しているように、物語文を用いる歴史家は、現在の出来事だけでなく、過去の出来事群を見渡すことができる行為主体である。この過去への見渡しの能力が、現時点で起こったことだけを忠実に記述する理想的編年史家には欠けているのである。つまり歴史家は、理想的編年史家が語りえないことを語れることになる。

理想的編年史家に欠けているのは、過去を見渡して出来事間の関係性を記述する能力である。また彼には、異なる時間領域に起きた複数の出来事を統一的にまとめる能力も欠けている。これに対し、本章第3節で規定された〈多様性縮減的プロセスモデル〉の作成者にはこれらの能力が与えられている。彼は各時点で、その時点に起きたことだけではなく、それまでに起こったこととそれらの融合体をすべてプロセスとして把握したうえでそれらを記述するような存在者である。だから彼は、ニュートンが『プリンキピア』を出版した時点で「『プリンキピア』の作者はウールソープで生まれた」という文を過去のプロセスを記述する文集合につけ加えることができる。

歴史家の視点は、現在において過去を見渡す視点である。そして、この過去部分に限定するなら、その視野は〈超越的表象〉の視野と同一である。だから、物語文を駆使する歴史家は、時間がたつことによって、同じ過去の出来事についてより多くの関係性の文脈の中で語れるようになるのである。そして歴史家は、未来のことについては記述しない。というのも、〈分岐的プロセスモデル〉や〈多様性縮減的プロセスモデル〉に表されているように、未来は確定していないからである。

プロセスと歴史的出来事

歴史家は、次のように言う――「第一次世界大戦は一九一四年七月二八日に始まった。これは、同年六月二八日にユーゴスラヴィア民族主義者の青年がサラエヴォを訪れていたオーストリア＝ハンガリーの帝位継承者フェルディナンド大公を暗殺したのがきっかけだった。これに対し、オーストリア＝ハンガリーが七月二八日にセルビアに宣戦布告をしたのである。」しかし、ここで用いた「世界大戦」という用語は、第二次世界大戦以降にはじめて導入された語である。「世界大戦」は、一九四〇年代に導入された新しい種名辞だったのであり、「第一次世界大戦」はこのとき導入された固有名だった。だから、先の文は第二次世界大戦終了後にはじめて語りうることになる。

過去を見渡す視点や歴史記述の言語は、現在の中で構成される。私たちは現在の視点から一連のプロセスの融合体に名前をつけ、そのプロセス融合体について語ろうとする。このように、複数のプロセスを融合し、それをひとつの複合的プロセスとして語ることも、理想的編年史家には不可能な行為である。歴史的出来事に関する種名辞は、「世界大戦」の場合のように新たに導入されることがある。

これに対し、「犬」などの日常的に現れる物体についての種名辞はひとつの文化の中ではかなり固定的である。

時空的に拡がった歴史的出来事の中には、分散的な複数のプロセスを融合したものもあり、その構成部分は必ずしも連続的なものではない。プロセス存在論は、このような分散したプロセスの融合体もひとつのプロセスとして認めるので、プロセス形而上学は歴史的出来事に関する語りに形而上学的基盤を与えていることになる。

このように、私たちは時空的に拡がったプロセス全体に関心を持つことも、そのプロセスの特定の時間的部分や時空の部分に関心を抱くこともある。実体論者や三次元主義者や四次元主義の段階論者は、瞬間的な対象を特別視する存在観がある。これに対し、プロセス存在論者の視点はより許容力のあるものである。そして、どのようなタイプの対象を重視するかはそのときどきの目的によって定まると、プロセス存在論者は考える。そして、三次元主義者の抱くような世界の描像もプロセス形而上学者はプロセス認識論の中で描くことができる。プロセス形而上学によれば、行為主体は宇宙の内側の特定の位置から過去のプロセスの一部を整理し、望ましい効果を外界に与えるために未来の行為諸可能性からひとつの行為を選択し実行する。

このように考えると、プロセス形而上学はアリストテレス的実体論よりも柔軟で包括的な形而上学理論だと言えるだろう。

6　プロセス形而上学に基づく単称名辞の解釈

プロセス形而上学によれば、日常言語で使用される固有名の指示対象は時空的拡がりを持つプロセスということになる。ここでは、プロセス形而上学の立場から、単称名辞の指示の解釈について説明することにしよう。

可能世界の解釈と貫世界的同一性

可能世界の存在について、二つの解釈が知られている。様相現実論（Modal Actualism）と様相実在論である。様相現実論はクリプキやスタルネイカー（Robert C. Stalnaker, 1940–　）によって提案され（Kripke 1972/1980; Stalnaker 1984）、様相実在論はデイヴィッド・ルイスによって提案された（Lewis 1973, 1986）。分岐的プロセスモデルは、様相現実論に属するが、時間を明示的にとり込んだ様相解釈をとっているところに特徴がある。ここではまず、様相現実論と様相実在論がどのような立場なのかを説明することからはじめよう。

様相実在論の方が、説明することが容易である。この立場によれば、可能世界は現実世界と同様な形で実在する。そして現実世界は、私たちがその中に存在しているような可能世界であるとされ、存在論的に特別視されることはない。だから、ある可能世界が現実世界であることは直示的に解釈され、「今」や「ここ」という指標詞の用法と同じ仕方で、話者が存在している世界として現実世界は特定されることになる（Lewis 1986）。

これに対し、様相現実論によれば、〈現実世界〉だけが実在し、可能世界は「この実在する世界のそうありえた仕方」として構成される。そして、私たちはこの〈現実世界〉に生きている。だから、可能世界は抽象的存在者であり、具体的存在者としては実在しない。そして、この〈現実世界〉の現にそうである仕方が可能世界の集合の要素としての現実世界ということになる（Stalnaker 1984: p. 46; 飯田 1995: p. 205f）。

分岐的プロセスモデルは、可能世界の存在論的地位に関して、様相現実論と同じ立場をとる。しかし、分岐的プロセスモデルに現れる〈現実世界〉は時空的に拡がった存在者であり、それは私たちがその中で生きているこの宇宙である。そして、可能世界はこの宇宙のそうありえた仕方を描く構造であり、抽象的存在者ということになる。また、分岐的プロセスモデルに現れる現実世界 w_r は、実在する〈現実世界〉を忠実に描いた構造ということになる。そして分岐的プロセスモデルに現れるどの可能世界も現実世界 w_r と何らかの過去部分を共有しているという特徴を持っている（第六章第３節（９c）、付録２の定義４（６g））。

次に、可能世界の解釈の違いがもたらす貫世界的同一性に対する立場の違いについて考えてみよう。様相現実論によれば、固有名は〈現実世界〉の中の特定の対象を指している。そして、「ある対象が現実世界ではＦという性質を持っているが、その対象がＦという性質を持っていないような可能世界も存在するのか」などと問うことになる。だから、対象を同定する出発点は、あくまで、〈現実世界〉の中にある。

これに対し様相実在論では、現実世界は存在論的に特別視されない。だから、現実世界でない可能世界の中にも対象が現実世界とは独立に存在することになり、（現実世界とは異なる）可能世界の中の対象は現実世界の対象と同一ではありえないことになる。つまり、様相実在論は貫世界的同一性を否定する。そして、この貫世界的同一性に代わって使用されるのが対応物関係ということになる。

分岐的プロセスモデルでは、様相現実論と同じように、固有名は固定指示的に解釈される（第六章第3節（9e）、付録2の定義4（6.i））。しかし、宇宙の現在・過去に関する時間的部分と宇宙の未来的時間部分が区別され、固有名や確定記述の使用がこの二つの宇宙の時間的部分で変わってくる。宇宙の現在・過去に関する時間的部分は確定し、そこに現実世界と可能世界の区別はない。だから、ここでの記号の使用は様相的なものではない。これに対し、可能的宇宙の未来的時間部分は複数ある。すると記号使用を用いた指示対象の特定は、現在・過去について語るか、未来について語るかで微妙に異なってくることになる。このことについて、次のところで、もう少し詳しく説明することにしよう。

プロセス形而上学に基づく物体の固有名の解釈

クリプキは、固有名の直接指示の理論を提案したとき、三次元主義をとっていた（本書第三章第4節）。しかしこのクリプキの理論は、プロセス形而上学の立場から描きなおすことができる。ここで、命名行為は種名辞Fを用いて「このFはNである」と言うことによってなされるととらえよう。例えば適切な条件のもとで、ある人物を指さして「この人間は山田太郎である」と両親が言うことによって、その人物の命名ができる。このとき指さされているのはその人物の時間的部分であるが、この場面で指示されているのは、過去と未来に拡がったこの人物全体であると、プロセス形而上学者は考える。これは、プロセス形而上学者の種名辞の用法から出てくる帰結である。

適切な示しの動作をともなう「このFはNである」という命名行為によって、私たちの言語は拡張され、「N」という名前を新しく含むようになる。このとき「N」が指示するのは、種名辞「F」によって個体化されたプロセスのうちこの命名行為によってその時間的部分が指さされたようなプロセスである。「N」の導入の後、私たちは、「N」という名前を用いて、Nの時間的部分についてさまざまに語れるようになる。ところで、この種の命名行為が行えるのは現在の場面においてだけであり、他の場面での命名行為は、確定記述によって対象の指示を確定した後にそれと同一の対象として固有名を導入することによって実現される。

人物に対する固有名の例として、「西田幾多郎」について考えてみよう。西田は、一八七〇年五月一九日に石川県の西田家で生まれ、このとき「幾多郎」と命名されている。プロセス形而上学の視点から見るとき、「西田幾多郎」という名前が指示しているのは、彼が誕生してから死ぬまでのプロセス全体ということになる。つまり、「西田幾多郎」によって指示されるプロセスは一八七〇年五月一九日から一九四五年六月七日まで拡がっている。そして、西田幾多郎が成長するにつれて、まわりの人々は彼のいろいろな時間的部分についてさまざまな知識を得るようになる。

プロセス形而上学によれば、西田が生きている間は西田の全体像はまわりの人々にはまだ現れていないことになる。その時点で西田に将来起こるかもしれないことは、西田の潜在的可能性とも解釈できる（本章第3節（11f））。そして西田の死とともに、西田の存在が完結する。このとき、西田の潜在的可能性も同時に消滅することになる。また死以前には、西田の過去の時間的部分だけが確定しており、西田はこの時点では未完であり、西田の未来部分は複数の潜在的可能性に開かれている。西田の過去部分は、時の経過とともに時間的に拡大していくが、その拡大のプロセスはまだ終決していないことになる。そして西田の哲学も同様に、生きている間は模索の途上という形で現れることになる。

実体論においては、物体Aと物体Bが同一であるのは、それらが時間経過を超えて実体として同一であるときである。それでは、実体として同一であるとはどういうことだろうか？　実体論は、この問いに答えなければならない。これに対し、プロセス形而上学で問題になるのは、時空的に拡がったプロセスへの種名辞の適用の問題である。種名辞には、いろいろなものがあるので、その適用のされ方には違いもある。「人間」という種名辞適用の典型例では、次のような条件を充たすプロセスが想定されている——乳児期がそのプロセスの最初期の時間的部分にあり、児童期、少年・少女期、青年期、壮年期、老年期という時間的部分を経て死によって終結する。またプロセス存在論からは、異なる時間的部分を持つ二つのプロセスは必ず異なっているということが帰結する。逆に、プロセスAとBが同一の世界に属し、両者がすべての時間的部分について一致するならば、プロセスAとBは同一のプロセスだということが帰結する（第二章第1節（1b））。

未来の存在者に対して私たちが固有名を用いることはほとんどないと言っていいだろう。というのも、私たち自身がそのような対象を特定できないからである。このように、固有名の使用に関しては、過去と未来に対する明らかな非対称性がある。そして、この非対称性は分岐的プロセスモデルに現れる過去と未来の非対称性に基づいていると言えるだろう。

プロセス形而上学に基づく物体の確定記述の解釈

クリプキは、不完全性定理の証明について架空の物語を作成することで、固有名の指示に関する記述説を批判した。クリプキ作のその物語は、次のように要約できる（Kripke 1980: p. 84）。

算術の不完全性を発見したのは、実は、シュミットというウィーンで没した人物だった。ゲーデルは、シュミットの友人であり、証明の草稿を偶然手に入れ、その草稿を公表したのである。

この物語に従えば、算術の不完全性を発見した人はゲーデルではなく、シュミットだったということになる。またこのことが判明した後には、「算術の不完全性を発見した人」という確定記述によってゲーデルを指示することはできなくなる。この物語が示していることは、確定記述と固有名の使用法の違いである。またこのことから、「ゲーデル」という名前は「算術の不完全性を発見した人」という意味を含んでいないということになる。

分岐的プロセスモデルから、この例を記述してみよう。このモデルでは、固有名は固定指示的であり、クリプキの主張する「固有名「c」と「d」について、cとdが存在するならば、c＝dならば必然的にc＝dである」という要請が〈超越的様相〉についても任意の〈内部的様相〉についても成り立つ。そして、「d」が確定記述のときには〈超越的様相〉についてはこの要請は成り立たない。

しかし、〈内部的様相〉の場合には、過去の確定性のため、関係はより複雑になる。ここで、「ゲーデル＝算術の不完全性を発見した人」が現時点で成り立っているとしよう。すると、この言明は現実世界で真ということになるが、この言明はこの時点で必然的にも成り立っていることになる（本章第3節（12ａ）、付録2の定理4（10ａ））。つまり、過去についての確定記述は固定指示的となる。しかし、未来については、確定記述は固定指示的ではない。というのも、異なる可能世界の未来の状況において、ある確定記述がそれぞれ異なる対象によって充たされることがありうるからである。特に重要なのは、反事実的な状況では多くの場合、確定記述が固定指示的ではないということである。分岐的プロセスモデルでは、「二〇一九年では、（ゲーデル＝算術の不完全性を発見した人）は必然的であるが、（ゲーデル＝算術の不完全性を発見した人）ではないこともありえた」ことになる（付録2の定義7（11ａ））。また、「ゲーデル＝算術の不完全性を発見した人」が成り立たないことが可能な時点では、「ゲーデル」の指示が優先される。というのも、「ゲーデル＝算術の不完全性を発見した人」が成り立たないことが可能であるときは、まだ誰もこの不完全性定理を証明していないときだが、このときにゲーデルはすでに存在しウィーン大学の学生だったからである。つまり、「ゲーデル」と「算術の不完全性を発見した人」の間には指示が確定した時点に関するずれがあり、「ゲーデル」という固有名と指示対象の結びつきが不完全性定理の証明の事実に基づく確定記述の導入に先行している。

次に、「ルードヴィッヒ・ウィトゲンシュタイン＝カール・ヴィトゲンシュタインの五男（LW＝fifth-son(KW)）」という言明について考えてみよう（以下、ＬＷ、ＫＷというように固有名の短縮形を使用する)。この例では、先のゲーデルの例と異なり、確定記述「KWの五男」の使用が「LW」の導入に先行している。つまり、「KWの五男」の指示対象はLWが生まれた瞬間から確定しており、KWの五男を指さして「LW」を用いた命名行為は実行された。すると分岐的プロセスモデルでは、「LWは、KWの五男でないこともありえた」は、LWが存在するようになって以降のどの時点においても偽となる。つまりここでは、「KWの五男」という確定記述の使用による指示の確定が「LW」の導入に先行している。

ここでの考察が示していることは、確定記述と固有名の関係はクリプキが描いていたよりも複雑であり、私たちは反事実性とともに過去の確実性を考慮しなければならないということである。

プロセス形而上学に基づく出来事に対する単称名辞の解釈

人物に対する固有名と違い、出来事に対する固有名は歴史家などの専門家によって導入されることが多い。また、過去の出来事に対する指示と未来の出来事に対する指示は、物体に対する指示と同様に、非対称的である。未来の出来事について指示を試みることも可能だが、それはたいてい確定記述を用いて行われる。例えば、「来年の紅白歌合戦」、「二年後の大阪大学大学院人間科学研究科の入学試験」などが未来の出来事に対する確定記述使用の典型例である。このような未来の出来事についての指示は、予期されていた出来事が現実には起こらないことで失敗する場合もある。だから私たちは、指示されているとされる対象が実際に存在するようになった後にはじめて、そのような単称名辞が何を指示していたかを知ることになる。

出来事に関する命名行為は多くの場合、「阪神・淡路大震災」、「関東大空襲」などのように、専門家や国家機関やマスメディアによって導入され、過去の完結した出来事に対してなされる。物体に対する命名行為と同様に、出来事に対する命名行為は固有名と指示対象を結びつける。そして出来事は当然、時空的に拡がったプロセスである（本書第八章第2節）。

出来事に関しては、多くの場合、直示行為は困難である。というのも、命名行為を行う場面ではたいてい指示される出来事はすでに過ぎ去っていて、直接に指さすことができないからである。したがって命名行為は、記述を用いてなされることになる。例えば、「阪神・淡路大震災は一九九五年一月一七日に兵庫県南部で発生した地震による大規模な災害のことである」などというように、唯一の対象を特定するような記述を与えることで定義的に固有名を導入できる。しかし、過ぎ去った出来事を指示する固有名は、現実世界の過去部分の中の特定のプロセスを指示しており、この点において、物体の固有名との違いはない。

出来事はたいてい階層構造を持ち、部分となる複数の出来事から構成されている。例えば、第二次世界大戦は一九三九年から一九四五年まで続く出来事だが、ヨーロッパでの戦闘と太平洋戦争という部分を含んでいる（本書第八章第2節）。また出来事については、その時間的部分について語ることはまれである。むしろ、その局所的（時空的）部分について語ることが多い。しかしこのような違いはあっても、出来事の固有名の特性は物体の固有名と根本的な違いはないと言える。

固有名の指示に関する権威説

私は、拙著『言葉と心』（2007）で固有名の指示の決定に関する権威説を提案した。この権威説は、命名行為という言語行為の分析に基づいたものである。

> ここで、重要なのは、普通、命名というタイプの宣言は、その宣言が発せられる場面で指示対象を固定するということである。この発話とともに宣言は完了し、その直後に導入された名前に関する制度的事実が生成し持続する。首尾よくなされた宣言がその行為遂行の完了とともに制度的事実を生成するということは、宣言が持つ一般的特性であり、命名という宣言も当然この特性を持っている。だから、固有名における指示の歴史的固定性は、宣言による制度的事実導入が持つ一般的特性から帰結すると考えることができる。（p. 193）

ここでは、命名行為によって名前と指示対象の結びつきが制度的事実[3]として言語共同体に確立することが記述されている。そして、宣言が成立するためには、その事前条件として、その宣言が適切な権威を持っていると集団の中で認められた人物によって遂行されることが要求される。指示の権威説では、この宣言に対する言語行為としての分析が、クリプキの因果・歴史説と異なる特徴である。また中山（2007）では、因果・歴史説に対してなされた批判のいくつかが権威説を用いて解決できることが示されている（第八章第2節）。

この権威説は、物体に対する固有名にも出来事に対する固有名にも適用できる理論である。人物の命名においては、普通、その人物の両親に命名の権利が与えられている。これに対し、出来事の固有名は、多くの場合、集団的承認を必要とし、国家機関や専門家に命名の権限があるとされている。また、権威説は自然種名などにも適用できる理論である。例えば、ある気体に対して「酸素」という命名を受け入れることは、ラヴォアジェ（Antoine-Laurent de Lavoisier, 1743-1794）に対して正統的化学者としての権威を認めることである（中山 2016b: 第二章第3節）。そして、「脱フロジストン空気」という酸素に対するプリーストリー（Joseph Priestley, 1733-1804）による命名は歴史的に否定され、彼の化学者としての権威は後世において承認されなかった。

クリプキによる因果・歴史説では名前の受け渡しの因果的連鎖のみが強調されたため、ガレス・エヴァンズ（Gareth Evans, 1946-1980）が示した反例に適切に応答することができなかった（Evans 1973）。固有名と指示対象の結びつきは、言語集団の中で共有されるものであり、命名行為を行う人物の権威がその言語集団に認められていなければ、その命名行為は成功しない。「マダガスカル島」の命名がたとえマルコ・ポーロ（Marco Polo, 1254-1324）の勘違いによって導入されたにしても、マルコ・ポーロの権威が彼の著書『東方見聞録』を通してヨーロッパに浸透してしまえば、彼による命名が効力を持つことになる。この例は、固有名と指示対象が結びついていることについての言語共同体での受け入れが権威の承認を基盤にしていることを明確に示している（中山 2007: 第八章第2節）。

Ⅳ　プロセス形而上学の適用

第Ⅱ部と第Ⅲ部で私は、プロセス形而上学がどのようなものであるかを記述した。この第Ⅳ部では、プロセス形而上学を用いて日常がどのように記述できるかを具体的に示していくことにしよう。この作業によって、プロセス形而上学の世界観がどのようなものであるかが明らかになっていくだろう。またこの記述の中で、プロセス形而上学が柔軟で表現力豊かな枠組みであることも明らかになっていくだろう。

第七章　プロセス形而上学と〈拡張された行為主体〉

実体論的存在論をとるとき、どのようなものが実体とみなされるのかが問題となってくる。例えば、個人としての人間は実体だとされるだろうが、人間集団はどうだろうか？　おそらく実体論者は、人間集団は実体ではないと答えるだろう。これに対し、プロセス形而上学者は人間集団もプロセスであることをすぐに肯定する。プロセス形而上学は、寛容な存在論を持つため、階層を持つプロセスの存在を認め、それぞれの階層におけるプロセスを分析できる。ここではプロセス形而上学を用いて、複数の人間と複数の人工物が関わる場合も含めて、行為の問題を分析したい。

1　志向的行為主体と集団的行為

行為は、行為主体の信念や意図に依存して実行される。これは、個人的行為プロセスにおいても集

団的行為プロセスにおいても同様である。この節では、行為と行為主体の志向的状態の関係について考察する。(1)

志向的行為主体

レイモ・トゥオメラ（Raimo Tuomela, 1940–　）は、集団的行為の問題を厳密な形で定式化することを長い間試みてきたフィンランド出身の哲学者である（Tuomela 2002, 2013）。トゥオメラは、個人的行為主体を内在的志向的行為主体（intrinsically intentional agent）として特徴づけた。これに対して彼は、グループのような集団的行為主体を外在的志向的行為主体（extrinsically intentional agent）としてとらえた（Tuomela 2013: p. 3）。ここでは、私の解釈も交えて、これらの概念を次のように規定したい。

（1a）［内在的志向的行為主体］内在的志向的行為主体は、志向的状態を自己帰属できるような行為主体である。

（1b）［外在的志向的行為主体］外在的志向的行為主体は、内在的志向的行為主体ではないような行為主体である。したがって、外在的志向的行為主体は、志向的状態を自己帰属できない。外在的志向的行為者の志向的状態はすべて、内在的志向的行為主体によって帰属される。

この規定によれば、集団的行為主体の志向的状態は個人的行為主体の心的活動に依存して定まることになる。しかし私たちは、集団の構成員である個人的行為主体と集団外部の個人的行為主体を区別する必要があるだろう。

ここで行為遂行と志向的状態との関係を考えてみよう。

（２ａ）［個人的行為主体の行為］個人的行為主体の行為遂行は、自己帰属された志向的状態にのみ依存する。

（２ｂ）［集団的行為主体の行為］集団的行為主体の行為遂行は、その集団に属する個人的行為主体の次の三種の信念のみに依存する。

［１］自己帰属された志向的状態についての自分の信念。

［２］その集団で共有されている志向的状態についての自分の信念。

［３］その集団に属する他のメンバーの志向的状態に関する自分の信念。

個人的行為の動機には、（２ａ）に表現された意味での内在性がある。同様に、（２ｂ）は個人的行為の動機に関する集団への依存性を示している。

集団的行為と集団的志向性

マイケル・ブラットマン（Michael. E. Bratman, 1945-　）は、意図や計画と関係させて行為論を展開したアメリカの哲学者である。またブラットマンは、個人的歩行と集団的歩行の例を用いて、個人的行為と集団的行為を区別した（Bratman 2014）。これら二種類の歩行は、二人の参加者の身体的ふるまいだけによって常に区別できるわけではない。しかし、これらは集団的志向性の存在によって区別されうる。というのも、集団的志向性は集団的歩行においてのみ役割をはたすからである。

ブラットマンは、この区別を共有された意図によって記述する――「さらに、共有された意図において根本的なのは、からみ合う部分計画によって進行させることを私たちが意図しているということである」（Bratman 2014: p. 54）。しかし、このからみ合う部分計画は集団のメンバーの志向的状態とどのように関わっているのだろうか。この問いに答えるためにここでは、プロセス形而上学と本書第五章第3節での志向的能力の規定に基づいて詳細な記述を試みることにする。

ここで、一緒に歩いているAとBだけから成るグループGについて考えてみよう。すると、次のことがらが成り立っていると分析できる。

（3a）［信念の共有］AとBは、彼らがグループGの部分であるという信念を共有している。

（3b）［欲求の共有］AとBは、一緒に歩くという欲求を共有している。

（3c）［義務の分配］AとBは、一緒に歩くことの部分を自分たちの行為が構成するように歩く義務があると信じている。つまり、AとBはそれぞれ次の義務が自分にあると信じている――自分の歩行プロセスがグループGの歩行プロセスの（四次元的）部分になる。

この共同歩行についての定式化を二人の行為主体による集団的行為Eの定式化に一般化できる。この図式は、集団的行為成立の必要条件であることを目指したものであり、十分条件は充たしていない。


（４ａ）［信念の共有］ＡとＢは、彼らがグループＧの部分であるという信念を共有している。

（４ｂ）［欲求の共有］ＡとＢは、集団的行為Ｅを遂行するという欲求を共有している。

（４ｃ）［義務の分配］ＡとＢは、集団的行為Ｅの部分になるような行為を自分たちがそれぞれ遂行する義務があると信じている。つまり、ＡとＢはそれぞれ次の義務が自分にあると信じている——集団的行為Ｅの（四次元的）部分になるような自分に割り当てられた行為プロセスを実行する。


この定式化は、三人以上の行為主体からなるグループＧによる集合的行為Ｅの定式化にさらに一般化できる。


（５ａ）［グループへの帰属性に関する信念］グループＧの部分であるすべての原子的行為主体は、自分がグループＧの部分であると信じている。

（５ｂ）［欲求の共有］グループＧの部分であるすべての個人的行為主体は、集団的行為Ｅを遂行するという欲求を共有している。

（５ｃ）［義務の分配］グループＧの部分であるすべての個人的行為主体は、集団的行為Ｅの部分になるような行為を自分たちがそれぞれ遂行する義務があると信じている。つまり、グループＧの部分であるすべての個人的行為主体はそれぞれ次の義務が自分にあると信じている――集団的行為Eの（四次元的）部分になるような自分に割り当てられた行為プロセスを実行する。

グループが大きくなったとき、誰がそのグループに属するかを各メンバーが詳細に知らないこともあるので、（5ａ）の条件は自己のグループ帰属に関する知識まで弱めてある。条件（5ｃ）は、集団的行為をメンバーの個人的行為に分配する方法を示している。この分配の詳細を見るために、Ａ、Ｂ、Ｃの三人が重いテーブルである $table_1$ を上階に運ぶ例を考えよう。

（6ａ）［グループへの帰属性に関する信念］Ａ、Ｂ、Ｃは、自分がグループＧの部分であると信じている。

（6ｂ）［状況の共通理解］$table_1$ はこの家の一階にあるという信念が、グループＧに共有されている。グループＧが協力して行動すれば $table_1$ は二階に移動させることができるという信念が、グループＧに共有されている。

（6ｃ）［欲求の共有］Ａ、Ｂ、Ｃは、$table_1$ が二階に移動されることの欲求を共有している。

（6ｄ）［義務の分配］Ａ、Ｂ、Ｃは、$table_1$ の二階への移動という行為プロセスの部分になるような行為を自分たちがそれぞれ遂行する義務があると信じている。つまり、Ａ、Ｂ、Ｃはそれぞれ次の義務が自分にあると信じている――$table_1$ の二階への移動という行為プロセスの（四次元的）部分になるような自分に割り当てられた行為プロセスを実行する。

ここで、重いテーブルを運んでいる間、ひとりの行為は事前に決断されたものではなく、他の人たちの行為への反応としてそのつど形成されたものかもしれない。（６ｄ）は、そのような自由度を許している。この相互調整への備えは、トゥオメラによっても指摘されている（Tuomela 2017: p. 155）。テーブルを上階に運ぶことを共同で意図している人々は、その共同行為が成功するよう彼らの活動を調整できる。個人の参与者たちは、彼らの部分を実行する意図を持ち、彼らの相互依存する意図を実行するときに彼らの活動を調整することを通して我々モードの共同意図を彼らは実現できる。

このような調整のためには、ゴールの共有は不可欠だが、全体の行為プロセスの中で自分がどのような行為を実行するかが共有されている必要はなく、個人的行為主体のその都度の判断で決定されることもありうる。

2　〈拡張された行為主体〉

この節では、人工物が行為においてはたす役割について考える。また、複数の人間と複数の人工物を部分として含む複合的行為主体についても考察する。

〈拡張された行為主体〉

〈拡張された行為主体〉は、複数の行為主体と複数の人工物を含みうる動的プロセスである（中山 2011a; Nakayama 2013a, 2013b）。次の〈拡張された行為主体〉の定義は、プロセス存在論と行為主体概念の再帰的定義を基盤にしている。

（7a）［原子的行為主体］原子的行為主体は、第五章第3節で特徴づけられた行為主体のことを意味するとする。このとき、原子的行為主体は、行為主体である。行為主体はプロセスである。

（7b）［行為主体と道具］Aが行為主体のとき、〈［物体Bをコントロールしているという状態にあるAの時間的部分］＋［AによりコントロールされているB状態にあるBの時間的部分］〉という融合体は、行為主体である。

（7c）［複数の行為主体］複数の行為主体 $A_1, \ldots, A_n$ がひとつの集団的行為を遂行するとき、〈$A_1 + \ldots + A_n$〉は行為主体である。

（7d）（7a）と（7b）と（7c）のいずれの条件も充たさないものは、行為主体ではない。

（7e）［拡張された行為主体］原子的行為主体ではない行為主体のことを、「拡張された行為主体」と呼ぶことにする。

（7f）［個人的〈拡張された行為主体〉］原子的行為主体がひとつだけ含まれている〈拡張された行為主体〉のことを「個人的〈拡張された行為主体〉」と呼ぶ。

（7g）［集団的〈拡張された行為主体〉］原子的行為主体が複数含まれている〈拡張された行為主

体〉のことを「集団的〈拡張された行為主体〉」と呼ぶ。

個人的〈拡張された行為主体〉の簡単な例は、ハンマーで釘を柱に打つ人がいたときの〈ハンマーを持つ人のこの時間領域での時間的部分＋使われているハンマーのこの時間領域での時間的部分〉である。このとき、この〈拡張された行為主体〉は、元来の行為主体とハンマーという人工物の時間的部分から構成されている。そして、「〈ハンマーを持つ人＋ハンマー〉が釘を打っている」などと私たちは言うことができる。

中山（2016b）で論じたように、研究チームなどは集団的〈拡張された行為主体〉ととらえることができる（p. 88）。集団的〈拡張された行為主体〉のさらにわかりやすい例には、野球チームなどがある（中山 2011b: 第五章第3節）。

ところで、〈拡張された行為主体〉を論じるプロセス形而上学の観点は、実体論の観点とは異なっている。実体論は、三次元的存在者の視点から行為を論じる。これに対しプロセス形而上学では、行為プロセスを特定した後にその行為プロセスの主体が何であったかを特定する。例えば、ハンマーで釘を打つ例で、行為がハンマーを動かすことであれば行為主体は人物の時間的部分となり、行為が釘を打つことであれば行為主体は〈ハンマーを持つ人＋ハンマー〉という個人的〈拡張された行為主体〉になる。

個人的〈拡張された行為主体〉

ここでは、個人的〈拡張された行為主体〉が、ときに、トゥオメラの意味での内在的志向的行為主体でありうることを示したい。個人的〈拡張された行為主体〉を内在的志向的行為主体とみなしうる例には、〈ハンマーで釘を打っている人〉や〈眼鏡をかけて本を読む人〉や〈洋服を着た人〉や〈自転車で右に曲がろうとしている人〉などがある。まず、〈ハンマーで釘を打っている人〉の例を用いて志向的状態の自己帰属について説明しよう。

いま、太郎が時間領域Tにおいてhammer$_1$というハンマーでnail$_1$という釘を打っているとしよう。このとき、hammer$_1$を動かすという行為とnail$_1$を打つという行為の二つが存在する。また、前者は後者の〈四次元的〉部分となっている。そして、hammer$_1$を動かすことの行為主体は〈太郎のTにおける時間的部分〉であり、nail$_1$を打つことの行為主体は〈太郎のTにおける時間的部分＋hammer$_1$のTにおける時間的部分〉である。ここでも、前者は後者の〈四次元的〉部分となっている。そしてこのとき、次のことが成り立っている――「太郎のTにおける時間的部分がhammer$_1$のTにおける時間的部分を動かし、〈太郎のTにおける時間的部分＋hammer$_1$のTにおける時間的部分〉が〈nail$_1$のTにおける時間的部分〉をたたく〔$move(tp(Taro, T), tp(hammer_1, T)) \wedge hit(tp(Taro, T)+tp(hammer_1, T), tp(nail_1, T))$〕」。「太郎は、ハンマーで釘を打つことを意図している」と私たちは言うが、これは「ハンマーを動かすことを太郎は意図し、それによって釘が打たれた状態になると太郎は信じている」と分析できる。太郎が熟練した大工である場合、作業の場面では太郎とハンマーは一体化していると言えよう。ちなみに、標準的部分全体論では$tp(x+y, T)=tp(x, T)+tp(y, T)$」が成り立つので、

「〈Taro＋hammer$_1$ のTにおける時間的部分〉＝〈太郎のTにおける時間的部分〉＋〈hammer$_1$ のTにおける時間的部分〉〔*tp*(Taro＋hammer$_1$, T)＝*tp*(Taro, T)＋*tp*(hammer$_1$, T)〕」が成り立っている。このようなとき、Taro＋hammer$_1$ の時間的部分が釘を打つという意図を自己帰属していると考えることができるだろう。というのもこの場合、太郎はhammer$_1$ をまるで自分の身体の一部であるかのように使いこなしているからである。

次に、太郎がglasses$_1$ という眼鏡をかけてbook$_1$ という本を読んでいるケースを考えてみよう。ただし、太郎は極度の近眼で眼鏡なしにはほとんど何も見えないとしよう。このようなとき太郎は、glasses$_1$ をかけていることをほとんど意識しないほど読書に没頭し、glasses$_1$ と一体化している。そこで、Taro＋glasses$_1$ の時間的部分がbook$_1$ を読むという意図を自己帰属していると考えることができる。実際私たちは、度の合った眼鏡をかけた近視の人こそ完全な行為主体だと考える。そして眼鏡をかけていない近視の人のことを、いくつかのことを自分の意図通りに実行できない不完全な行為主体と思うだろう。

cloths$_1$ という洋服を着て太郎が歩いているときにも、同様に、「Taro＋cloths$_1$ の時間的部分が歩くという意図を自己帰属していると考えることができる。太郎は裸で歩こうという意図は持っていないので、先のような意図の自己帰属を想定することは自然である。つまり、Taro＋cloths$_1$ は本章（1a）の条件を充たしていると考えられる。

個人的〈拡張された行為主体〉が道具を使って自在に行為を遂行できるためには、訓練によって道具と原子的行為主体が一体化することが必要である。この一体化を経た後の個人的〈拡張された行為主体〉は、内在的志向的行為主体となっているると考えられるのではないだろうか。

3　認識主体から行為主体へ

近世における認識論的哲学においては、主体と客体の区別が大きな役割を演じた。そしてこのとき、主体は主に認識主体としてとらえられた。これに対しプロセス形而上学は、主体を行為主体としてとらえる。そして、〈拡張された行為主体〉も行為主体である（本章第2節）。すると、道具という人工物の特徴づけが二重化することになる。ある意味では道具は〈拡張された行為主体〉の部分であり、別の意味では道具は原子的行為主体にとって自分の外部にある客体である。つまり主体と客体の区別は、行為と相対的な区別となり、絶対的な区別ではなくなるのである。

人間と自然の区別は妥当か

近世哲学における何人かの哲学者は、主体による客体の把握として認識を説明した。例えばデカルトによれば、精神は物体とは異なる実体であり、精神という主体が物質界に属する物体を客体として認識することになる。そして、精神を持つ人間と物質界としての自然界との間には根源的な相違が存在することになる。それでは、人工物のような存在者はどのように存在論的に位置づければいいのだろうか？　というのも、人工物は人間の工夫と労働によって作成されたものであり、非・人間的なものでありながら、自然界には完全には属していないように思われるからである。

生物学の立場から考えてみると、犬が自然の一部として考えられるように、人間もまた自然の一部である。つまり人間も、進化の過程で地球上に生まれてきた種のひとつである。また、プロセス形而上学では、人間は行為主体として宇宙の（四次元的）部分としてとらえられるので、人間と自然の間の分離はそもそも成り立たない。

近世哲学の一部の哲学者は、キリスト教的世界観を暗黙の前提としている。この世界観によれば、自然も人間も神の創造物である。そして、精神は神の属性だが、この精神は地上では不完全な形ではあっても人間だけに与えられたものである。デカルトが唱えた精神と物体の二種の実体も、神に起源を持つ二つの属性にほかならない。しかし、このキリスト教的世界観を前提にしないとき、精神の実体性や人間存在の独自性があやうくなるように思われる。特に、進化論的視点に立つなら、人間という種も進化の産物であり、人間と他の動物の間の違いは程度の違いであり、根本的違いではないことになる。そして進化現象はすべて、自然界の中で起きる現象であり、人間の活動はすべて自然界の中の活動ということになる。またプロセス形而上学は、行為主体が宇宙の部分であることを明確に主張しており、進化論と親和的である。

このように考えると、近世哲学にはキリスト教的世界観が入り込んでおり、この世界観は分析哲学者の多くが現在受け入れている自然主義と対立することがわかる。すべての動物は、生きのびるためには行動しなければならない。動物の感覚器官と脳の発達も、生きのびるための戦略として進化してきたものだろう。人間が用いる言語も、集団的行為を広範に実現するために生まれてきたものだろう。

このように考えると、自然界の中で人間だけを特別視することは正しくないことがわかる

アクターネットワーク理論と科学技術進化論

ここでは、中山（2010）にしたがって、ブルーノ・ラトゥール（Bruno Latour, 1947-　）らのアクターネットワーク理論（Actor-network Theory, ANT）について紹介し、吟味したい。この理論の中では、近世の認識論が前提にした形而上学的枠組みに対する批判が展開されている。ラトゥールは『科学論の実在――パンドラの希望』（1999）において、単に科学技術論を展開するのではなく、形而上学的問題にも踏み込んでいる。このとき、ラトゥールが依拠するのは、彼がミシェル・カロンやジョン・ローらとともに提唱したアクターネットワーク理論である。ここで言う「アクター」は、そのパフォーマンスにより定義されるものであり、制度の一部となっていくものとされる。この規定によって、人間のみでなく、非・人間もアクターになることが可能になる。こうしてアクターネットワーク理論では、人間や社会組織だけでなく、器械や研究対象の物質、技術や人工物、科学法則、論文などの非・人間もアクターとしてネットワークの中に登場するようになる。

ここで重要なのは、人間と理論と世界という三者の関係性よりも豊かな関係性の中で、科学活動は行われているという指摘である。現代の科学研究では多くの場合、大規模な実験装置やコンピュータやコンピュータ・プログラムは、科学活動を実践するのに必須なものとなっている。また、科学研究者組織や研究資金なども科学活動に不可欠だというのが現状である。だとするなら、これらの要因すべてを含んで、科学知識生成のプロセスを描くことが必要になるだろう。

アクターネットワーク理論は、アクター間の相互作用を記述するために、「翻訳」、「銘刻」、「分節化」などの概念を用いる。それは、非・人間のタイプの存在物が現実に作用するために必要となる概念だが、これら概念の適用がメタファーやアナロジーに基づいたあいまいなものであることに、アクターネットワーク理論の問題点がある。

私の考えでは、〈拡張された行為主体〉の規定を含むプロセス形而上学はアクターネットワーク理論のあいまいさを克服するものである。それがどのように可能であるかは、『パラダイム論を超えて』(2016) 第Ⅱ部「科学技術進化論の構築」で描いたつもりである。科学の各分野は、その分野特有の専門言語を発展させてきた。それぞれの分野の専門家たちは、この専門言語を用いて互いに議論する。だから、ある専門分野の学生はその分野で使われている専門言語をまず学ばなければならない。個々の研究学派における専門言語の表現可能性の度合いは、その発展のひとつの指標として考えることができる。ときには専門用語や専門的理論が新たに導入されることによって、伝統的分野から新たな分野が枝分かれする。このように、科学活動が進展しているときには、多くの場合、専門的科学言語の数は増加する (p. 219)。この科学技術進化論によれば、ある適切な条件下では、科学活動の発展は技術開発の環境の一部となって技術開発の進展をうながし、逆に技術開発の発展が科学活動の環境の一部となって科学活動の進展をうながしていく。このような科学活動と技術開発の共進化は、一六世紀のヨーロッパから発し、現在では世界全体を巻き込んで続いていると言っていいだろう。

道具の存在論的位置づけ

道具について考える前に、自分の身体について考えてみたい。そこで例として、自分の右手について考えてみよう。私の右手は、私という原子的行為主体の部分である。しかし、私は私の右手を他の客体と同様に、見つめたり、左手でつかんだりできる。つまり、私の身体の部分は、私という原子的行為主体の（四次元的）部分であると同時に客体でもありうる。

道具の場合にも、似たようなことが起こる。ただし道具の場合には、原子的行為主体ではなく、〈拡張された行為主体〉が基準的存在者となる。再び、時間領域Tにおいて太郎がhammer$_1$でnail$_1$をたたくという例について考えてみよう。太郎がhammer$_1$を動かすとき、太郎は右手を動かしているとしよう。するとこのとき、「〈太郎＋太郎の右手〉の時間Tにおける時間的部分がhammer$_1$を動かしている〔move(*tp*(Taro＋right-hand(Taro), T), *tp*(hammer$_1$, T))〕」と言える。ただしここで、太郎の右手は太郎の部分なので、「Taro＋right-hand(Taro)＝Taro」が成り立ち、「太郎がhammer$_1$を動かす〔move(*tp*(Taro, T), *tp*(hammer$_1$, T))〕」が帰結する。そしてさらに、「Taro＋hammer$_1$のTにおける時間的部分がnail$_1$をたたく〔hit(*tp*(Taro＋hammer$_1$, T), *tp*(nail$_1$, T))〕」がここで成り立っている。ここで、hammer$_1$を動かすという行為に関しては、太郎のTにおける時間的部分が行為主体であり、hammer$_1$は客体である。しかし、nail$_1$をたたくという行為に対しては、Taro＋hammer$_1$のTにおける時間的部分が行為主体であり、nail$_1$が客体である。そしてこのとき、hammer$_1$のTにおける時間的部分は、Taro＋hammer$_1$という〈拡張された行為主体〉のTにおける時間的部分の（四次元的）部分となっている。

この例に見られるように、道具は認識対象となることができるので客体として位置づけることができるが、道具として用いられるときには〈拡張された行為主体〉の部分となって機能しうるものである。道具使用の訓練は道具使用を自らの行為遂行の効率的部分とする目的でなされると言っていいだろう。このように道具は、一般の物体と異なり、行為遂行に関して存在論的二重性を持つことができるということに、その存在論的特徴がある。

4　〈拡張された行為主体〉と〈拡張された心〉

この節では、〈拡張された行為主体〉と心的状態との関係について分析する。

〈拡張された行為主体〉の心的状態

〈拡張された心のテーゼ（Extended Mind Thesis, EMT）〉は、アンディ・クラーク（Andy Clark, 1957- ）によって提案されたテーゼであり（Clark 1997, 2008）、クラークとデイヴィッド・チャルマーズ（David J. Chalmers, 1966- ）の論文「拡張された心」によって明確な形で定式化された（Clark and Chalmers 1998）。ＥＭＴは、能動的外在主義（Active Externalism）の主張であり、「世界の中に存在する対象はある条件のもとでは心の一部として機能しうる」というテーゼである（中山 2016b: p. 140f）。

ＥＭＴを描写するためにクラークとチャルマーズが使った例は、軽度のアルツハイマー患者のオットーの例である。オットーは、ノートを持ち歩き、いろいろな情報をこのノートに書きこんで、人々と同じような生活ができている。だから、機能的観点からみて、ノートはオットーの心の一部になっていると、彼らは主張する。

これに対し私は、プロセス存在論を用いて次のように議論した（Nakayama 2013a, 2013b; 中山 2016b: p. 140f）――時間領域Ｔに $note_1$ を用いてオットーがあることをしているとき、Otto＋$note_1$ のＴにおける時間的部分がそれをしていると解釈することができる。だから、拡張された心は〈拡張された行為主体〉の心的状態だと、私は主張した。そしてこれが、ＥＭＴが記述する現象に対するプロセス存在論を用いた解釈ということになる。プロセス形而上学では、〈紙 $paper_1$〉を使って計算する物理学者 $physicist_1$〉や〈スマートフォン smart-$phone_1$ を用いて情報を伝達する人 $speaker_1$〉も〈その行為時間領域での拡張された行為主体〉ということになる。前者の例では $physicist_1$＋$paper_1$ のその行為時間領域での時間的部分が、後者の例では $speaker_1$＋smart-$phone_1$ のその行為時間領域での時間的部分が、〈拡張された行為主体〉ということになる。

ＥＭＴは心に注目するが、プロセス形而上学は行為と行為主体に注目する。心的状態の帰属は行為主体に対してなされ、それは行為の中で意味を付与される。また、〈拡張された心〉は〈拡張された行為主体〉の心であるという私の提案は時間的部分を用いたものであり、プロセス形而上学の前提のもとに表現可能になるということに注意してもらいたい。

心的状態と表現活動

心的状態は、それが行為主体によって外部に表現され、外部にその表現の痕跡を残す。そして、このことでさらなる心的活動をうながすこともある。行為主体が行うこのような表現活動の産物は、他の行為主体にも利用可能なものになる。言語を用いた発話も言語を用いて書物や論文や手紙を書くことも、この表現活動のひとつである。そして、音楽の演奏や絵画などの美術の制作も表現活動のひとつである。

芸術などの表現について、それが人間の内部で完成されてそのまま外部に表出されるというイメージをいだきがちだが、これは正しくない。このことを見るために、一冊の本を書くという例について考えてみよう。その書き方はいろいろあるだろうが、私の場合を例にとってみる。

私はまず、だいたいの構想と章立てを考え、それを書き出してみる。次に、その章立てのうち、書けそうな部分から書きはじめ、それと同時に重要と思われる文献を読んで、それを題材として取り入れられるかどうかを考えてみる。その後、未完成の草稿を読んで、部分を修正したり、削除したり、新しい考察を付け加えたりしながら、書きすすめていく。しばらくすると、先に考えた章立ての不備に気がつき、それを修正していく。このような作業を繰り返しながら、書物を徐々に完成に近づけていく。この執筆過程で、考えていることを紙に書き出すという作業と書かれたものを読んで吟味するという作業の両方が、きわめて重要な役割をはたしている。

このような心的生産物の外化の作業は、他の創造的活動でも不可欠に思われる。今度は、数学的証明について考えてみよう。

証明においては、まず何を証明したいのかを明確にしなければならない。また、どのような概念が必要になるかを紙に書き、その概念間の関係性を図にしたり、記号を用いて表したりする。しかし、証明の過程で困難な問題に直面することがほとんどである。そのようなときには、概念の再定義や証明すべきものの再設定などが必要になったりする。証明が完成するまで、このような行ったり来たりの作業が繰り返されることになる。ここでも、考えたことをいったん紙の上に表現し、それを新たに検討しなおしてみることが不可欠となる。

このように考えると、創作活動では、内部にあると思われるものをいったん外部に表現し、その外化された創造物をさらに修正していくという作業が欠かせないことがわかる。創作活動という孤独な作業においても、この作業が脳活動内部に閉じていることはなく、内部にあると思われるものを外部に表現し、それを評価しなおし、手直しをしていくという作業が重要な部分を構成している。このことが示唆するように、人間の心的活動は、内部に閉じたものではなく、外部に開かれたものである。

第八章　プロセスの事例

プロセスに特徴的なのは、動性と連続性である。生物体の生命は、呼吸や食物摂取や排泄という外界との物質交換のプロセスによって支えられている。この物質交換の場面では、生物体の内部と外部の境界はあいまいになり、連続的となる。実体概念を用いた場合には、このような動的な境界既定の問題を記述することは困難である。また、多くのプロセスは内部に階層構造を持っている。例えば、人体は多くの臓器からなり、それらの臓器は細胞からできている。生物体についてあてはまるこれらのことは、ほとんどすべてのプロセスにあてはまる。

1　音楽作品の演奏、演劇の上演、読書

音楽作品の演奏や演劇の上演は、物体とは言いがたく、それらはまさにプロセスである。この節で

はまず、このような典型例を通してプロセスがどのようなものかを記述しようと思う。

プロセスとしての音楽作品の演奏

プロセスとして描くことが普通に受け入れられているものに、音楽作品の演奏などがある。またこの演奏は、多くのプロセスから構成され、階層構造をなしている。例えば、ベートーヴェン（Ludwig van Beethoven, 1770–1827）の交響曲第九番は四楽章からなり、この交響曲の演奏においては、これら楽章の演奏はいずれもこの交響曲全体の演奏の時間的部分となる。そして、これら楽章もさらなる時間的部分に分割できる。演奏は交響楽団（symphonic orchestra）によってなされるが、この交響楽団もひとつの集団であり、（四次元的）部分に分割できる（本章第4節）。

交響曲の演奏は、時間的部分だけでなく、四次元的部分にも分解できる。例えば、ヴァイオリンの演奏やフルートの演奏なども交響曲の演奏の部分となる。それぞれの楽器の演奏は、交響曲第九番演奏というプロセスを構成する小プロセスをなしていると考えることができるだろう。例えば、交響曲第九番の演奏は、ひとつのプロセスであり、それは各楽器の演奏の部分全体論的和（mereological sum）なのである。

「交響曲の演奏」という語句は、その適用によってプロセスを個体化する種名辞と考えることができる。「二〇一七年九月にＮＨＫホールでなされた交響曲の演奏」などというように「交響曲の演奏」という種名辞を用いて個体化された演奏について、私たちは語ることができる。

楽器の演奏者は、楽器と一体となって演奏する。例えば、時間領域Ｔにおけるヴァイオリン演奏において〈ヴァイオリン演奏者のTにおける時間的部分＋演奏されるヴァイオリンのTにおける時間的部分〉という〈拡張された行為主体〉を考えることができる。演奏者の練習は楽器と自然に一体化することを目的としていると言っていいだろう。

楽曲の楽譜は、楽曲を二次元平面上に表現しているが、そこにはある構造化された秩序が存在し、読み取りの作法が確立されている。譜面には、読み始めと読み終わりの箇所があり、正しい読み方は楽譜の順序に従った読みである。楽譜の部分は、演奏において楽曲の時間的部分として演奏によって順々に実現されていく。譜面の上に二次元的に表現された線形順序は、演奏によって時間的順序として再現され、聴衆によって時間的に体験される。

コンサートホールの中で演奏によって生み出された空気の波は、ホールの中にいるすべての人を包み込む。ここに、ホール内の人々に共通の楽曲の体験が生まれる。このように、楽曲の演奏は特定の時空的拡がりを持った動的プロセスである。この動的プロセスは、楽団によって作り出されるが、聴衆もこのプロセスの中に巻き込まれ、その構成部分となる。

プロセスとしての演劇の上演

演劇の上演もプロセスの典型的な事例である。演劇上演プロセスの階層性は、交響曲演奏プロセスの階層性に似ている。演劇の上演にははじまりと終わりがあり、線形的な順序で演じられる。演劇の上演について、私たちは「第一幕」などとその部分について語ることができ、それは上演された演劇の特定の時間的部分を指している。また演劇の上演は、複数の役者の演技と舞台の上で起こる出来事という小プロセスを四次元的部分として含んでいる。

ここで例として、ウィリアム・シェークスピア（William Shakespeare, 1564-1616）原作の戯曲『ヴェニスの商人』について考えてみよう。『ヴェニスの商人』は五幕からなる戯曲である。それぞれの幕は、さらにいくつかの場に分かれている。第一幕は三つの場、第二幕は九つの場、第三幕は五つの場、第四幕は二つの場、第五幕はひとつの場から成っている。そして多くの場合それらの場は、ヴェニスの街路かベルモントという美しい町の中にあるポーシャ邸という資産家の邸かのいずれかである。この劇の中で中心的役割をはたすのが、ユダヤ人の金持ちシャイロックと美人の資産家ポーシャである。ポーシャは莫大な資産を持ち、美貌と美徳と知的能力すべてを持った未婚の女性であり、多くの求婚者にとりまかれている。ちなみに、ヴェニスの商人というのはキリスト教徒の貿易商人アントーニオのことである。

アントーニオには、バッサーリオという友人がいる。この友人が、あるとき、シャイロックから三千ダカットを借り、アントーニオがその保証人となる。劇は、このようにはじまる。そしてこの借金の契約時に、シャイロックは、三か月以内に返済がないときには、以前から憎んでいたアントーニオの肉一ポンドを切りとってもいいことを貸し出しの条件として持ち出す。またこの条件は、アントーニオからも了承される。そして第三幕二場では、バッサーリオが他の求婚者たちを退けてポーシャと結婚するにいたる経緯が演じられる。

しかし、アントーニオが所有する三隻の船のどれもが予定した時期に港に到着せず、シャイロックに三千ダカットを期限通りに返せないようになる。そこで、第四幕一場で、シャイロックの申し立てに応じて法廷が開催され、若手の法学博士がアントーニオの弁護に登場する。そしてこの法学博士は、アントーニオから切りとられる肉は精確に一ポンドでなければならず、血も流されてはならないことを条件にシャイロックに肉の切りとりを許可する。このときシャイロックは、肉の切りとりをあきらめることに追い込まれ、アントーニオが勝訴する。さらに第五幕一場で、この法学博士が実はポーシャの変装した姿だったということがバッサーリオやアントーニオに明かされて、この劇が終結する。

この戯曲の上演において、五つの幕は、それぞれ上演プロセス全体の時間的部分となる。そして、各場はそれぞれの幕の時間的部分となる。各場の舞台装置は登場する役者の演技と同様に、その場の四次元的部分を構成する。また、『ヴェニスの商人』における舞台上での出来事の進行順と物語の進行順とは完全に一致している。

プロセスとしての読書

読書は、原則としてひとりでなされるため、楽器のソロ演奏や歌曲の独唱と似ている面がある。楽譜が二次元的構造を持つように、著書も基本的に二次元的構造を持っている。しかし、これらの二次元性は本質的なものではなく、楽譜も著書もその本性をそこなうことなく一次元の線形順序列に変換できる。本を読むとき人は、定まった読みの作法に従って順々に文字を読み、読まれた文字列から意味を構成する作業を続けていく。

ここで例として、宮沢賢治（1896–1933）の物語「銀河鉄道の夜」を読む場合を考えてみよう。この物語は、次の九つの節から構成されている――1　午後の授業、2　活版所、3　家、4　ケンタウル祭の夜、5　天気輪の柱、6　銀河ステーション、7　北十字とプリオシン海岸、8　鳥を捕る人、9　ジョバンニの切符。この物語は、ジョバンニという少年の目を通して描かれている。読者は、この九つの節を順に読んでいく。最初の節は、小学校と思われる授業で先生が、銀河が何でできているかを、ジョバンニや彼の友人のカムパネルラにたずねる場面を描写している。そして銀河鉄道の列車が現れるのは、第6節の「銀河ステーション」に入ってからである。ここから、ジョバンニとカムパネルラの銀河鉄道での列車の旅がはじまる。このように物語は進むが、描かれる出来事の順序と物語の進行は一致しており、読者は想像の中でフィクションの世界を順々に構築していく。読まれた箇所は順に過去の出来事として並んでいき、いま読んでいる箇所が読者の現在を構成する。

しかし一カ所だけ、この物語における時間進行が劇的に崩れる場面が最終部の「ジョバンニの切符」の中にある。その場面は、物語の転換点ともなっている。そこには、こう書かれている。

ジョバンニは眼をひらきました。もとの丘の草の中につかれてねむっていたのでした。胸は何だかおかしく熱《ほて》り頰《ほお》にはつめたい涙がながれていました。

読者はここで、二人の銀河鉄道での旅がジョバンニの夢の中の出来事だったことに気づくのである。そして、川の中に落ちたひとりの子供を人々が探すシーンがこれに続く。この後、この川の中に落ちた子供がカムパネルラだということにジョバンニが気づき、それと同時に、読者もこのことに気づくのである。ここで、この物語は終わることになる。このとき読者には、ジョバンニの夢の中に現れた銀河鉄道での旅がカムパネルラをのせて天上へと向かう旅だったように思えてくるのである。

ここで、プロセス存在論に基づいて記述すると、「銀河鉄道の夜」の読書プロセスは、各節の読書プロセスという時間的部分に分割できる。そしてその各々の読書プロセスは、さらなる時間的部分に分割できる。ここでも、読書プロセスに関する階層構造が存在することを私たちは確かめることができる。

読書プロセスは、〈内部からの表象〉を用いて実行される。そして、書物に現れる出来事は線形順序列をなしており、一冊の書物における記述総体は〈超越的表象〉の産物ととらえることができる。

2　歴史的出来事

歴史的出来事も典型的なプロセスの事例である。歴史的出来事は、交響曲の演奏や演劇の上演と似て、時空的拡がりを持つプロセスであり、階層構造を持っている。ただし、歴史的出来事の場合、複数の行為遂行プロセスが入り組んで相互作用している場合が多い。

短期間の出来事――五・一五事件

五・一五事件は、一九三二年五月一五日に実行された海軍将校らによる犬養毅首相殺害を軸にした事件である。一九三二年の二月と三月に起きた血盟団事件と同様、五・一五事件は右翼的な国家改造計画と結びついたものだった。二月九日には大蔵大臣井上準之助が暗殺され、三月五日には三井合名会社理事長団琢磨が暗殺されている。五・一五事件は、「事件」という種名辞を用いて個体化されている。五・一五事件には、これに続く軍法会議や罰則の執行がともなったので、「事件」として扱われているのである。首謀者たちによって企てられた軍事クーデターは、失敗に終わっている(1)。

> 五月十五日午後五時半ごろ三《み》上《かみ》卓《たく》中尉ら海軍将校四名・士官候補生五名の第一組が首相官邸に自動車で乗りつけ、日曜日の休養をとっていた犬養毅《いぬかいつよし》首相を襲った。犬養は「話せばわかる」と制したが、山岸宏《やまぎしひろし》中尉が「問答無用、撃て」と叫び、黒岩勇《くろいわいさむ》予備役《よびえき》少尉《しょうい》と三上がピストルで犬養を撃ち、犬養は午後一一時二六分絶命した。第一組はこのほか官邸の巡査二名を殺傷し、警視庁のガラス戸を破壊したり、日本銀行に手榴弾《てりゅうだん》を投げつけたりしたのち、東京憲兵隊に入った。古賀〔清志〕中尉らの第二組、中村〔義雄〕中尉らの第三組はそれぞれ内大臣官邸、政友会本部に手榴弾を投げつけ、次いで檄文《げきぶん》をまいたりしたのち、憲兵隊に集結し、停電後の再出撃に備えた。血盟団残党の奥《おく》田《だ》秀夫《ひでお》は三菱《みつびし》銀行へ手榴弾を投げ込み、川崎長光《かわさきながみつ》は決起を妨害したとみなした陸軍青年将校の指導者西田税《にしだみつぎ》に重傷を負わせた。また農民決死隊員は変電所六ケ所を襲撃し、帝都を暗黒とし戒厳令《かいげんれい》施行を導こうとしたが、いずれも失敗した。(『日本史大事典』第三巻 1993: p. 8f)

このように、クーデターの試みは失敗に終わり、全員は逮捕され、軍法会議において最高で禁固一五年の判決を受ける。首相暗殺に対する刑としては、異常に軽い刑の宣告であった。

五・一五事件は、四グループに分けての計画が企てられており、それらの計画遂行はクーデター遂行という目標を実現するプロセスを構成する部分プロセスとして考えられる。五・一五事件はこれら四グループによってなされた行為プロセスの総体である。そしてそれらグループの行為プロセスも、ピストルの発砲や手榴弾の投げ込みなどの行為プロセスを部分として含んでいる。また、事件実行者全員は〈拡張された行為主体〉の構成部分とみなすことができる。そして、このとき使用されたピストルや手榴弾もこの〈拡張された行為主体〉の部分となっている。

長期間の出来事――第二次世界大戦

第二次世界大戦は、「世界大戦」という種名辞によって個体化されている。第二次世界大戦は、ヨーロッパとアジアを中心に長期間にわたって展開された戦争であり、何億という人がこの戦争に何らかの形で関わった。戦争で命を落とした人や虐殺によって死亡した人の数は膨大である。この戦争の中でのひとりひとりの生活の多くの部分が第二次世界大戦の部分を構成するプロセスとなっている。この第二次世界大戦は、次のように要約できる。

ベルサイユ・ワシントン体制下の秩序を、英・米・仏だけを利するものだと批判する日・独・伊三国がそれぞれ局地的に領土の拡張をはかり、武力で勢力均衡を破ったことに起因する世界戦争。一九三九年九月一日のドイツのポーランドへの電撃的侵攻で始まった。四一年（昭和一六）一二月八日の太平洋戦争勃発とともに、枢軸国（日・独・伊など）と連合国（英・米・ソ・中・仏など）間の戦いは大西洋・ヨーロッパ大陸・地中海・アフリカ・中国・東南アジア・太平洋上に拡大した。はじめは総動員体制を早期に整えていた枢軸側が有利だったが、四二年半ばから、生産力で絶対的優位にある連合国が反攻に転じた。四三年九月三日イタリアの、四五年五月八日ドイツの、同年九月二日日本のそれぞれの無条件降伏文書への調印で終結した。（『山川　日本史小辞典』2016: p. 587f）

第二次世界大戦には、多くのプロセスが部分として含まれている。日本が関連している太平洋戦争が含むプロセスだけでも数えきれないものがある。そのうちのいくつかを例としてあげておこう（井上ほか 1993; 池田 2006）。

ハワイ真珠湾攻撃（一九四一年一二月八日）、米・英に宣戦詔書発布（同年一二月八日）、マレー戦開戦（同年一二月一〇日）、
日本軍によるマニラ占領（一九四二年一月二日）、日本軍によるシンガポール占領（同年二月一五日）、
ミッドウェー海戦（同年六月五日〜七日）、南太平洋海戦（同年一〇月二六日）、
ニューギニアナのブナの日本軍全滅（一九四三年一月二日）、
ビルマ方面軍、インパール作戦開始（一九四四年三月八日）、レイテ沖海戦（同年一〇月二四日）、
米軍、沖縄本島に上陸（一九四五年四月一日）、沖縄守備軍全滅（同年六月二三日）、米軍、広島に原子爆弾投下（同年八月三日）、ソ連、対日戦宣戦布告（同年八月八日）、米軍、長崎に原子爆弾投下（同年八月九日）、終戦詔書の放送（玉音放送）（同年八月一五日）、降伏文書に調印（同年九月二日）

第二次世界大戦の部分をなすこれらのプロセスは、さらに部分に分解できる。例えば、沖縄における米軍の進撃についても次に記すようなさまざまな出来事が起こっている(2)。

連合国軍は戦艦二〇隻、空母一九隻を中心として一九四五年三月二六日に猛烈な艦砲射撃を行い、沖縄本島の近くの慶良間《けらま》列島に上陸し、四月一日には沖縄本島に上陸した。大本営（陸海軍を統制した最高機関）は沖縄戦で、敵軍上陸に無抵抗で後方に引き、消耗持久戦に持ち込む作戦をとった。四月五日以降は、特攻隊と人間魚雷をなんども出撃させた。戦艦大和《やまと》も沖縄をめざして出撃したが、四月七日に九州南方で撃沈された。米軍は、通常爆弾だけでなく、ナパーム弾を投下して民家を焼き払い、ロケット弾・毒ガスを使用し、激しい銃撃を行った。日本軍は、五月二七日に首里を退却して沖縄本島南部の摩文仁《まぶに》の丘に司令部を移した。そして六月二三日に、司令官牛島満中将が自決し、日本軍の組織的抵抗は終了した。

このように、第二次世界大戦というプロセスは階層構造を成している。そして、この階層の最下部には個々人の生のプロセスの一部が含まれている。すでに述べたように、第二次世界大戦というプロセスの内部で多くの人々が殺害されたり自殺したりして、生のプロセスを終えている。

ここでは、単純な四次元主義とプロセス存在論の異なる点について指摘しておきたい。プロセスは、複雑な時空領域を占めることがある。プロセスの融合体をとるとき、時空的にはいろいろな穴がある場合がある。例えば、スイスは永世中立国であり、第二次世界大戦で対立する二勢力のどちらにも含まれていない。だから、一九四〇年代前半のスイスは第二次世界大戦というプロセスには含まれていない。このような歴史的出来事を記述するときに、時空的存在者の単純な融合体をとるよりも、プロセスの融合体をとる方がより現実に近い描写となる。

3　生物体

生物体の多くは、多数の細胞から構成されている。それら細胞の活動を、私たちは動的プロセスとみなすことができる。だから生物体は、動的プロセスの（四次元的）融合体である。

生物体の階層構造

多細胞生物体は、多くの細胞からできており、生物体内部は階層構造をなしている。生物体は、自己存続と種の存続を可能にするように構造化されている。生物体内部の階層構造がこのような自己存続的構造化を可能にしている。この自己存続的構造化に失敗した生物体は、消滅を余儀なくされる。こうして、与えられた環境の中で自己存続と種の存続を可能にする構造化に成功した生物体のみが生き残るのである。

生物体内部では、細胞間での物質交換があり、これら細胞の活動を動的プロセスととらえることができる。生物体は、食物摂取をし、食物を消化し、たんぱく質を合成して体内の部分の修復に用いたり、運動のためのエネルギーに活用したりする。そして、不要になったものは外界に排出する。このような活動の中で、生物体の生命の維持に必要なものはすべて、動的プロセスとみなしうるだろう。この動的プロセスが互いに関係しあって、ひとつの生物体の生命維持を可能にしている。ある生物個体の誕生から死までがその生物個体の最大プロセスであり、この最大プロセスが生物種名という種名辞によって選び出されるのである。

動物や植物は、真核細胞からできている。真核細胞というのは、デオキシリボ核酸（ＤＮＡ）が膜に含まれている細胞のことである。動物の真核細胞は、ミトコンドリア、リボソーム、細胞膜、小胞体、ゴルジ体などからなる。以下、中村（2000）を基にして、真核細胞の組織について説明しておく。

細胞膜の基礎構造は、リン脂肪の二分子層である（p. 14）。細胞膜は、原形質を包んで細胞膜の成分を分散させないよう囲んでおり、環境と物質や情報を直接交流する関門の役割を担っている。小胞体は、原形質内の網状構造体であり（p. 17）、主な機能はタンパク質合成である（p. 19）。リボソームは、小胞体の膜の外表に結合している小粒子であり、タンパク質を合成する（p. 19f）。ゴルジ体は、小胞体で合成されたタンパク質を嚢に包まれている特異な酵素によって修飾・加工する働きを持っている（p. 24）。またミトコンドリアは、細胞呼吸の中心を担っている（p. 30）。核は、ＤＮＡを含む二重膜構造のことである（p. 35）。そしてＤＮＡは、細胞のすべての遺伝する形質を決定している（p. 50）。

このように、動物を構成するひとつの細胞内においても機能分化が起こり、それらの機能を担う構造体がある。それら構造体の活動ひとつひとつは、動的プロセスとしてとらえうるものであり、それらのプロセスが関わりあって細胞の生命活動プロセスが維持されている。ここでも、この細胞内のプロセス総体をプロセス存在論の部分全体関係によって描くことができる。

生物体が死にいたったとき、生命維持のプロセスは終結する。そして、死とともに生物体の崩壊プロセスがはじまる。自然界に放置された遺体にはウジがわき、筋肉や臓器は分解され、土壌の一部となっていく。

反芻動物と共生微生物

生物界には、「共進化（co-evolution）」と呼ばれる現象がある。(3) この共進化の例として、反芻動物と共生微生物の事例を見ておこう。

反芻動物は、草食動物の一種である。この反芻というのは、未消化の繊維質を吐き戻して咀嚼しなおしたうえで再度飲み込むことである（Schmidt-Nielsen 1997: 邦訳 p. 135）。反芻動物には、ウシ、ヒツジ、ヤギなどが属する。また、「ウシ」、「ヒツジ」、「ヤギ」は、プロセス存在論における種名辞である。これらの種名辞の適用によって、動物個体が自然界から切り出される。

植物を構築する最も重要な構造物質は、セルロースである。しかしセルロースは、水にまったく溶けず、化学的な分解作用にも耐性がある。セルロースを消化する酵素はセミラーゼだが、セミラーゼは脊椎動物が分泌する消化液には含まれていない（Schmidt-Nielsen 1997: 邦訳 p. 133）。脊椎動物の場合、消化管の中に生きている細菌や原生微生物などの共生微生物にセルロースの分解を依存している。反芻動物による主な消化プロセスは、次のようにまとめることができる。

食物からのセルロースは、微生物による発酵によって短鎖の有機酸となって動物に利用され、その過程でメタンと二酸化炭素が大気中に放出される。食物からのタンパク質の一部は脱アミノ作用を受けて有機酸とアンモニアになる。細菌は、アンモニアおよびアンモニウム塩または（肝臓で作られたか、食物から供給された）尿素由来のアンモニアと、有機酸を使ってタンパク質を合成する。細菌のタンパク質は、その先の消化管へと移動し、消化されて動物に利用される。（Schmidt-Nielsen 1997: 邦訳 p. 137）

ウシの場合、第一胃から第四胃までの四つの室がある。このうち、真に消化が行われる胃は第四胃（abomasum）である。第一胃は「ルーメン（rumen）」と呼ばれ、それは唾液と混ぜられた食物を発酵させる桶として機能している。このルーメンには、多くの共生微生物が生きている（Schmidt-Nielsen 1997: 邦訳 p. 135）。

ここで、ウシの第一胃などで見られる共生微生物は宿主の部分なのかと、問うてみよう。時空間的には部分だと言えそうだが、生物学的には部分だと言えないだろう。共生微生物は、生物学的には宿主から独立の存在者であり、宿主は共生微生物にとっての外部環境となっている。ウシの内臓の活動もプロセスであり、セルロースを分解する多数の共生微生物の活動もプロセスである。プロセス存在論の観点から見れば、共生微生物が生み出すプロセスがウシの生命維持プロセスの部分と言っても、部分でないと言っても、問題は起こらない。この部分に関する問いは、ウシの生命維持プロセスに何が含まれるかという生物学的な問題に属し、どちらの選択肢もプロセス存在論と矛盾せず、プロセス存在論はこの判断に対して中立的である。

ここで指摘したいのは、プロセス存在論から適切に記述できる共生現象が、実体論では記述困難になるということである。例えば実体論では、臓器は実体なのかなどという問いに対して、どのように答えればよいかは明らかではない。

生物体としての人間

人間を特徴づける性質に、二足歩行と大脳の発達がある。二足歩行は、両手の自由な使用を可能にし、人間に道具製作と道具使用をうながした。石器や土器などの道具は、狩猟と調理を容易にし、人間にとっての食物の範囲を広げた。また大脳の発達は、人間に言語を用いたコミュニケーションを可能にした。一方で、人間も植物を食物の一部としているため、反芻動物と同様にセルロースを分解するために共生微生物を腸の中に宿している。

人間は社会的動物であり、多くの個人は社会組織に属し、そこで特定の役割を担っている。人間の活動には、生物学的側面と社会的側面の両方がともに関わっている場合が多い。ここで、生物体としての人間の融合体の事例のひとつとして、母子関係について考えてみよう。

中山（2016a）が論じているように、妊婦においては存在の二重化が起こる。この二重化というのは、胎児を除いた母親の部分と〈母親＋胎盤＋胎児〉という複合的存在者の間の二重化である。ここで、この妊娠・出産・子育てというプロセスの進展をプロセス存在論を用いてまとめてみよう。

（１a）［妊娠前の状態］妊娠前には、後に母となる女性しか存在していない。
（１b）［妊娠時の状態］妊娠において、〈母親＋胎盤＋胎児〉という融合体がひとつのシステムとして形成される。このとき、母親と〈母親＋胎盤＋胎児〉はともに自律的システムである。これに対し、胎児は自律的システムではなく、依存的システムである。胎盤の固有機能は、母体側と胎児側の栄養素、老廃物、ガスの交換にある（酒井 2015: p. 155）。また妊娠時では、〈母親＋胎盤＋胎児〉はひとつの空間的連続体をなしている。
（１c）［出産直後の状態］出産において、母親は子供と胎盤から空間的に分離する。そして胎盤は、出産の直後に母体から分離され、与えられていた役割を完了する。出産によって、〈母親＋胎児〉は空間的に分離したシステムとなる。そして出産後、授乳がはじまる。
（１d）［乳児期の状態］乳児期において、母親は自律的システムであるが乳児はなお依存的システムである。また〈母親＋胎児〉には、システムととらえることができる時間的部分とそうとらえることが適切でない時間的部分の両方が含まれている。
（１e）［乳児期以後の状態］母子関係システムは、子供が完全に自立することを目標としたシステムである。だからこのシステムは、子どもが完全に自立した時点で終結する。

妊娠時における〈母親＋胎盤＋胎児〉という融合体システムは、栄養物や老廃物の交換というプロセスに支えられて存続できる。そして、このシステムの存続を通して胎児の生命は維持されていくことになる。また、出産後も乳児は養育者によるケアを必要としており、〈養育者＋乳児〉という融合体システムの活動プロセスは、乳児の生命維持に不可欠なままである。このような母と子の関係性を描くときにも、プロセス形而上学は記述の基盤を与えてくれる。

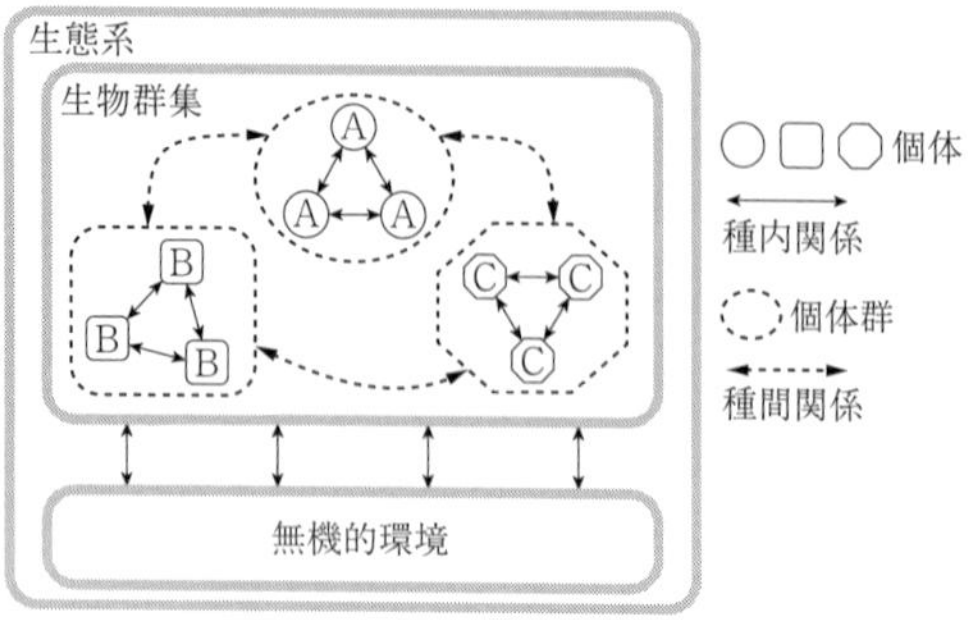

図 8-1　生態系の階層構造
（池田 2007: p. 2，図 1-1 より）

生態系

生物体の生命活動は、生態系プロセスの部分となっている。そして、生物体と環境の相互作用を研究するのが、生態学（ecology）である。ここでは、生物体に関わる部分全体関係について考察するために、『生物圏の環境』（2007）に基づいて生態系（ecosystem）について説明しておきたい（池田 2007）。

まず環境は、無機的環境と生物的環境に分けられる。無機的環境は、光、温度、空気、水、栄養物質、土壌などから構成される生物をとりまく非生物的環境のことである。これに対し、生物的環境は同種の生物間の競争、異種の生物間の競争・捕食・共生などの周囲の生物との関係である（p. 2）。また生態学では、生体現象を、個体、個体群、生物群集、生態系へとわたる階層構造として考える（図 8 - 1）。そして生態系とは、生物群集と無機的環境を合わせた複合体のことであり、そこでは食物連鎖や物質循環、エネルギーの流れが主たるテーマとなる（p. 3）。

生態系の中で、生物群集は、生産者、消費者、分解者からなっている（図８－２）。このとき生産者というのは、植物などの光合成によって無機物から有機物をつくりだす独立栄養生物のことである。また消費者は、動物のように生産者がつくった有機物を直接あるいは間接的に摂取して生活する従属栄養生物のことである。そして分解者は、生物の死骸や排泄物（これらを総称して「デトリタス（Detritus）」と呼ぶ）などの有機物を摂取・分解して、そこから得られるエネルギーで生活する生物（菌類や細菌類などの微生物）である。なお分解者は、有機物を無機物にまで分解するが、それを再び生産者が光合成による増殖に利用する（p. 14f）。このように、生態系における物質循環プロセスは、生産者、消費者、分解者の活動プロセスによって構成されている。

生物は、捕食・被食の関係で鎖のようにつながっているが、これを「食物連鎖」と言う。この食物連鎖は、植物（生産者）から出発して大型動物や人間で終わる生食連鎖と、生食連鎖から供給されるデトリタスが微生物によって分解されて無機栄養塩にいたる腐食連鎖がある（図８－３）。

このように、生物体の活動プロセスのいくつかは、生食連鎖プロセスの部分や腐食連鎖プロセスの部分として位置づけることができる。そしてここで見たように、プロセス形而上学は生態学的観点と調和している。実際、私たちは「生態系」を種名辞としてとらえることができる。例えば、ガラパゴス諸島を閉じた生態系として近似的にとらえ、「ガラパゴス諸島の生態系」について語ることができる。すると、ガラパゴスオカイグアナやウミイグアナの活動プロセスは、ガラパゴス諸島の生態系の部分プロセスということになる。

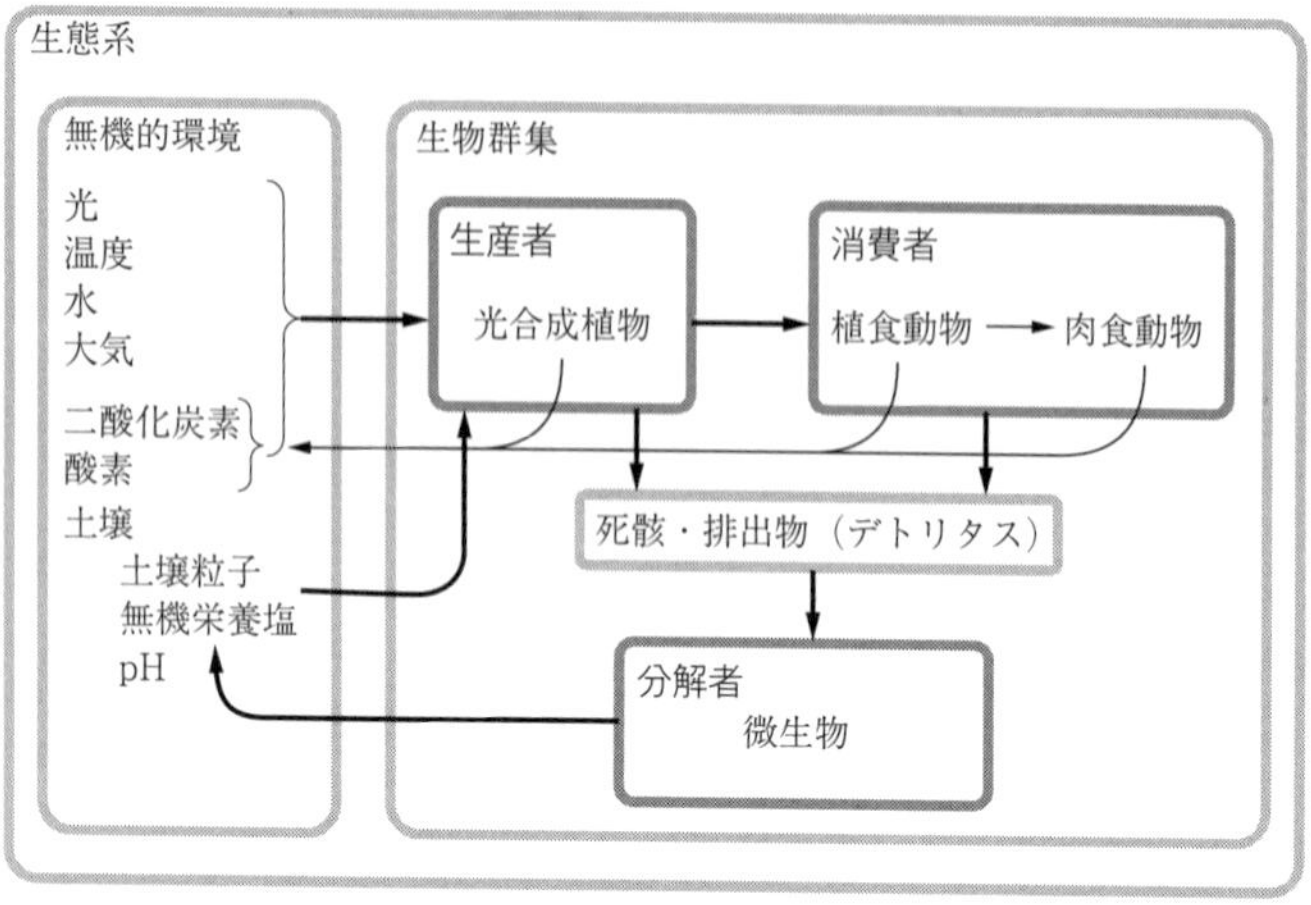

図 8-2　生態系の構造（池田 2007: p. 14，図 1-7 より）

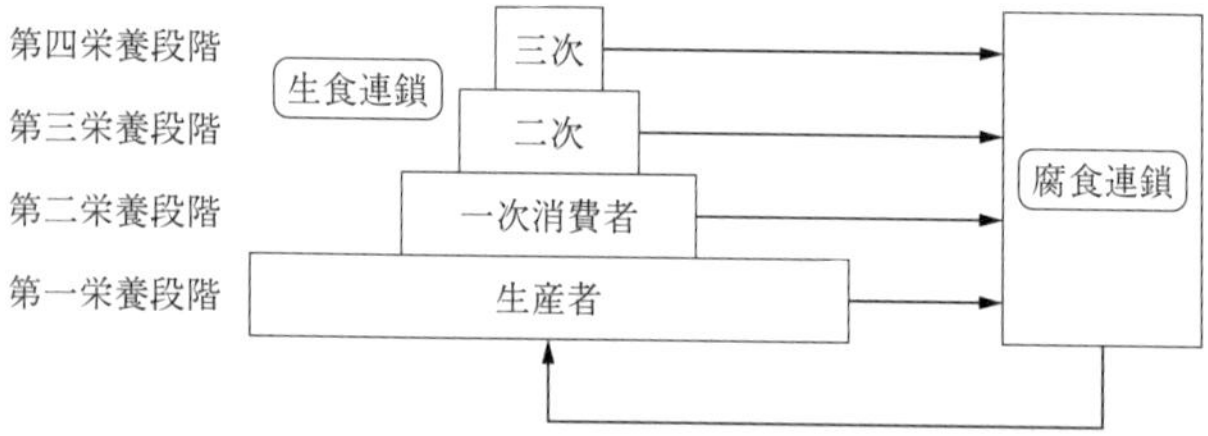

図 8-3　食物連鎖における栄養段階と生態ピラミッド
（池田 2007: p. 15，図 1-8 より）

4　社会組織

社会組織も、特定の種名辞の適用によって個体化されたプロセスととらえることができる。そしてこの社会組織は、個人の時間的部分や〈拡張された行為主体〉から構成されており、ここには階層性がある。

社会組織とは何か

すでに『規範とゲーム』（2011: 第七章第1節）で私は、社会組織が四次元的個物であることを指摘していた。ここでは、それが動的プロセスとして解釈できることを付け加えるだけでいい。

（2a）［プロセスとしての社会組織］社会組織Gは、プロセスである。つまり、社会組織は時空的拡がりを持ち、宇宙の部分を構成する具体的存在者である。また社会組織は、「社会組織」という種名辞によって（四次元的に）個体化される。

（2b）［社会組織を構成するものとしての人間集団と人工物］社会組織は、一般に複数の人間と人工物から成る〈拡張された行為主体〉である。ただし、人工物を含まない社会組織もありうる。

（2c）［構成員の自覚］社会組織Gの部分となる原子的行為主体は、自分がGの構成員であることを自覚している。

（2d）〔社会組織の存在に対する共有信念〕社会組織Gの部分となる行為主体間でGが存在するという信念が共有されている。

（2e）〔社会組織の構造化とその維持〕一般に、社会組織Gの存続が可能になるように、Gは機能的に構造化され、役割分担がなされている。そしてGの構造は、Gの存続の可能性が高まるように構造変更がなされていく。

このような、社会組織の特徴は生物体の特徴と似ている。ただし、生物体の場合には、内部構造の変化に対する制約が強いのに対し、社会組織では構造変更がより容易である。社会組織においても、生物体と同様に、与えられた環境の中で自己存続できるような構造化がなされていなければ、消滅してしまう。だから、現存している社会組織は、自己存続という目標に関して一定の成功をこれまでおさめてきたことになる。しかし社会組織は、環境変化に適合した構造変更を繰り返していかなければ存続できず、過去の成功は未来の存続可能性を保証していない。このことを私たちは、歴史を通して知っている。

管弦楽団

本章第1節で、交響曲の演奏をプロセスとみなせることを論じた。そして、そのような交響曲を演奏するのが管弦楽団（orchestra）である。管弦楽団のうち交響曲などの演奏会活動を主眼にする団体を「交響楽団」と呼ぶ。これに対し、小編成の曲をきわめて細かく演奏することに徹しようとする団体を「室内管弦楽団（chamber orchestra）」と呼ぶ。

管弦楽の楽器は普通、弦楽器、木管楽器、金管楽器、打楽器の四群から成る。全体の中核を成すのは弦であって、ヴァイオリン（第一、第二）、ヴィオラ、チェロ、コントラバスの四種類五部に分け、各部とも複数の奏者が担当する。木管は、フルート、オーボエ、クラリネット、ファゴットの四種を基準とする。金管は今日では、ホルン、トランペット、トロンボーン、チューバの四種が基準的である。打楽器はティンパニが定席を占めてきただけで、編成は曲によって流動的である（下中1982第二巻：「管弦楽」の項）。

演奏中の管弦楽団は、複数の〈拡張された行為主体〉の融合体としても考えることができる。例えば、ヴァイオリンとヴァイオリン奏者は、演奏中は〈演奏中のヴァイオリン奏者＋演奏中のヴァイオリン〉という〈拡張された行為主体〉ととらえることができる。こうして、管弦楽団は複数の〈演奏中の楽器奏者＋演奏中の楽器〉の融合体となる。

管弦楽団の中には、歴史的に社会組織化したものがある。そのような例として、ドイツのベルリン・フィルハーモニー管弦楽団（Berliner Philharmonisches Orchester, 以下「ベルリンフィル」と呼ぶ）を見てみよう(4)。

一八六七年から一八八二年までベルリンで活動していたビルゼ管弦楽団から五四人が脱退し、これらの演奏家を中心にして一八八二年にベルリンフィルは結成され、現在まで存続している。第一回定期演奏会ではヴェルナーが指揮をするが、一八八七年ビューローが初代常任指揮者に就任した。

一八九三年までのビューローの在任中に楽団は急速に成長し、R・シュトラウスやチャイコフスキーらが自作の指揮にまねかれた。一八九五年にニキシュが第二代指揮者に就任し、一九二二年までその位置にあった。この時期にレパートリーは広げられ、パリやロシアの諸都市をはじめヨーロッパ全域の演奏旅行も行われた。一九二二年には、フルトヴェングラーが常任指揮者となり、第二次世界大戦の一時的中断はあるが、一九五四年までこの地位にあり、一世を風靡した。一九五五年からはカラヤンのもとで国際的に広く活動した。

このベルリンフィルの活動に現れているように、各管弦楽団の特性は指揮者の活動によって決められる部分が大きい。またベルリンフィルは、一八八二年から現在を通過して未来のある時点まで続くプロセスとして考えることができる。このプロセスの存続を維持しているのは、そのときどきにベルリンフィルに属した指揮者たちおよび演奏者たちである。彼らの活動もプロセスとしてとらえることができる。そして、ベルリンフィルを構成するメンバーが入れ替わっても、ベルリンフィル自身は変わらず存続し続けた。ベルリンフィルは、「管弦楽団」という種名辞によって個体化されたひとつのプロセスであり、その存在様態は「中山康雄」などという固有名で指示される存命の個人と似たところがある。

大学組織など

大学組織や企業や国家などの社会組織も、プロセスととらえることができる。拙著『規範とゲーム』第七章「社会組織とゲーム体系」では、社会組織は自己存続を目標とするゲーム体系として描かれている。ゲームは、部分ゲームに分割され、それら部分ゲームを担う下部組織への役割分担がなされることになる。この役割分担によって、社会組織は構造化される。各下部組織には、構成員が属し、それらの構成員が分担された課題を解くために行為することになる。これらの行為は、プロセスとみなすことができる。チェスのような典型的なゲームにおいても、行為によってゲーム中の一手がなされる。だから、社会組織にとっても行為プロセスは不可欠である。

国家などに比べると、大学組織は小規模であり、まとまっている。ここでは、大阪大学を例にして、社会組織の内部構造を見ておこう。まず一九三一年に、大阪医科大学と民間の研究所が合併し、医学部と理学部とからなる大阪帝国大学が設立される。これが大阪大学のはじまりであり、これを大阪大学というプロセスの開始とみなすことができる。一九三三年には大阪工業大学を工学部として吸収する。これは、大阪工業大学というプロセスと大阪帝国大学というプロセスが融合し、大阪工業大学というプロセスが消滅し、大阪帝国大学というプロセスだけが拡張しつつ存続を続けたと解釈することができる。そして一九四七年に大阪帝国大学は、大阪大学に改称される。一九四九年には旧制大阪高等学校・旧制浪速高等学校・大阪薬学専門学校などを統合し、文学部・法経学部・理学部・医学部・工学部の五学部と一般教養部からなる新制大阪大学が発足する。これも、他のプロセスの融合と新しい構造化によるプロセスの拡張である。大阪大学はその後も、他大学との統合や新設学部の設置などを繰り返し、この構造改変プロセスを続けて現在にいたっている。このように大阪大学は、統合と構造改変を繰り返し存続してきたが、このような現象は実体論で描くことが困難であり、柔軟な存在論を持つプロセス存在論だからこそ適切な記述がここで可能になったのである。

大阪大学というプロセスも、階層構造を持っている。大阪大学の学部などの下部組織は、大阪大学の部分プロセスでもある。そして大阪大学の構成員も、課題によって別の機能を持つ部分プロセスとして分類される。それらの部分プロセスは、教員、職員、学生であり、彼らは大阪大学存続のゲームにつながるような異なる部分ゲームを遂行していく。そしてこれら構成員は、行為主体であり、彼らの時間的部分がなす行為プロセスが大阪大学のプロセスの部分となっているのである。例えば、中山康雄は一九九一年から二〇一八年まで大阪大学の教員としてつとめていたが、中山康雄の全プロセスが大阪大学というプロセスに属していたわけではなく、大阪大学の職務に従って行為を遂行していたときのこの行為プロセスが大阪大学というプロセスの部分を構成しているのである。ここで描いた社会組織と構成員の関係は、一般的に成り立つものであり、社会組織というプロセスの部分を構成するのは与えられた課題を念頭に遂行される構成員の行為プロセスである。

5　自然界

自然界というとき、普通、地球とその諸部分のことを指している。宇宙もプロセスであり、地球は宇宙の部分プロセスである。ここでは、自然界に現れるプロセスについて考えてみよう。

物質と物体

気体や液体は物質であり、固体はときに物質とみなされ、ときに塊としての物体とみなされる。ここでは、物質も物体もプロセスあるいはプロセスの融合体とみなしうることを論じる。

アリストテレスの用語で言うなら、物質は質料的なものである。物質の典型例には、気体や液体がある。例えば、気体としての酸素は物質であり、液体としての水も物質である。本書第四章第4節で論じたように、多くの物質は時空的同質性によって特徴づけられる。例えば水という物質については、部分と全体は水性という性質に関して同質である。つまり、水であるようなものの部分は必ず水である。水分子は液体の状態で互いの位置関係を拘束しない程度の分子運動をしており、流体の状態にとどまっていることができる。このような水分子の運動はプロセスと考えることができる。だから、日常生活で見られる水も運動する水分子の融合体としてのプロセスと考えることができるだろう。

水蒸気の場合も、同様に、時空的同質性が成り立っていることは明らかである。というのも、すべての水蒸気の部分も水蒸気だからである。水蒸気プロセスも個々の水分子プロセスから構成されているが、液体状態の場合と異なり、他の分子からの直接的な影響を受けずに運動している。

このように、水と水蒸気の違いは、水分子の運動プロセスの違いで説明できる。そして、この運動プロセスの違いはエネルギー状態の違いから説明できるものである。プロセス存在論は、このような物質の様態の違いを説明するのに適している。アリストテレスの自然学は、水と空気を別の元素として前提にしていたため、水と水蒸気を運動エネルギーによる違いで区別できるという説明と衝突してしまう。そして現代のアリストテレス主義的存在論は、もちろんアリストテレスの不十分性を修復すべきだが、アリストテレス主義的実体論の枠の中でこの修正を行うことは困難ではないだろうか。

固体は、変形あるいは体積変化が小さい状態にある物質の状態である。つまり、固体は液体と異なり固形性を持っている。そしてこの固形性も、個々の分子の運動エネルギーが低いためにその融合体が結晶構造をなすことや融合体を構成する分子間での結合力の強さで説明できるだろう。つまりここでも分子の運動プロセスがマクロの固形性という性質の重要な要因となっていることがわかる。言い換えると、階層構造上部のプロセスが持つ性質はときに、階層構造下部におけるプロセス間の関係によって説明できる。そして、このような説明の存在論的基盤となっているのが、（時空的）部分全体関係を重視するプロセス存在論である。

塊としての固体は、数えることができ、このとき「塊」を種名辞として解釈することができる。銅の塊やキューブ状の氷なども数えることができる。しかし物理的観点からは、物質と物体の区別は連続的なものであり、エネルギー状態の違いが重要な役割をはたしている。そしてエネルギー状態がさらに高くなれば、分子という構造も保てなくなり、分子は原子や素粒子へと分散してしまう。

地球と自然

日常的な視点から見ると、地球は固定的で安定的なものに見える。しかし、地球全体のプロセスをその誕生からたどってみると、地球内のプロセスと地球外のプロセスのからみ合いによって地球の歴史が築かれてきたことがわかる。ここでは、『生命の惑星』（2012）に従いながら（Langmuir and Broecker 2012, 邦訳 2014）、地球がたどってきたプロセスを粗描したい。

約一三七億年前にビッグバンによって宇宙が生まれたことが、現在、定説になっている（邦訳

p. 50）。そして、ビッグバンが水素とヘリウムを合成した後、恒星の原子核合成によって残りの元素は合成された（邦訳 p. 77）。その後、今から約四六億年前、太陽系星雲の原材料が収縮し、太陽系が形成される。星雲のほとんどの物質は、中心に引き寄せられて太陽を形成した（邦訳 p. 112）。この頃、個体の凝結物が生成され、それらが集結して、微惑星と原始惑星を形成した。そしてこれらの微惑星と原始惑星が衝突を繰り返し、現在の惑星を形成した（邦訳 p. 136）。

このような初期の惑星は、密度の高い物質と密度の低い物質に分化し、層構造を形成するようになる。地球の場合には、金属鉄のコア、ケイ酸塩のマントル、海洋と大陸で異なる固体の地殻、海洋、および、大陸の層に分けられた（邦訳 p. 170）。

地球は、静的な固体ではなく、内部で循環している。このことを主張したのが、プレートテクトニクス（plate tectonics）の理論である。この理論によれば、絶えず動いている剛体のプレートが地球の表面を形成している（邦訳 p. 280）。この理論は、次のように要約できる。

プレートは、海洋の拡大中心の火山活動によってつくられる。ここでは、プレートの厚さは10㎞しかない。プレートは、古くなり、拡大中心軸から遠ざかるにつれて、海水との相互作用で冷やされる。冷却は密度を高め、プレートを厚くする。その厚さは、年代の平方根に比例する。高密度で冷たい物質の厚さの増加は、海嶺から遠ざかるにつれて海洋プレートを沈下させる。海溝は、沈み込み帯の位置を示す。そこでは、二つのプレートが収束し、プレートはマントルへリサイクルされる。上列のプレートでは、火山活動が起こり、直線的な火山列が形成される。火山列もまた、プレート収束帯の位置を示す。ある場所では、プレートが互いに行きちがう。そこでは、カリフォルニアのサンアンドレアス断層のようなトランスフォーム断層が形成される。大陸は、軽く、浮力があり、プレートの上にいかだのように浮いている。大陸は沈み込めないので、プレート運動によって大陸どうしが衝突すると、アルプスやヒマラヤのような大山脈が形成される。プレートはたいへん速く動くので、すべての海盆は若い。最も古い海洋岩石でも、地球史の最後の数パーセントしか記録していない。プレート運動が速いため、大陸は表面をすべり動き、頻繁に衝突し、分裂し、その位置を変える。（邦訳 p. 305f）

ここに描かれているように、山や海や大陸の形成と移動は地球全体の循環プロセスの部分プロセスとみなすことができる。言い換えると、自然物はその自然物内部の内在的性質だけによって形成されるのではなく、地球全体の動的プロセスの部分として現れてきたものである。このように、地球史の惑星科学的記述やプレートテクトニクス理論は、プロセス形而上学と調和的であり、実体論とは相いれないように思われる。

6　人工物

拙著『パラダイム論を超えて』第八章「人工物の進化論」では、〈道具としての人工物〉と〈環境を構成する人工物〉との区別を導入している。ここでは、これら人工物をプロセスとしてとらえることができることを論じることにする。

道具としての人工物

道具としての人工物については、すでに第七章第2節で論じていた。そこで見たように、道具としての人工物は、〈拡張された行為主体〉の部分であると同時に行為主体によって使用される外部の物体であるという存在論的二重性を持っている。テクノロジーの進展とともに、〈拡張された行為主体〉の事例は増えてきている。このように次々と発明される人工物に囲まれた人間生活は、実体論的存在観とは異質なものではないだろうか。私たちはますます、〈裸の人間〉ではなく、〈道具と融合的な人間社会〉について考えなくてはならなくなってきている。

〈拡張された心〉の議論の中では、機能的同一性が鍵概念となったが（本書第七章第4節）、医療の場面における〈拡張された行為主体〉の問題についても機能的同一性が重要になる（中山 2016a）。医療は、生物体としての存続が自力で困難になった人間に対して、生命活動を存続できるように外部から支援を行う行為である。人間の生命を支える道具の典型的なものとして心臓ペースメーカー（artificial cardiac pacemaker）がある。ここでは、心臓ペースメーカーという人工物について考えてみよう。

心臓ペースメーカーは、心筋に定期的で微弱な電気刺激を与える装置である。人間の生命活動プロセスを支えているもののひとつに、心臓の活動による血液循環というプロセスがある。心臓が機能不全に陥り、この血液循環に支障が出たとき、心臓の本来的機能（proper function）をはたせるように支援するのが心臓ペースメーカーである。ここでは、〈機能不全の心臓＋心臓ペースメーカー〉という融合体が心臓の本来的機能をはたすことになる。心臓ペースメーカーは、機能不全の心臓と一体となって心臓の本来的機能をはたすことができるように設計され、製造され、手術で患者に埋め込まれることになる。そして、〈手術を受けた人＋心臓ペースメーカー〉が〈拡張された行為主体〉ということになる。

最近注目されているテクノロジーに、深層学習（deep learning）を基にした人工知能（artificial intelligence）の適用がある。この深層学習を用いた人工知能は、医療にも適用されようとしている。深層学習を用いて、ビッグデータから病気とその症状の画像データとの間の相関性を提示する研究が進んできている。このとき、医師は人工知能と共同でより質の高い診察プロセスを生み出すことを目指す。このようなとき、人工知能はただの道具というよりも、人間の不得意な部分をカバーする協力者のような役割をはたすことになる。そしてこのとき、人間の活動プロセスと人工知能の活動プロセスは、全体の診断プロセスの部分を構成することになる。

またIoT（Internet of Thigs）の技術は、モノが情報交換の媒体にもなり、能動性を獲得するようになることを示している。ロボットや自動車も自律性を増し、社会組織の構成において能動性の高い役割を担い始めている。

環境を構成する人工物

私たちの都市生活は、人工物が可能にしていると言ってもいいだろう。鉄道網、地下鉄網、道路網、通信ネットワーク、電波発信施設、エレベーターを備えた高層建築など、都市には人工物があふれている。人工物なしには、東京のような高い人口密度を持つ大都市での生活は不可能である。人工物は、それなしでは不可能な行為プロセスを人々に可能にする。例えば、大阪から札幌まで飛行機を用いれば、二時間以内に移動が可能である。いまでは、大阪から東京まで、新幹線で二時間半ほどあれば移動できる。この区間を歩いていくとしたなら、一〇日以上かかるだろう。このように、人工物は生活環境を変えることによって人々の行動様式を変えてきた。

また環境を構成する人工物はしばしば、道具としての人工物と共進化する（中山 2016b: p. 121f）。一般道路網や高速道路網の拡充は、高性能の自動車の開発と生産をうながした。自動車の走行能力は、でこぼこ道や泥道では十分に発揮できず、舗装された道路でこそ十分に活用できる。そして、通信ネットワークの拡充とスマホの普及も同様の共進化関係にある。通信ネットワークが確保できていない場所では、スマホはいちじるしくその利用価値を失う。

環境を構成する人工物は、行為主体によって使用されることによって存在意義を獲得する。言い換えると、それら人工物はそれら自身の内在的存在意義を持っていない。住まれなくなった家屋や廃墟となった鉄道網はむしろ、生活の邪魔になる。だからここでも、人工物と行為主体の融合体を考えて、その存在意義を見定めなくてはならない。孤立した人工物そのものは、行為主体にとってはむしろ障害物なのである。このことは、使用されなくなった原子力発電所や使用されなくなった軍事施設などにも当てはまる。人工物が自然の循環プロセスの外にあるために、使用されなくなった人工物は、人間の手によって廃棄・分解されなければならないのである。

今では多くの製品が、コンピュータ制御された全自動の工場で生産されている。人間は、故障が起きたときに機械を修理・調整するときに登場する。しかしここでも、機械と人間は融合体を形成して製品を生産している。このとき、人間の活動プロセスと機械の活動プロセスは、全体の生産プロセスの部分となっている。いまや、人間が人工物と自然物とともにいかに共生していくかが問われるようになってきている。これは、人間と人工物と自然というプロセスの融合体としてのシステムをいかに形成していけばよいのかという問題を投げかける。そしてプロセス形而上学は、このようなシステムを記述できる体系として、この種の問題を検討する場合にも役立つはずである。

付　録

本書の議論では、プロセス存在論と分岐的プロセスモデルという二つの体系が基盤とされている。この付録では、これら二つの形式的体系を厳密に記述するとともに、理解を助ける説明を与えていく。このため、定理の証明については省略することにする。論理記号で書かれている表現は、すべて日常言語でも表されているので、論理学の記号に慣れていない人も読めるように構成してある。また論理記号は、精確さを維持するために用いられているが、本書で提案される体系の理解に不可欠なものではない。

付録1　プロセス存在論入門

この付録1では、プロセス存在論の公理系について説明する。プロセス存在論の体系は、Nakayama（2017）で描かれており、詳細や証明についてはこの論文を参考にしてほしい。プロセス存在論は、多種論理（Many-sorted Logic）を用いているが、多種論理は一階述語論理に還元可能である。ちなみに、プロセス存在論で扱うのは時間とプロセスという二つの種（sorts）である。

まず、標準的部分全体論の公理系、すなわち、一般外延メレオロジーの体系（General Extensional Mereology, GEM）を導入する（Casati and Varzi 1999: chapter 3; Varzi 2019; Nakayama 2017; 斎藤 2014）。この体系は、部分関係 *Part* を唯一の基礎概念とする公理系であり、五つの公理といくつかの用語の定義から構成されている。最初の三つの公理は、部分関係 *Part* が半順序（partial order）をなすことを表す公理である。メレオロジーの最小の体系は、この半順序の公理系のみから成っている。

定義1　標準的部分全体論（一般外延メレオロジー）

（1PO）［半順序］部分関係 *Part* は半順序関係である。すなわち、*Part* は反射律と反対称律と推移律を充たす〔∀x *Part*(x, x)∧∀x ∀y (*Part*(x, y)∧*Part*(y, x)→x＝y)∧∀x ∀y ∀z (*Part*(x, y)∧*Part*(y, z)→*Part*(x, z))〕。

（1D1）［重複（Overlap）］　xとyが重複するとは、両者が共通の部分を持つということである〔∀x ∀y (*Overlap*(x, y)↔∃z (*Part*(z, x)∧*Part*(z, y)))〕。

（1D2）［真部分（Proper Part）］　xがyの真部分であるとは、xがyの部分であるが、yはxの部分ではないということである〔∀x ∀y (*PPart*(x, y)↔(*Part*(x, y)∧¬*Part*(y, x)))〕。

（1A＋1）［強補足性（Strong Supplementation）］　yがxの部分でないなら、yの部分でxと重ならない対象が存在する〔$\forall x \forall y\,(\neg \mathit{Part}(y, x) \rightarrow \exists z\,(\mathit{Part}(z, y) \wedge \neg \mathit{Overlap}(z, x)))$〕。

（1A＋2）［融合（Fusion）］任意の文ϕに対して、ϕを充たす対象すべてを融合した対象が存在する〔任意のϕに対して、$\exists x\,\phi \rightarrow \exists z \forall y\,(\mathit{Overlap}(y, z) \leftrightarrow \exists x\,(\phi \wedge \mathit{Overlap}(y, x)))$〕。

（1D3）［和（Sum）］任意の文ϕに対して、ϕを充たす対象すべての融合体を$\sigma x\,\phi(x)$と表す〔任意のϕに対して、$\sigma x\,\phi(x) = \iota z \forall y\,(\mathit{Overlap}(y, z) \leftrightarrow \exists x(\phi(x) \wedge \mathit{Overlap}(y, x)))$〕。

（1D4）［積（Product）］任意の文ϕに対して、ϕを充たす対象すべての部分となるものの融合体を$\pi x\,\phi(x)$と表す〔任意のϕに対して、$\pi x\,\phi(x) = \sigma z \forall x\,(\phi(x) \rightarrow \mathit{Part}(z, x))$〕。

（1D5）［二個体の和（Sum of two individuals）］x＋yとは、xの部分かyの部分であるものの融合体のことである〔$\forall x \forall y\,(x+y = \sigma z(\mathit{Part}(z, x) \vee \mathit{Part}(z, y)))$〕。

（1D6）［二個体の積（Product of two individuals）］x×yとは、xの部分でありyの部分でもあるものの融合体のことである〔$\forall x \forall y\,(x \times y = \sigma z(\mathit{Part}(z, x) \wedge \mathit{Part}(z, y)))$〕。

（1D7）［差（Subtraction）］xからyを引いた対象は、xの部分でyと重ならない対象の融合体である〔$\forall x \forall y\,(x-y = \sigma z(\mathit{Part}(z, x) \wedge \neg \mathit{Overlap}(z, y)))$〕。

（1D8）［宇宙（Universe）］宇宙Uは、全対象の融合体である〔$U = \sigma x(\mathit{Part}(x, x))$〕。

部分関係*Part*は、反射律に表されているように、同一性関係を部分関係に属するものとして許容している。日常言語で私たちは普通、同一性関係を部分関係から除外するだろう。この同一性関係を除外した部分関係が（1D2）で定義されている真部分関係*PPart*である。

次に、時間的対象は一般外延メレオロジーを充たすような対象であり、瞬間は線形順序になるような対象であることを認めることにする〔定義2〕。

定義2　時間的対象の理論

次の公理と定義を含む体系のことを、「時間的対象の理論」と呼ぶ。

（2A1）〔時間的対象に対する一般外延メレオロジーの公理系〕定義1の標準的部分全体論の体系を時間的対象に適用する。このとき私たちは、$T, T_1, T_2, T_3, \ldots$ を時間的対象に対する変項として用いる。また、時間的対象に関する部分関係を $Part^T$ と表すことにする。そして、時間的対象のことを「時間領域」とも呼ぶことにする。

（2D1）〔瞬間（Moment）〕瞬間は、極小の時間的対象である〔$\forall T_1\ (Moment(T_1) \leftrightarrow \forall T_2\ (Part^T(T_2, T_1) \rightarrow T_2 = T_1))$〕。言い換えると、瞬間は原子的時間的対象である。

（2A2）〔基礎的存在者としての瞬間〕すべての時間的対象は、瞬間を部分として含んでいる〔$\forall T_1\ \exists T_2\ (Part^T(T_2, T_1) \wedge Moment(T_2))$〕。

（2D2）〔瞬間に対する相対化（Relativization for Moments）〕私たちは、$t, t_1, t_2, t_3, \ldots$ を瞬間に対する変項として用いることにし、瞬間に関する量化を次のように定義する。

［1］すべての瞬間においてϕが成り立つということは、Tが瞬間のときにはいつもϕが成り立っているということである〔$\forall t\ \phi(t) \leftrightarrow \forall T\ (Moment(T) \rightarrow \phi(T))$〕。

［2］ある瞬間においてϕが成り立つということは、ϕを充たす瞬間が存在するということである〔$\exists t\,\phi(t) \leftrightarrow \exists T\,(\mathit{Moment}(T) \wedge \phi(T))$〕。

（2D3）［時間総体］U_Tは、すべての時間的対象の融合体である〔$U_T = \sigma T\,\mathit{Part}^T(T, T)$〕。

（2D4）［時間帯（interval）］時間帯は、稠密な時間的対象である〔$\forall T\,(\mathrm{INT}(T) \leftrightarrow \forall t_1\,\forall t_2\,\forall t_3\,(\mathit{Part}^T(t_1, T) \wedge \mathit{Part}^T(t_2, T) \wedge t_1 < t_3 \wedge t_3 < t_2 \rightarrow \mathit{Part}^T(t_3, T)))$〕。

（2LO）［線形順序］瞬間に関する〈より前〉という関係は、線形順序関係である。すなわち、〈より前〉は非反射律（irreflexivity）、推移律、および、比較律を充たす〔$\forall t\,(\neg t < t) \wedge \forall t_1\,\forall t_2\,\forall t_3\,((t_1 < t_2 \wedge t_2 < t_3) \rightarrow t_1 < t_3) \wedge \forall t_1\,\forall t_2\,(t_1 < t_2 \vee t_1 = t_2 \vee t_2 < t_1)$〕。

定義2に現れているように、本書では瞬間に関するB理論を認めている。そして、諸瞬間から構成されるすべての融合体を時間的対象として認めている。

定義3　プロセス理論

時間的対象の理論に加えて次の公理と定義を含む体系のことを、「プロセス理論」と呼ぶ。

（3A1）［プロセスに対する一般外延メレオロジーの公理系］定義1の標準的部分全体論の体系をプロセスに適用する。このとき私たちは、$E, E_1, E_2, E_3, \ldots$ をプロセスに対する変項として用いる。

（3A2）［プロセスの存在（Existence of Processes）］

〔1〕すべてのプロセスは、どこかの時間領域で存在する〔$\forall E\ \exists T\ \mathit{exist}(E, T)$〕。

〔2〕E_2がE_1の部分であり、E_2が時間領域Tに存在するなら、E_1もTに存在する〔$\forall E_1\ \forall E_2\ \forall T\ ((\mathit{Part}(E_2, E_1) \wedge \mathit{exist}(E_2, T)) \rightarrow \mathit{exist}(E_1, T))$〕。

（3D1）［瞬間的プロセス（Instamtaneous Process）］瞬間的プロセスとは、一時点でのみ存在するようなプロセスのことである〔$\forall E\ (\mathit{Inst\text{-}process}(E) \leftrightarrow \exists^{=1} t\ \mathit{exist}(E, t))$〕。

（3D2）［瞬間的プロセスに対する相対化（Relativization for instantaneous processes）］私たちはe, $e_1, e_2, e_3, \ldots$を瞬間的プロセスに対する変項として用いる。

〔1〕すべての瞬間的プロセスについてϕが成り立つということは、Eが瞬間的プロセスのときにはいつもϕが成り立っているということである〔$\forall e\ \phi(e) \leftrightarrow \forall E\ (\mathit{Inst\text{-}process}(E) \rightarrow \phi(E))$〕。

〔2〕ある瞬間的プロセスについてϕが成り立つということは、ϕを充たす瞬間的プロセスが存在するということである〔$\exists e\ \phi(e) \leftrightarrow \exists E\ (\mathit{Inst\text{-}process}(E) \wedge \phi(E))$〕。

（3D3）［存在時間（Existence Time）］Eの存在時間$\mathit{time}(E)$は、Eが存在する瞬間の融合体である〔$\forall E\ (\mathit{time}(E) = \sigma t\ \mathit{exist}(E, t))$〕。

（3D4）［時間的部分（Temporal *Part*）］E_1がE_2の時間的部分である$\Leftrightarrow_{def}$ E_1の存在時間の内部では、E_1に含まれる瞬間的プロセスの総体とE_2に含まれる瞬間的プロセスの総体が一致する。〔$\forall E_1\ \forall E_2\ \mathit{TPart}(E_1, E_2) \leftrightarrow \forall e\ (\mathit{exist}(e, \mathit{time}(E_1)) \rightarrow (\mathit{Part}(e, E_1) \leftrightarrow \mathit{Part}(e, E_2)))$〕

（3D5）［時間的真部分（Proper Temporal Part）］E_1がE_2の時間的真部分であるとは、E_1がE_2の時間的部分であるが、E_2はE_1の時間的部分ではないということである〔$\forall E_1\ \forall E_2\ (\mathit{PTPart}(E_1, E_2) \leftrightarrow$

$(\mathit{TPart}(E_1, E_2) \land \neg \mathit{TPart}(E_2, E_1)))$〕。

（3D6）〔宇宙（Universe）〕宇宙U_Eは、プロセス総体である〔$U_E = \sigma E\, \mathit{Part}(E, E)$〕。

（3A3）〔関数「時間的部分」の部分的定義（Partial Definition of *temporal part* (*tp*)）〕E_1がTで存在している場合には、E_1のTにおける時間的部分$\mathit{tp}(E_1, T)$とはE_1の時間的部分で存在時間がTであるようなプロセスである〔$\forall T \forall E_1 (\mathit{exist}(E_1, T) \rightarrow \mathit{tp}(E_1, T) = \iota E(\mathit{TPart}(E, E_1) \land T = \mathit{time}(E))$〕。

（3D7）〔瞬間的プロセスに対する過去時制〕eはt_1において過去である$\Leftrightarrow_{def}$ t_1より前でeがそこで存在するような時点が存在する〔$\forall e \forall t_1 (\mathit{Past}(t_1, e) \leftrightarrow \exists t_2 (\mathit{exist}(e, t_2) \land t_2 < t_1))$〕。

（3D8）〔瞬間的プロセスに対する現在時制〕eはtにおいて現在である$\Leftrightarrow_{def}$ eがtで存在する〔$\forall e \forall t (\mathit{Present}(t, e) \leftrightarrow \mathit{exist}(e, t))$〕。

（3D9）〔瞬間的プロセスに対する未来時制〕eはt_1において未来である$\Leftrightarrow_{def}$ t_1より後でeがそこで存在するような時点が存在する〔$\forall e \forall t_1 (\mathit{Future}(t_1, e) \leftrightarrow \exists t_2 (\mathit{exist}(e, t_2) \land t_1 < t_2))$〕。

（3D10）〔プロセスに対する過去時制〕Eはtにおいて過去である$\Leftrightarrow_{def}$ Eのすべての瞬間的時間的部分がtにおいて過去である〔$\forall E \forall t (\mathit{Past}(t, E) \leftrightarrow \forall e (\mathit{TPart}(e, E) \rightarrow \mathit{Past}(t, e)))$〕。

（3D11）〔プロセスに対する現在時制〕Eはtにおいて現在である$\Leftrightarrow_{def}$ Eの瞬間的時間的部分でtにおいて現在であるものが存在する〔$\forall E (\mathit{Present}(t, E) \leftrightarrow \exists e (\mathit{TPart}(e, E) \land \mathit{Present}(t, e)))$〕。

（3D12）〔プロセスに対する未来時制〕Eはtにおいて未来である$\Leftrightarrow_{def}$ Eのすべての瞬間的時間的部分がtにおいて未来である〔$\forall E (\mathit{Future}(t, E) \leftrightarrow \forall e (\mathit{TPart}(e, E) \rightarrow \mathit{Future}(t, e)))$〕。

定義3によれば、プロセス理論はプロセスを四次元的存在者として記述し、プロセスの時間的部分 *TPart* を定義できるような体系である〔(3D4)〕。だからプロセス理論においては、時間に関する部分関係 $Part^T$ と（時空的）部分関係 *Part* と時間的部分関係 *TPart* の三種の部分関係が存在することになる。また、どのような時空領域にもプロセスが存在することをプロセス理論が主張していないことに注意してほしい。このことによって、プロセスが四次元時空の中にまばらに存在する可能性が残されることになる。

定義4　プロセス存在論の公理系

プロセス理論に加えて次の定義を含む体系のことを、「プロセス存在論」と呼ぶ。

（4D1）〔部分全体論的述語（Mereological Predicate）〕 Fは部分全体論的述語である。$\Leftrightarrow_{def}$ E_1とE_2がFならば、E_1+E_2も$E_1 \times E_2$もFであり、E_1がE_2の部分でないときE_1-E_2もFである〔$\forall E_1 \forall E_2 ((F(E_1) \wedge F(E_2)) \rightarrow (F(E_1+E_2) \wedge F(E_1 \times E_2) \wedge (\neg Part(E_1, E_2) \rightarrow F(E_1-E_2))))$〕。

（4D2）〔F種部分関係（*Part* relation for F）〕 E_1がE_2のF種部分というのは、E_1もE_2もFであり、かつ、E_1がE_2の部分であるということである〔$\forall E_1 \forall E_2 (Part_{[F]}(E_1, E_2) \leftrightarrow (F(E_1) \wedge F(E_2) \wedge Part(E_1, E_2)))$〕。

（4D3）〔F種量化（Quantification for F-objects）〕

［1］すべてのF種のプロセスについてφが成り立つということは、Fであるようなプロセスにつ

いてはいつもφが成り立っているということである〔$\forall_{[F]} E\,\phi(E) \leftrightarrow \forall E\,(F(E)\rightarrow\phi(E))$〕。

［2］あるF種のプロセスについてφが成り立つということは、φを充たしFでもあるようなプロセスが存在するということである〔$\exists_{[F]} E\,\phi(E) \leftrightarrow \exists E\,(F(E)\wedge\phi(E))$〕。

（4D4）［F文（F-sentence）］ φはF文である $\Leftrightarrow_{def}$ φ(E)を充たすEが存在し、かつ、φ(E)を充たすすべてのプロセスはF種のものである〔$\exists E\,\phi(E)\wedge\forall E\,(\phi(E)\rightarrow F(E))$〕。

（4D5）［諸関係の定義］ 定義3で定義された *PPart*, *Overlap*, $\sigma E\,\phi(E)$, $\pi E\,\phi(E)$, +, ×, −, U_E, *exist*, *Inst-process*, *TPart*, *PTPart*, *tp* と同様の仕方で、*Part* の代わりに $Part_{[F]}$ を用いて次の関係語および関数記号を定義する——$PPart_{[F]}$, $Overlap_{[F]}$, $\sigma_{[F]}E\,\phi(E)$, $\pi_{[F]}E\,\phi(E)$, $+_{[F]}$, $\times_{[F]}$, $-_{[F]}$, $U_{[F]}$, $exist_{[F]}$, $Inst\text{-}process_{[F]}$, $TPart_{[F]}$, $PTPart_{[F]}$, $tp_{[F]}$.

（4D6）［原子的F種対象（Atomic F-Object）］ E^1は原子的F種対象である $\Leftrightarrow_{def}$ E^1は極小のF種対象である。〔$\forall E_1\,(atom_F(E_1)\leftrightarrow(F(E_1)\wedge\neg\exists E_2\,(PPart(E_2, E_1)\wedge F(E_2))\wedge\neg\exists E_2\,(PPart(E_1, E_2)\wedge\neg F(E_2)\wedge F(E_1+E_2))))$〕

（4D7）［種名辞（Sortal Term）］ Fは種名辞である $\Leftrightarrow_{def}$ Fは部分全体論的述語であり、かつ、すべてのF種対象は原子的F種対象から構成されている〔$\forall E_1\,(F(E_1)\rightarrow\exists E_2\,(Part(E_2, E_1)\wedge atom_F(E_2)))$〕。

（4D8）［量名辞（Mass Term）］ Fは量名辞である $\Leftrightarrow_{def}$ Fは部分全体論的述語であり、かつ、すべてのF種対象の真部分はF種対象である〔$\forall E_1\,\forall E_2\,((F(E_1)\wedge PPart(E_2, E_1))\rightarrow F(E_2))$〕。

（4D9）［Fに対するIS-A関係］ AとBがF種対象を指示するとする。このとき、A $IS\text{-}A_{[F]}$ B

$\Leftrightarrow_{def}$ AはBのF種の部分である。〔$\text{IS-A}_{[F]}(A, B) \leftrightarrow \mathit{Part}_{[F]}(A, B)$〕

（4D10）［Fに対するINSTANCE-OF関係］AとBがF種対象を指示するとする。このとき、A $\text{INSTANCE-OF}_{[F]}$ B $\Leftrightarrow_{def}$ AはBのF種の部分であり、かつ、Aは原子的F種の対象である。〔$\text{INSTANCE-OF}_{[F]}(A, B) \leftrightarrow (\mathit{Part}_{[F]}(A, B) \wedge \mathit{atom}_F(A))$〕

（4D11）［F基数（F-Cardinality）の再帰的定義］

［1］原子的F種対象のF基数は、1である〔$\forall E\ (\mathit{atom}_F(E) \rightarrow \mathit{cd}_F(E)=1)$〕。

［2］E_1のF基数がnで、E_2が原子的F種対象で、E_1とE_2が重ならないなら、E_1+E_2のF基数はn＋1である〔$\forall E_1\ \forall E_2\ \forall n\ ((\mathit{cd}_F(E_1)=n \wedge \mathit{atom}_F(E_2) \wedge \neg \mathit{Overlap}_{[F]}(E_1, E_2)) \rightarrow \mathit{cd}_F(E_1+E_2)=n+1)$〕。

（4D12）［時空的同質性（Spetial-temporal Homogeneity）］F種の対象は時空的に同質である $\Leftrightarrow_{def}$ F種の対象のすべての真部分はF種の対象である〔$\forall E_1\ \forall E_2\ ((F(E_1) \wedge \mathit{PPart}(E_2, E_1)) \rightarrow F(E_2))$〕。

（4D13）［時間的同質性（Temporal Homogeneity）］F種の対象は時間的に同質である $\Leftrightarrow_{def}$ F種の対象のすべての時間的真部分はF種の対象である〔$\forall E_1\ \forall E_2\ ((F(E_1) \wedge \mathit{PTPart}(E_2, E_1)) \rightarrow F(E_2))$〕。

定義4に現れているように、プロセス存在論は種名辞を用いた表現によってプロセス理論を拡張したものである。

定理1　プロセス存在論の階層性に関する定理

定義4のプロセス存在論の規定から、次の命題が帰結する。

（5 a）$\phi(E_1, \ldots, E_k)$ は、$E_1, \ldots, E_k$ だけを変項に含み量化子を含まない文だとする。このとき、ϕ がすべてのプロセスについて成り立つなら、ϕ はF種のプロセスに限定しても成り立つ〔$\forall E_1 \ldots \forall E_k\ \phi(E_1, \ldots, E_k) \rightarrow \forall_{[F]} E_1 \ldots\ \forall_{[F]} E_k\ \phi(E_1, \ldots, E_k)$〕。

（5 b）F種の全称量化のもとでは、F種の部分関係 $Part_{[F]}$ と部分関係 $Part$ は区別されない〔$\forall_{[F]} E_1\ \forall_{[F]} E_2\ (Part_{[F]}(E_1, E_2) \leftrightarrow Part(E_1, E_2))$〕。

（5 c）Fが部分全体論的述語ならば、F種の全称量化のもとでは〈F種の重複〉と重複は区別されない〔Fが部分全体論的述語ならば、$\forall_{[F]} E_1\ \forall_{[F]} E_2\ (Overlap_{[F]}(E_1, E_2) \leftrightarrow Overlap(E_1, E_2))$〕。

（5 d）$Part$, $PPart$, $Overlap$, $\sigma E\ \phi(E)$, $\pi E\ \phi(E)$, $+$, $\times$, $-$, U_E が一般外延メレオロジーの公理系を形成し、Fが部分全体論的述語ならば、定義4のように規定された $PPart_{[F]}$, $Overlap_{[F]}$, $\sigma_{[F]}E\ \phi(E)$, $\pi_{[F]}E\ \phi(E))$, $+_{[F]}$, $\times_{[F]}$, $-_{[F]}$, $U_{[F]}$ はF種量化を用いた一般外延メレオロジーの公理系を充たす。

（5 e）$Part_{[F]}$, $PPart_{[F]}$, $Overlap_{[F]}$, $\sigma_{[F]}E\ \phi(E)$, $\pi_{[F]}E\ \phi(E)$, $+_{[F]}$, $\times_{[F]}$, $-_{[F]}$, $U_{[F]}$ が一般外延メレオロジーの公理系を形成し、Gが部分全体論的述語だとする。また、G種部分関係 $Part_{[G]}$ をF種部分関係 $Part_{[F]}$ をもとにして、$\forall E_1\ \forall E_2\ (Part_{[G]}(E_1, E_2) \leftrightarrow (G(E_1) \wedge G(E_2) \wedge Part_{[F]}(E_1, E_2)))$ と定義するとする。このとき、定義4のように規定された $PPart_{[G]}$, $Overlap_{[G]}$, $\sigma_{[G]}E\ \phi(E)$, $\pi_{[G]}E\ \phi(E)$, $-_{[G]}$, $\times_{[G]}$, $-_{[G]}$, $U_{[G]}$ は一般外延メレオロジーの公理系を充たす。

定理1は、種名辞Fによって個体化された対象群を基にした標準的部分全体論の展開が保証されていることを示している。つまり、階層化されたそれぞれのレベルで標準的部分全体論を展開することが可能となっている。また、定理1の（5d）と（5e）から構成される再帰的定義のため、（5e）は有限の階層レベルすべてに適用できることに注意していただきたい。だから、生物学の議論をするときには、素粒子レベルの存在物があることを無視して細胞レベルを基本的存在物として議論しても多くの場合かまわないことになる。

定義5　通時的同一性のプロセス存在論に基づく解釈

ここでは、定義4で記述されたプロセス存在論を前提とする。

（6D1）［〈種名辞Fのもとでの同一性〉の規定］E_1とE_2が種名辞Fのもとで同一である $\Leftrightarrow_{def}$ E_1とE_2をともに時間的部分として持つ原子的F種の対象が唯一存在する〔$\forall E_1\ \forall E_2\ (E_1 \approx_F E_2 \leftrightarrow \exists^{=1} E_3\ (atom_F(E_3) \wedge TPart(E_1, E_3) \wedge TPart(E_2, E_3)))$〕

（6D2）［通時的同一性の規定］E_1とE_2が通時的に同一である $\Leftrightarrow_{def}$ E_1とE_2をFのもとで同一とするような種名辞Fが存在する。

（6D3）［種名辞Fの分離性］種名辞Fは分離的である $\Leftrightarrow_{def}$ 原子的F種の対象がどれも重なりを持たない〔$\forall E_1\ \forall E_2\ (atom_F(E_1) \wedge atom_F(E_2) \wedge E_1 \neq E_2 \rightarrow \neg Overlap(E_1, E_2))$〕。

（6D4）［直接指示］時間的対象Tにおいて「このF」という発話とともに特定された対象が$this_1$で指示される対象だとしよう。するとプロセス存在論は、次のことが成り立つと主張する――原子的Ｆ種の存在者でＴにおける時間的部分は $this_1$ の指示対象と一致する〔$\exists$E ($atom_F$(E)$\wedge this_1 =$ tp(E, T))〕。

定義５は、プロセス存在論を前提にしたうえで、通時的同一性を説明している。この説明は、四次元主義者の通時的同一性の記述とは両立しない。プロセス存在論は、通時的同一性を一種の擬似同一性として解釈する。この定義５からは、通時的同一性が同一の原子的Ｆ種のプロセスの時間的部分間での同値関係となることが帰結する〔（７ｃ）〕。ただし同値関係というのは、反射律と対称律と推移律を充たす関係のことである。四次元主義者のデイヴィッド・ルイスとサイダーは擬似同一性を類似性に基づいた対応物関係（counterpart relation）から説明する。しかし、類似関係については推移律が成り立たないため、対応物関係は同値関係ではないことが帰結する。このように、本書における擬似同一性の説明の方が私たちの通時的同一性の理解に近いと言える。

定理２　通時的同一性のプロセス存在論に基づく解釈からの帰結
定義４のプロセス存在論に関する規定と定義５から、次の命題が帰結する。

（７ａ）〔異なる時間区間における〈Ｆのもとでの同一性〉についての命題〕原子的Ｆ種の存在者の異なる時間区間における時間的部分は〈Ｆのもとで同一〉である〔$\forall T_1 \forall T_2 \forall E_1 \forall E_2$〔$\exists^{=1} E_3$ ($atom_F(E_3) \wedge E_1 = tp(E_3, T_1) \wedge E_2 = tp(E_3, T_2)) \rightarrow E_1 \approx_F E_2$)〕。

（7b）［時的同一性に関する命題］$E_1 \approx_F E_2$ が成り立つならば、E_1とE_2は通時的に同一である。

（7c）［同値関係に関する命題］種名辞Fが分離的ならば、〈Fのもとで同一（$\approx_F$）〉は原子的F種の時間的部分の集合という領域における同値関係である。

（7c）の例としては、人物の時間的部分がある。例えば、中山の幼稚園時代と中山の大学生時代は〈「人間」という種名辞のもとで同一〉である。そしていかなる同一人物の異なる時間的部分である任意のaとbも、〈「人間」という種名辞のもとで同一〉である〔$a \approx_{human} b$〕。

付録2　分岐的プロセスモデル入門

この付録2では、第六章第3節で紹介された分岐プロセスモデルを厳密に記述することにする。

定義1　プロセス存在論のアップデートによる拡張（多様性縮減的プロセスモデル）

（1a）プロセス存在論の公理系をPTで表すことにする。また、PTを自然法則などで補充した一階述語論理の理論をPTNで表すことにする。ここで、PTNは無矛盾とする。

（1b）時点tまでに使用される語彙集合を$L(t)$で表し、超越的視点から定められた包括的語彙集合をLで表すとする〔$L(t) \subseteq L$〕。また、時間経過にともなって語彙集合は単純増加するとする〔$t_1 < t_2 \Rightarrow L(t_1) \subseteq L(t_2)$〕。

（1c）$\Gamma(t)$ は $L(t)$ で表現された一階述語論理の文集合とする。

（1d）過去のプロセスを記述する文の集合は、時間経過とともに増加するとする〔$t_1 < t_2 \Rightarrow \Gamma(t_1) \subseteq \Gamma(t_2)$〕。

（1e）一階述語論理の理論 Th のモデルの集合を MS(Th) で表すことにする。

（1f）〔多様性縮減的圏域集合〕S_Mは、時点によって定まる一階述語論理の無矛盾な理論のモデル集合の集合とする。このとき、次の条件を充たすモデル集合の集合S_Mを「多様性縮減的圏域集合」と呼ぶ[1]。

［1］〔多様性縮減性〕モデル集合 MS(Th(t)) は時間経過とともに縮減する〔$\forall t_1 \forall t_2 (t_1 < t_2 \Rightarrow MS(Th(t_2)) \subseteq MS(Th(t_1)))$〕。

［2］〔入れ子 (nest)〕S_1とS_2がS_Mの要素なら、S_1がS_2に含まれるか、または、S_2がS_1に含まれるかである〔$\forall S_1, S_2 \in S_M (S_1 \subseteq S_2 \text{ or } S_2 \subseteq S_1)$〕。

［3］〔和集合のもとでの閉包（closed under unions）〕S_1とS_2がS_Mの要素なら、S_1とS_2の和集合もS_Mの要素である〔$\forall S_1, S_2 \in S_M (S_1 \cup S_2 \in S_M)$〕。

［4］〔共通部分のもとでの閉包（closed under intersections）〕S_1とS_2がS_Mの要素なら、S_1とS_2の共通部分もS_Mの要素である〔$\forall S_1, S_2 \in S_M (S_1 \cap S_2 \in S_M)$〕。

定義1から次の定理1が帰結する。

定理１　多様性縮減的プロセスモデルに関する命題

（２ａ）過去のプロセスを記述するモデル集合は、それが無矛盾なとき、時間経過とともに減少する｛$PTN \cup \Gamma(t_2)$ が無矛盾なとき、$t_1 < t_2 \Rightarrow MS(PTN \cup \Gamma(t_2)) \subseteq MS(PTN \cup \Gamma(t_1))$｝。

（２ｂ）過去のプロセスを記述するモデル集合すべての集合を、$S_{PTN\Gamma}$ と表そう｛$S_{PTN\Gamma} = \{MS(PTN \cup \Gamma(t)) : \mathit{Part}(t, U_T)\}$｝。このとき、$S_{PTN\Gamma}$ は多様性縮減的圏域集合である。

定義２　多様性縮減的プロセスモデルを基盤にした様相概念の定義

以下の記述では、「ＰＴＮに相対的に必然的である」というような様相表現を「Ｓ必然的」というように省略して表すことにする。

（３ａ）［超越的Ｓ必然性］文ϕはＳ必然的 $\Leftrightarrow_{def}$ ϕがＰＴＮから帰結する。

（３ｂ）［超越的Ｓ可能性］ϕはＳ可能 $\Leftrightarrow_{def}$ ϕがＰＴＮと無矛盾（つまり、$PTN \cup \{\phi\}$ が無矛盾）。

（３ｃ）［内部的Ｓ必然性］ϕは時点ｔでＳ必然的 $\Leftrightarrow_{def}$ ϕが $PTN \cup \Gamma(t)$ から帰結する。

（３ｄ）［内部的Ｓ可能性］ϕはｔでＳ可能 $\Leftrightarrow_{def}$ ϕが $PTN \cup \Gamma(t)$ と無矛盾。

（３ｅ）［潜在的Ｓ必然性］対象ａはｔで潜在的にＳ必然的にＦである $\Leftrightarrow_{def}$「ａの未来の時間的部分がＦである」がｔでＳ必然的。

（３ｆ）［潜在的Ｓ可能性］ａはｔで潜在的にＳ可能的にＦである $\Leftrightarrow_{def}$「ａの未来の時間的部分がＦである」がｔでＳ可能。

この規定から明らかなように、「ϕはS必然的」などの文は、メタ言語の文である。つまり、本書での様相は対象言語で表現されたものではなく、メタ言語で表現された一種の省略表現である。
また、本書における傾向性と能力の記述では、次のように前提しておく。すなわち、傾向性Fは「Gが起こるとすぐにHが起こる」という条件文と結びつけられており、能力Fは「Gの状態になるとHの状態になる」という条件文と結びつけられている。

定義3　多様性縮減的プロセスモデルを基盤にした様相的諸概念の定義

（4a）［反事実的S可能性］「ϕということもありえた」という反事実的可能性文が時点tでS真 $\Leftrightarrow_{def}$ ［ϕがt^*でS可能 & $t^*<t$］を充たす時点t^*が存在する。

（4b）［S反事実的条件文］「もしϕだったとしたならψだろう」という反事実的条件文がtでS真 $\Leftrightarrow_{def}$ ［ϕがt以前ではS可能でない］または［ϕをS可能にするt以前のtに最近接の時点t^*で、（ϕならばψ）がS必然的］。ただし、ϕがtでS可能ならば、$t^*=t$とおく。

（4c）［S傾向性］対象aのtにおける時間的部分がS傾向性Fを持つ $\Leftrightarrow_{def}$ ［「aのこの時点での時間的部分にGが起こる」をS可能にするt以後の時点t^*が存在する］かつ［「aのこの時点での時間的部分にGが起こる」をS可能にするt以後のtに最も近接する時点t^*で、「aのこの時点での時間的部分にGが起こるならば、すぐにaのその時点での時間的部分にHが起こる」がS必然的］。

（4d）［S能力］対象aのtにおける時間的部分がS能力Fを持つ $\Leftrightarrow_{def}$ ［「aのこの時点での時間的

部分がGである」をS可能にするt以後の時点t^*が存在する」かつ［「aのこの時点での時間的部分がGである」をS可能にするt以後のtに最も近接する時点t^*で、「aのこの時点での時間的部分がGであるならば、aその時点での時間的部分がHである」がS必然的］。

定理２　多様性縮減的プロセスモデルを基盤にした様相概念および様相的諸概念に関する命題

（５ａ）［超越的S必然性］ φはS必然的 ⇕ PTNのすべてのモデルでφが真。

（５ｂ）［超越的S可能性］ φはS可能 ⇕ φを真にするようなPTNのモデルが存在する。

（５ｃ）［内部的S必然性］ φは時点tでS必然的 ⇕PTN∪Γ(t) のすべてのモデルでφが真。

（５ｄ）［内部的S可能性］ φはtでS可能 ⇕ φを真にするようなPTN∪Γ(t) のモデルが存在する。

（５ｅ）［S傾向性］ 対象aのtにおける時間的部分がS傾向性Fを持つならば、aはtで潜在的にS可能的にHである。

（５ｆ）［S能力］ aのtにおける時間的部分がS能力Fを持つならば、aは時点tで潜在的にS可能的にHである。

（５ｇ）［内部的S必然性と時間経過］ $t_1<t_2$ のとき、φがt_1でS必然的ならば、φがt_2でS必然的。

（５ｈ）［内部的S可能性と過去投射］ $t_1<t_2$ のとき、φがt_2でS可能ならば、φがt_1でS可能。

定義４　分岐的プロセスモデル

次の条件を充たすモデル集合W_Mを「分岐的プロセスモデル」と呼ぶ。

（6a）W_MはPTNのモデル集合の部分集合である〔$W_M \subseteq MS(PTN)$〕。また、W_Mの要素を「W_M内の可能世界」と呼ぶことにする。

（6b）W_Mは現実世界モデル w_rを含んでいる〔$w_r \in W_M$〕。

（6c）任意の時点tに関して、$PTN \cup \Gamma(t)$が正しく過去部分を記述しているなら、そのモデル集合は現実世界モデル w_rを含んでいる〔$w_r \in MS(PTN \cup \Gamma(t))$〕。

（6d）t以前の時間帯$t^{\leq}$は、最大時間帯U_Tのt以前の部分である〔$t^{\leq} = \sigma t_1(t_1 \leq t \wedge Part^T(t_1, U_T))$〕。

（6e）$max(U)$は領域U内の最大プロセスを表すとする〔$max(U) = \sigma e\, Part(e, e)$〕。以下では$max(U)$のことを「可能宇宙（possible universe）」と呼ぶ。また、可能宇宙$max(U)$の時点t以前の時間帯における時間的部分$tp(max(U), t^{\leq})$を「可能宇宙$max(U)$のt時までの過去部分」と呼ぶ。

（6f）$s(U, t) = \{E: E \subseteq U\ \&\ Part(E, tp(max(U), t^{\leq}))\}$とする。つまり、$s(U, t)$は領域Uをt時までの過去部分に限定した領域である。また、$I(t)$は解釈関数Iの値域を$s(U, t)$に限定して得られる解釈関数であるとする。ここで、モデルwがW_Mの要素で$w = \langle U, I \rangle$のとき、時点tまでのwの過去部分$past(w, t)$を次のように定義する――$past(w, t) = \langle s(U, t), I(t) \rangle$.

（6g）W_M内の任意のモデルwは、現実世界w_rと過去部分のどれかを共有する〔$\forall w \in W_M\ \exists t\ (past(w, t) = past(w_r, t))$〕。

（6h）時点tまで現実世界と過去部分を共有する可能世界集合$W_M^{\leq}(t)$を次のように定義する――$W_M^{\leq}(t)$は現実世界モデル w_rと時点tまで同一の発展を示すようなW_M内の可能世界の集合である

〔$W_M^{\le}(t)$＝{w：*past*(w, t)＝*past*(w_r, t)}〕。

（6·i）［固定指示子の規定］ cが固有名のとき、cの指示対象が存在する任意の可能世界において、cは同一の対象を指示するように解釈される〔w_1＝⟨U_1, I_1⟩, w_2＝⟨U_2, I_2⟩, $w_1 \in W_M$, $w_2 \in W_M$ のとき、$I_1(c) \in U_1$ & $I_2(c) \in U_2$ ならば、$I_1(c)=I_2(c)$〕。

定義5　現実世界を中心とする圏域集合

（7a）次の条件を充たす可能世界集合の集合Sを「w^*が中心的な圏域集合」と呼ぶ。

［1］Sのすべての要素は、可能世界w^*を要素とする〔$\forall W \in S\ (w^* \in W)$〕。

［2］［入れ子］W_1とW_2がSの要素なら、W_1がW_2に含まれるか、または、W_2がW_1に含まれるかである〔$\forall W_1, W_2 \in S\ (W_1 \subseteq W_2$ or $W_2 \subseteq W_1)$〕。

［3］［和集合のもとでの閉包］W_1とW_2がSの要素なら、W_1とW_2の和集合もSの要素である〔$\forall W_1, W_2 \in S\ (W_1 \cup W_2 \in S)$〕。

［4］［共通部分のもとでの閉包］W_1とW_2がSの要素なら、W_1とW_2の共通部分もSの要素である〔$\forall W_1, W_2 \in S\ (W_1 \cap W_2 \in S)$〕。

（7b）次の条件を充たす可能世界集合の集合Sを「w^*を中心とする圏域集合」と呼ぶ。[2]

［1］Sはw^*が中心的な圏域集合である。

［2］Sは{w^*}を含む〔$\{w^*\} \in S$〕。

（7c）次の条件を充たす可能世界集合の集合$S(w_r)$を「現実世界w_rが中心的なプロセス体系」と呼

ぶ。

［1］ w_rは現実世界のモデルとする。

［2］ $S(w_r)=\{W_M^{\leq}(t): W_M^{\leq}(t)$ は時点 t まで現実世界と過去部分を共有する可能世界集合$\}$.

（7 d） 次の条件を充たす可能世界集合の集合 $S(w_r)$ を「現実世界 w_r が中心的な時点 t までの分岐的プロセス体系」と呼ぶ。

［1］ w_rは現実世界のモデルとする。

［2］ $S(w_r, t)=\{W_M^{\leq}(t^*): t\leq t^*$ & $W_M^{\leq}(t^*)$ は時点 t^* まで現実世界と過去部分を共有する可能世界集合$\}$.

（7 e） 次の条件を充たす可能世界集合の集合 $S^*(w_r)$ を「現実世界 w_r を中心とするプロセス体系」と呼ぶ。

［1］ $S(w_r)$ は現実世界 w_r が中心的なプロセス体系である。

［2］ $S^*(w_r)=S(w_r)\cup\{\{w_r\}\}$.

（7 f） 次の条件を充たす可能世界集合の集合 $S^*(w_r)$ を「現実世界 w_r を中心とする時点 t までの分岐的プロセス体系」と呼ぶ。

［1］ $S(w_r, t)$ は現実世界 w_r が中心的な時点 t までのプロセス体系である。

［2］ $S^*(w_r, t)=S(w_r, t)\cup\{\{w_r\}\}$.

〈w^*を中心とする圏域集合〉は、ルイスが反事実的条件文の意味論を規定するために導入した圏域体系の要素をなすものである（Lewis 1973: 邦訳 p. 22）。ルイスの〈中心化された〉圏域体系は、任意の可能世界に対する可能世界集合列の割当てである。言い換えると、可能世界集合Iが与えられているとき、ルイスの圏域体系は、Iの任意の要素 i に対して〈 i を中心とする圏域集合〉を与える。つまり、ルイスの圏域体系では、I中のいかなる可能世界も圏域体系の中心でありうるのであり、現実世界は特別視されていない。

定理3　分岐的プロセスモデルに関する命題

（8a）現実世界と過去部分を共有する可能世界集合は、時間経過とともに減少する〔$t_1 < t_2 \Rightarrow W_M^{\leq}(t_2) \subseteq W_M^{\leq}(t_1)$〕。

（8b）現実世界w_rが中心的な分岐的プロセス体系$S(w_r)$は、w_rが中心的な圏域集合である。

（8c）現実世界w_rが中心的な時点tまでの分岐的プロセス体系$S(w_r, t)$は、w_rが中心的な圏域集合である。

（8d）Sがw^*を中心とする圏域集合ならば、$\{w^*\}$が最小のSの要素である〔$\forall W \in S(\{w^*\} \subseteq W)$〕。

（8e）現実世界w_rを中心とする分岐的プロセス体系$S^*(w_r)$は、w_rを中心とする圏域集合である。

（8f）現実世界w_rを中心とする時点tまでの分岐的プロセス体系$S^*(w_r, t)$は、w_rを中心とする圏域集合である。

（8e）と（8f）は、〈現実世界を中心とする分岐的プロセス体系〉が、ルイスが導入した圏域体系の一要素であることを示している。しかし、〈現実世界を中心とした分岐的プロセス体系〉は、時間順序を基にした体系であり、ルイス自身が想定していた類似性の順序に基づいた圏域体系とは異なる哲学的主張を含んでいる。

ルイスは、様相実在論をとり、可能世界は互いに独立だと主張する。これに対し、分岐的プロセスモデルでは、どの可能世界も現実世界と過去の一部を共有しており、現実世界から完全に独立ではない。つまり、本書で提案されている可能世界像は、クリプキの見方ともルイスの見方とも微妙に異なったものである。また、分岐的プロセスモデルが〈内部的視点〉から構成されたものであるのに対し、ルイスの様相実在論は〈超越的視点〉から構成されたものである。

定義6　分岐的プロセスモデルを基盤にした様相概念の定義

以下の記述では、「W_Mに相対的に必然的」というような様相表現を「W必然的」というように省略して表すことにする。

（9a）［超越的W必然性］ φはW必然的 $\Updownarrow_{def}$ W_M内のすべての可能世界でφが真。

（9b）［超越的W可能性］ φはW可能 $\Updownarrow_{def}$ φを真にするようなW_M内の可能世界が存在する。

（9c）［内部的W必然性］ φは時点tでW必然的 $\Updownarrow_{def}$ $W_M^{\leq}(t)$ 内のすべての可能世界でφが真。

（9d）［内部的W可能性］ φはtでW可能 $\Updownarrow_{def}$ φを真にするような $W_M^{\leq}(t)$ 内の可能世界が存在する。

（9e）［潜在的W必然性］ 対象aはtで潜在的にW必然的にFである $\Updownarrow_{def}$ 「aの未来の時間的部分

がFである」がtでW必然的。

（9f）［潜在的W可能性］ aはtで潜在的にW可能的にFである ⇕$_{def}$「aの未来の時間的部分がFである」がtでW可能。

定理4　分岐的プロセスモデルを基盤にした過去あるいは現在に関する命題

（10a）［過去と現在の確定］ φが時点tにおいて過去あるいは現在のプロセスについて記述する文のとき、次のことが成り立つ――φが現実世界w_rで真 ⇕ φがtでW必然的 ⇕ φがtでW可能。

（10b）［内部的W必然性と時間経過］ t_1<t_2のとき、φがt_1でW必然的ならば、φがt_2でW必然的。

（10c）［内部的W可能性と過去投射］ t_1<t_2のとき、φがt_2でW可能ならば、φがt_1でW可能。

定義7　分岐的プロセスモデルを基盤にした様相的諸概念の定義

（11a）［反事実的W可能性］「φということもありえた」という反事実的可能性文が時点tでW真である ⇕$_{def}$［φがt^*でW可能 & t^*< t］を充たす時点t^*が存在する。

（11b）［W反事実的条件文］「もしφだったとしたならψだっただろう」という反事実的条件文がtでW真 ⇕$_{def}$［φがt以前ではW可能でない］または［φをW可能にするt以前でtに最近接の時点t^*で、（φならばψ）がW必然的］。ただし、φがtでW可能ならば、t^*=tとおく。

（11c）［W傾向性］ 対象aの時点tにおける時間的部分がW傾向性Fを持つ ⇕$_{def}$［「aのこの時点での時間的部分にGが起こる」をW可能にするt以後の時点t^*が存在する］かつ［「aのこの時点で

の時間的部分にGが起こる」をW可能にするｔ以後でｔに最も近接する時点t*で、「ａのこの時点での時間的部分にGが起こるならば、ａのその直後の時間的部分にHが起こる」がW必然的」。

（11ｄ）［W能力］ａのｔにおける時間的部分がW能力Fを持つ ⇔def ［「ａのこの時点での時間的部分がGである」をW可能にするｔ以後の時点t*が存在する］かつ［「ａのこの時点での時間的部分がGである」をW可能にするｔ以後のｔに最も近接する時点t*で、「ａのこの時点での時間的部分がGであるならば、ａのその時点での時間的部分がHである」がW必然的］。

定理５　分岐的プロセスモデルを基盤にした様相的諸概念に関する命題

（12ａ）［W傾向性］対象ａの時点ｔにおける時間的部分がW傾向性Fを持つならば、ａはｔで潜在的にW可能的にHである。

（12ｂ）［W能力］ａのｔにおける時間的部分がW能力Fを持つならば、ａはｔで潜在的にW可能的にHである。

註

まえがき

（1）プロセス存在論は、プロセス哲学という立場と、実体論批判という共通する側面を持っている。プロセス哲学は、ホワイトヘッドなどによっても提唱されていた（Desmet and Irvine 2018: Sect. 6）。しかし、従来のプロセス哲学の議論では、プロセス存在論の定式化がまだ不完全であり、直観にうったえることが多かった。本書では、プロセス存在論の厳密な定式化が可能であることを示唆する（付録1）。また、私が提案するプロセス存在論は四次元主義的なものであり、ここにも本書で記述する私の見解の特徴が現れている。

第一章

（1）量化には、「すべてのxについて、φ（∀x φ(x)）」というような全称量化と「φを充たすxが存在する（∃x φ(x)）」というような存在量化の二種類がある。多重量化とは、「誰にも母親がいる（∀x∃y mother-of(y, x)）」のように量化を複合して用いることである。

（2）単称名辞とは、固有名のように、単一の対象を指示する記号のことである。

（3）フレーゲは、「意義と意味について」（1892）などの論文で、文の真理値に影響を与えない意味関連的要素があることを指摘しており、それを「陰影（Beleuchtung）」や「色合い（Färbung）」と呼んでいる（野本 2012: pp. 323-327; 飯田 1987: p. 125）。これらの要素は、例えば、文学作品の翻訳などで重要になる。フレーゲによれば、文学作品の翻訳では意味を正確に訳しただけでは翻訳としては十分でなく、陰影や色合いなども翻訳にあたって考慮に入れねばならない。

（4）ラッセルのパラドックスというのは、カントールが提唱した素朴集合論から帰結するあるパラドックスのことである。自分自身を要素として含まない集合全体の集合をRとしよう。素朴集合論によれば、このような集合Rは必ず存在する。しかし、Rが自分自身を含むとしても、含まないとしても、矛盾を導くことができる。つまり、素朴集合論は矛盾した体系であることが導かれる。これがラッセルのパラドックスであり、素朴集合論のパラドックスの中で最も有名なものである（Irvine and Deutsch 2016）。

（5）再帰的定義は、ある集合を定義するのにその集合の他の要素を用いる定義である。典型的には、再帰的定義は基礎的規定と帰納的規定から成っている。例えば、自然数集合は再帰的に次のように定義できる。［1］1は自然数集合の要素である。［2］nが自然数集合の要素ならば、n＋1は自然数集合の要素である。［3］自然集合は、［1］と［2］の条件を充たす全集合の共通部分である。

（6）「フランス国王ははげである」をプロセス形而上学の立場から分析すると次のようになる——フランス国王の発話時点における時間的部分ははげである。発話時点がt_sのとき、形式的には、bald(*tp*(king-of(France), t_s))となる。なお、時点t_sでフランス国王が存在しないときには、フランス国王の発話時点における時間的部分（*tp*(king-of(France), t_s)）は指示対象を持たず、この文は真理値を持たなくなる。

（7）私は、日本の大学では理学部を卒業し、哲学の勉強はドイツのハイデルベルク大学ではじめた。その後私は、ハイデルベルク大学からベルリン自由大学に移り、そこでトゥーゲントハットのもとで、修士論文と博士論文を書いた。私が分析哲学を専門とするようになったのは、トゥーゲントハットの影響を受けてのことである。

第二章

（1）ブール代数は、ジョージ・ブールの『思考法則の探究』（1854）に起源を持つ形式的体系である（本書第一章第1節）。

（2）前期ヴィトゲンシュタインは、部分全体論のニヒリストである。またヴァン・インワーゲンは、生物だけは例外として複合的存在者として認めるという「穏健なニヒリズム」を主張している（van Inwagen 1995; 倉田 2017: II, p. 8）。

（3）デイヴィッド・ルイス、サイダー、および、私などの四次元主義者は、標準的部分全体論者でもある。

（4）例えば私は、『現代唯名論の構築』で次のように書いている――「世界を、言葉を用いて分節化した後に、私たちははじめて世界について語ることができる」（中山 2009: p. 28）。そして、この言葉を用いた世界の分節化は、種名辞の適用によって達成される。なお私は、本書で用いる「種名辞」という用語を、中山（2009）では「類名辞」と呼んでいた。

第三章

（1）ちなみに、ペアノの公理系の原型はデデキント（J. W. Richard Dedekind, 1831-1916）の『数とは何か』（1888）で提案され、ジュゼッペ・ペアノ（Giuseppe Peano, 1858-1932）による定式化は『算術の諸原理』（1889）で公表されている（足立 2011: 第四章）。

第四章

（1）「ϕを充たす対象が唯一存在する（$\exists^{=1} x\, \phi(x)$）」は、一階述語論理で次のように定義される。ϕを充たす対象が唯一存在する $\Leftrightarrow_{def}$ ϕを充たす対象xが存在し、かつ、ϕを充たす任意の対象yはxと等しい（$\exists^{=1} x\, \phi(x) \leftrightarrow \exists x\, (\phi(x) \wedge \forall y(\phi(y) \rightarrow y=x))$）。

第五章

（1）近世哲学が個人的認識論を前提にしているととらえ、これを集団的認識論によって拡張しようとした試みに、拙著『科学哲学入門――知の形而上学』（2008）がある。拙著『パラダイム論を超えて――科学技術進化論の構築』（2016）では、この集団的認識論をさらに歴史的進展の描写にまで拡げた考察が展開されている。

（2）以下の議論は、伊藤（1985/2003）第一章第4節を参考にしている。

（3）パースは、非常に多才な人であったが、重力の測定や測光量研究にたずさわり、自然科学者として一定の評価を得ていた。「パースは自然科学に精通しており、とりわけ、度量衡学、天文学につよい博学者であった。彼はアメリカで初めての実験心理学者であり、数理経済学者であり、論理学と数学の大家であり、記号論という領域を生み出した人であり、劇作家、役者、評論家であった。哲学においては、これまで最高に独創的な思想家で体系構築者の一人であり、もちろんアメリカが生んだ最も偉大な哲学者である」（Brent 1998: 邦訳 p. 17f）。

（4）自然主義とは、「超自然的な存在者や超自然的な性質を認めない存在論に対応して、認識のあり方も科学の方法の範囲内で探究されるべきであるとする立場」（浜野 1998: p. 646）である。

（5）私は、二〇一六年度の科学基礎論学会大会で「ケアの形而上学的分析」と題した研究発表を行い、ケアを、ケアされる人を中心としたシステムとして記述した。また、論文「病と生きる」（近刊）でも、具体的事例を紹介しながら、病とともによく生きることの問題を論じた。

（6）『規範とゲーム』で記述した体系は、その後さらに発展させられた（中山 2015, 2018; Nakayama 2013c, 2014, 2016a, 2016b, 2016c）。ここでの記述は、Kyoto Philosophical Logic Workshop III（二〇一七年九月九日、京都大学）での研究発表「Philosophical Basis for Dynamic Belief-Desire-Obligation Logic」に基づいている。

（7）入不二基義は、〈時間の平等原理・等質原理〉と〈時間の特異点原理・非等質原理〉という時間をとらえる二つの原理を提案している（入不二 2010: p. 82; 中山 2012: 第二章第3節）。これらの二つの原理は、本書における〈超越的視点〉と〈内部からの視点〉にほぼ対応している。本書では、入不二とは異なり、〈超越的視点〉からは存在論的描写がなされ、〈内部からの視点〉からは認識論的描写がなされるという提案がなされている。

（8）生まれてから一八カ月頃になる幼児たちは、鏡の中の自分を認識するようになる（Rochat 2003; 中山 2012: p. 89）。このとき幼児たちは、自分が世界の内部から鏡を見ているということを理解し、鏡に映っている像は他の人が自分を見ているときの表象内容に相当するものだということを理解しているはずである。このように自己理解は、自分もひとつの世界の中の対象であり、他の人の視点から自分を見ることができるということの確認によってさらに深まっていく。

（9）私たちは本書第七章で、この観測装置を用いて観測する集団は〈拡張された行為主体〉の一種であるととらえることになる。

第六章

（1）ここで言う「指標主義」は、トレントン・メリックスによって明確化された立場である。指標主義者は、現在についての指標的見解を持ち、現在の時点を〈この時点〉として示しによって理解する（Merricks 1995: p. 523, 邦訳 p. 37; 中山 2012: p. 219）。

（2）本書では、「branching」を「分岐」と訳し、「diverge」を「拡散」と訳している。ちなみに、柏端らの編訳による『現代形而上学論文集』（2006）では、「branching」は「分裂」と訳され、「diverge」は「分岐」と訳されている。

（3）制度的事実は、ジョン・サールが『言語行為』（1969）において、物理的事実と区別するために導入した概念であり、制度を前提にしてはじめて成り立つ事実のことである（Searle 1995: p. 27; 中山 2004: p. 119f）。

第七章

（1）この節での議論は、二〇一七年開催の日本科学哲学会大会での「集団的行為と規範的要請の相互理解」と題した研究発表に基づいている。

第八章

（1）以下は、『日本史大事典』第三巻の「五・一五事件」の項から一部を引用したものである。〔 〕内は、私が付け加えた補足である。

（2）以下の記述は、森（1993: p. 289f）をもとにして、沖縄戦の進行を私が簡潔にまとめたものである。

（3）共進化という概念については、Lewontin（1983）および、中山（2016b）の第六章第2節を参照のこと。

（4）以下の記述は、下中（1983）第五巻中の「ベルリン・フィルハーモニー管弦楽団」の項をもとにして、私が簡潔にまとめたものである。

付　録

（1）付録2の定義1の〈多様性縮減的圏域集合〉は、Nakayama（2015）で提案された信念構造論理（Logic of Belief Structures）と重なる部分を含んでいる。実際、信念構造からは信頼度の高さによって順序付けられた圏域集合を構成することができる。また信念構造論理は、拙著『パラダイム論を超えて』（2016）の基盤となっている。

（2）付録2の定義5における〈w^*を中心とする圏域集合〉の規定は、ルイスの〈w中心的な圏域体系〉の規定に合わせて定義してある。しかし、〈w^*が中心的な圏域集合〉さえ用意されていれば、反事実的表現の定義には十分である。そして内部的様相の観点をより忠実に表現しているのも、〈w^*が中心的な圏域集合〉の方である。というのも、歴史的展開の途上に位置する私たちには、何が現実世界かを未来も含めて特定する能力はないからである。これに対し、〈現実世界w_rを中心とする圏域集合〉の場合には、現実世界がどれかを特定する必要がある。

あとがき

本書は、僕が二〇一八年三月に大阪大学を定年退職した後に発表した最初の著作である。退職以来、当然、生活における変化があった。授業をすることの義務と大学の会議に出る義務から解放され、学生時代に戻ったような生活をおくることができている。思えば僕は、非常に長い学生生活をおくってきたのである。だから、このような悠々自適な生活をおくることに戸惑うこともない。

本文にも書いたように（第1章第8節）、僕が哲学の勉強を本格的にはじめたのは、ドイツに留学してからである。はじめは遊学のような感じだったが、しばらくして本格的に哲学に取り組むようになった。特に、博士論文を書いているときには、図書館で専門書を読んで過ごすことが多かった。また、僕をドクター候補生として受け入れてくれたトゥーゲントハット先生からは、提出したレポートへの赤字での書き込みによる批判などの厳しい指導を受けた。僕が哲学の領域において日本で仕事ができたのも、学生時代にトゥーゲントハット先生から受けたさまざまな援助によっていると思う。ちなみに、チェコのブルノにある世界遺産の建築物トゥーゲントハット邸にトゥーゲントハット先生が幼いころ住んでいたことを知ったのは、最近のことである。トゥーゲントハット先生は、自分の人生についてはほとんど語ることがなかったように思う。

トゥーゲントハット先生は、一九九〇年代前半に一度日本に半年程度滞在していたことがある。当時慶応義塾大学の教授をしていた石黒ひで先生がトゥーゲントハット先生を招聘されて、東京で何回か講演が行われた。僕は大阪大学に着任してまもなくのときで、トゥーゲントハット先生の京都案内を一日担当した。平安神宮神苑を二人で散歩したとき、トゥーゲントハット先生は「京都学派の哲学に意味があると思うか」ということを聞かれた。僕は、京都学派の自己に関する探究を真剣に受けとめているというようなことを話したと思う。さらに僕は、自分が倫理学に接点を見いだせないというようなことを言ったと思う。するとトゥーゲントハット先生は、少し笑みを浮かべながら、「あなたは運命論者ですね」というようなことを言った。このことは大きな驚きであり、今でも鮮明に覚えている。僕が、周りに起こったことをそのまま受け入れてしまい、自分の正当性を主張したり抗議したりしないことを指しているのだろうか？　トゥーゲントハット先生がこのとき何を言いたかったのかは、今も謎である。

さて、本書を書く動機になったのは、「まえがき」で書かれているように、実体論に対立する立場としてのプロセス形而上学の構想をまとめることだった。書いているうちに、プロセスという概念を軸にすることが重要だという思いが強くなっていった。また、デイヴィッド・ルイスの立場を調べているうちに、分岐的プロセスモデルを過去の共有という特性によって定義する道をさぐることになった。

分析形而上学にはさまざまなテーマがあり、本書で扱ったテーマはその一部に過ぎない。本書で扱ったテーマは、僕が一九九〇年代から追及してきたものである。その中間的成果は、拙著『現代唯名論の構築』（2009）で公表した。本書は、その後の発展をまとめたものである。本書の付録1に記されているプロセス存在論の定式化は、僕が四次元主義のメレオロジー研究をしてきた中で最も統一的で根本的なものである。

西田幾多郎が六四歳の元旦に詠んだ短歌とされているものに、次のものがある。

　人は人吾は吾なりとにかくに吾行く道を吾は行くなり

本書の原稿を書いているときに、西田がこの短歌で表現しているような心境になった。思えば、高齢になった哲学者で書き溜めたものを出版できず、膨大な未発表原稿が残されるというケースがしばしばある。その意味で、本書が出版されたことをうれしく思う。本書が出版されるよう支えていただいた勁草書房編集部の土井美智子さんに、今回も感謝したい。

二〇一九年七月

中山康雄

人名索引

事項索引

文献一覧

足立恒雄（2011）『数とは何か——そして何であったのか』共立出版.

秋葉剛史・倉田剛・鈴木生郎・谷川卓（2014）『ワードマップ　現代形而上学——分析哲学が問う，人・因果・存在の謎』新曜社.

Aristoteles, *Categoriae*（アリストテレス『カテゴリー論』）.

Aristoteles, *Physica*（出隆・岩崎允胤（訳）（1968）『アリストテレス全集 3　自然学』岩波書店）.

Aristoteles, *Metaphysica*（アリストテレス『形而上学』）.

Austin, J. L.（1962）*How to Do Things with Words*, Harvard University Press（坂本百大（訳）（1978）『言語と行為』大修館書店）.

Boole, G.（1854）*An Investigation of the Laws of Thought*, Mcmillan.

Bratman, M.（2014）*Shared Agency: A Planning Theory of Acting Together*, Oxford University Press.

Brent, J.（1998）*Charles Sanders Peirce: A Life*, Revised and enlarged edition, Indiana University Press（有馬道子（訳）（2004）『パースの生涯』新書館）.

Callender, C.（2016）"Thermodynamic Asymmetry in Time", *The Stanford Encyclopedia of Philosophy*（Winter 2016 Edition）, E. N. Zalta（ed.）, URL＝〈https://plato.stanford.edu/archives/win2016/entries/time-thermo/〉.

Carnap, R.（1947）*Meaning and Necessity*, University of Chicago Press.

Casati, R. and Varzi, A. C.（1999）*Parts and Places*, The MIT Press.

茶谷直人（2014）「アリストテレスにおける部分と全体——質料形相論（hylomorphism）としてのメレオロジー」松田毅（編）（2014a）, pp. 5-33.

Clark, A.（1997）*Being There: Putting Brain, Body, and World Together Again*, MIT Press（池上高志・森本元太郎（監訳）（2012）『現れる存在——脳と身体と世界の再統合』NTT 出版）.

——（2008）*Supersizing the Mind*, Oxford University Press.

Clark, A. and Chalmers, D. J. (1998) "The Extended Mind", *Analysis* 58, pp. 10–23.

Cohnitz, D. and Rossberg, M. (2019) "Nelson Goodman", *The Stanford Encyclopedia of Philosophy* (Summer 2019 Edition), E. N. Zalta (ed.), URL＝〈https://plato.stanford.edu/archives/sum2019/entries/goodman/〉.

Danto, A. C. (1965) *Analytical Philosophy of History*, Cambridge University Press（河本英夫（訳）(1989)『物語としての歴史――歴史の分析哲学』国文社).

Davidson, D. (1967) "Truth and Meaning", *Synthese*, 17, pp. 304–323.

―― (1980) *Essays on Actions and Events*, Oxford University Press（服部裕幸・柴田正良（訳）(1990)『行為と出来事』勁草書房).

―― (1984) *Inquiries into Truth and Interpretation*, Oxford University Press（野本和幸ほか（訳）(1991)『真理と解釈』勁草書房).

―― (1985) "Reply to Quine on Events", in: Lepore and McLaughlin (1985), pp. 172–176（柏端・青山・谷川（編訳）(2006) pp. 127–139).

―― (2001) *Subjective, Intersubjective, Objective*, Oxford University Press（清塚邦彦・柏端達也・篠原成彦（訳）(2007)『主観的，間主観的，客観的』春秋社).

Dedekind, J. W. R. (1888) *Was sind und was sollen die Zahlen?*, Vieweg.

Descartes, R. (1637) *Discours de la méthode*（『方法序説』).

―― (1641) *Meditationes de prima philosophia*（『省察』).

―― (1644) *Principia philosophiae*（三輪正・本多英太郎・花田圭介・竹田篤司（訳）(1993)『哲学原理』増補版デカルト著作集，白水社).

Desmet, R. and Irvine, A. D. (2018) "Alfred North Whitehead", *The Stanford Encyclopedia of Philosophy* (Fall 2018 Edition), E. N. Zalta (ed.), URL＝〈https://plato.stanford.edu/archives/fall2018/entries/whitehead/〉.

Donnellan, K. (1966) "Reference and Definite Descriptions", *Philosophical Review* 75, pp. 281–304.

Dummett, M. (1977) *Elements of Intuitionism*, Clarendon Press.

―― (1978) *Truth and Other Enigmas*, Harvard University Press（藤田晋吾（訳）(1986)『真理という謎』勁草書房).

―― (1993) *Origins of Analytical Philosophy*, Harvard University Press

（野本和幸ほか（訳）（1998）『分析哲学の起源——言語への転回』勁草書房）.

Evans, G.（1973）“The Causal Theory of Names”, *Aristotelian Society*, Supplementary Volume 47, pp. 187-208. Reprinted in A. W. Moore（ed.）（1993）*Reference and Meaning*, Oxford University Press, pp. 208-227.

Frege, G.（1879）*Begriffsschrift*, Georg Olms（藤村龍雄（編）（1999）『フレーゲ著作集 1　概念記法』勁草書房）.

——（1892）“Über Sinn und Bedeutung”, in *Zeitschrift für Philosophie und philosophische Kritik C*（1892）: pp. 25-50.

——（1893）*Grundgesetze der Arithmetik*, Band I, Verlag Hermann Pohle（野本和幸（編）（2000）『フレーゲ著作集 3　算術の基本法則』勁草書房）.

藤川直也（2014）『名前に何の意味があるのか——固有名の哲学』勁草書房.

Grandy, R. E.（2016）“Sortals”, *The Stanford Encyclopedia of Philosophy*（Fall 2016 Ed.）, E. N. Zalta（ed.）, URL＝〈http://plato.stanford.edu/archives/fall2016/entries/sortals/〉.

Habermas, J.（1976）“Was heißt Universalpragmatik?”（英語訳 “What is Universal Pragmatics?” in Habermas（1998）pp. 21-103）.

——（1981）*Theorie des kommunikativen Handelns*, Bde, 1-2, Suhrkamp（河上倫逸ほか（訳）（1985, 1986, 1987）『コミュニケイション的行為の理論』上・中・下，未来社）.

——（1998）*On the Pragmatics of Communication*, M. Cooke（ed.）The MIT Press.

浜野研三（1998）「自然主義　2　認識論」『岩波・哲学思想事典』岩波書店，p. 646.

Heidegger, M.（1927）*Sein und Zeit*.

Hoffman, J.（2012）“Neo-Aristotelianism and Substance”, in Tahko（ed.）（2012）, pp. 140-155（北村直彰（訳）「第 9 章　新アリストテレス主義と実体」加地大介ほか（訳）（2015）『アリストテレス的現代形而上学』春秋社，pp. 271-296）.

Hookway, C.（1988）*Quine: Language, Experience and Reality*, Polity Press（浜野研三（訳）（1998）『クワイン——言語・経験・実在』勁

草書房).

Huemer, W. (2019) "Franz Brentano", *The Stanford Encyclopedia of Philosophy* (Spring 2019 Edition), E. N. Zalta (ed.), URL=〈https://plato.stanford.edu/archives/spr2019/entries/brentano/〉.

Husserl, E. G. A. (1901) *Logische Untersuchungen. Zweiter Teil: Untersuchungen zur Phänomenologie und Theorie der Erkenntnis* (*Logical Investigations*, Vol. 2).

—— (1928) *Edmund Husserls Vorlesungen zur Phänomenologie des inneren Zeitbewusstseins*, hrsg. von M. Heidegger, *Sonderausdruck aus Jahrbuch für Phänomenologie Forschung*, Bd. IX (立松弘孝 (訳) (1967)『内的時間意識の現象学』みすず書房).

飯田隆 (1987)『言語哲学大全 I　論理と言語』勁草書房.

—— (1995)『言語哲学大全 III　意味と様相 (下)』勁草書房.

池田清 (2006)『太平洋戦争全史』河出文庫.

池田裕一 (2007)「第1章　生態学の基礎」有田正光 (編) (2007)『生物圏の環境』東京電機大学出版局, pp. 1-49.

井上光貞・児玉幸多・林屋辰三郎 (編) (1993)『年表　日本歴史』第6巻, 筑摩書房.

入不二基義 (2010)「〈私〉とクオリア——マイナス内包・無内包・もう一つのゾンビ」永井均・入不二基義・上野修・青山拓央 (2010)『〈私〉の哲学を哲学する』講談社.

Irvine, A. D. (2018) "Bertrand Russell", *The Stanford Encyclopedia of Philosophy* (Summer 2018 Edition), E. N. Zalta (ed.), URL=〈https://plato.stanford.edu/archives/sum2018/entries/russell/〉.

Irvine, A. D. and Deutsch, H. (2016) "Russell's Paradox", *The Stanford Encyclopedia of Philosophy* (Winter 2016 Edition), E. N. Zalta (ed.), URL=〈https://plato.stanford.edu/archives/win2016/entries/russell-paradox/〉.

伊佐敷隆弘 (2010)『時間様相の形而上学——現在・過去・未来とは何か』勁草書房.

伊藤邦武 (1985/2003)『パースのプラグマティズム——可謬主義的知識論の展開』勁草書房.

—— (2016)『プラグマティズム入門』筑摩書房.

James, W. (1907) *Pragmatism: A New Name for some Old Ways of*

Thinking, Harvard University Press.

加地大介（2015）「訳者解説　分析哲学のなかのアリストテレス的形而上学」加地大介ほか（訳）（2015）『アリストテレス的現代形而上学』春秋社，pp. 3–14.

――（2018）『もの――現代的実体主義の存在論』春秋社.

Kant, I.（1781/1787）*Kiritik der reinen Vernunft*（篠田英雄（訳）（1961）『純粋理性批判』岩波文庫）.

Kaplan, D.（1978）"On the Logic of Demonstratives", *Journal of Philosophical Logic* 8, pp. 81–98.

柏端達也（2017）『現代形而上学入門』勁草書房.

柏端達也・青山拓央・谷川卓（編訳）（2006）『現代形而上学論文集』勁草書房.

Kripke, S.（1972/1980）*Naming and Necessity*, Harvard University Press（八木沢敬・野家啓一（訳）（1985）『名指しと必然性』産業図書）.

倉田剛（2017）『現代存在論講義 I, II』新曜社.

Langmuir, C. H. and Broecker, W.（2012）*How to Build a Habitable Planet: the Story of Earth from the Big Bang to Humankind*（revised and expanded edition）, Princeton University Press（宗林吉樹（訳）（2014）『生命の惑星――ビッグバンから人類までの地球の進化』京都大学学術出版会）.

Latour, B.（1999）*Pandora's Hope: Essays on the Reality of Science Studies*, Harvard University Press（川崎勝・平川秀幸（訳）（2007）『科学論の実在――パンドラの希望』産業図書）.

Leonard, H. S. and Goodman, N.（1940）"The Calculus of Individuals and Its Uses", *Journal of Symbolic Logic*, 5: pp. 45–55.

Lepore, E. and McLaughlin, B.（1985）*Actions and Events: Perspectives on the Philosophy of Donald Davidson*, Basil Blackwell.

Leśniewski, S.（1916）*Podstawy ogólnej teoryi mnogości. I*, Moskow: Prace Polskiego Koła Naukowego w Moskwie, Sekcya matematyczno-przyrodnicza; Eng. trans. by D. I. Barnett: "Foundations of the General Theory of Sets. I", in S. Leśniewski, *Collected Works*（ed. by S. J. Surma *et al.*）, Kluwer, 1992, Vol. 1, pp. 129–173.

――（1927–1931）"O podstawach matematyki", *Przegląd Filozoficzny*, 30: pp. 164–206; 31: pp. 261–291; 32: pp. 60–101; 33: pp. 77–105; 34: pp.

142–170; Eng. trans. by D. I. Barnett: “On the Foundations of Mathematics”, in S. Leśniewski, *Collected Works* (ed. by S. J. Surma *et al.*), Kluwer, 1992, Vol. 1, pp. 174–382.

Lewis, D. (1973) *Counterfactuals*, Blackwell (吉満昭宏（訳）(2007)『反事実的条件法』勁草書房).

—— (1983) “New Work for a Theory of Universals”, *Aristotelian Journal of Philosophy* 61, pp. 343–373 (「普遍者の理論のための新しい仕事」柏端・青山・谷川（編訳）(2006) pp. 141–228).

—— (1986) *On the Plurality of Worlds*, Blackwell (出口康夫（監訳）(2016)『世界の複数性について』名古屋大学出版会).

—— (1988) “Rearrangement of Particles: Reply to Lowe”, *Analysis*, 48, pp. 65–72.

Lewontin, R. C. (1983) “Gene, Organism, and Environment”, in: D. S. Bendall (ed.) *Evolution from Molecules to Men*, Cambridge University Press, pp. 273–285.

Lowe, E. J. (1988) “The Problem of Intrinsic Change: Rejoinder to Lewis”, *Analysis*, 48, pp. 72–77.

Malpas, J. (2015) “Donald Davidson”, *The Stanford Encyclopedia of Philosophy* (Fall 2015 Edition), E. N. Zalta (ed.), URL=〈https://plato.stanford.edu/archives/fall2015/entries/davidson/〉.

Markosian, N. (2016) “Time”, *The Stanford Encyclopedia of Philosophy* (Fall 2016 Edition), E. N. Zalta (ed.), URL=〈https://plato.stanford.edu/archives/fall2016/entries/time/〉.

政池明（2007）『素粒子を探る粒子検出器』岩波講座 物理の世界，岩波書店.

松田毅（編）(2014a)『部分と全体の哲学——歴史と現在』春秋社.

松田毅（2014b）「フッサール現象学とメレオロジー」松田毅（編）(2014a) pp. 99–133.

McTaggart, E. (1908) “The Unreality of Time”, *Mind*, Vol. 17, pp. 456–474 (永井均（訳・注解と論評）(2017)『時間の非実在性』講談社).

Merricks, T. (1995) “On the Incompatibility of Enduring and Perduring Entities”, *Mind*, Vol. 104, pp. 523–531 (「耐時的存在者と永存的存在者の両立不可能性」柏端・青山・谷川（編訳）(2006) pp. 37–55).

宮沢賢治（1934）『銀河鉄道の夜』.

Montague, R. (1974) *Formal Philosophy: Selected Papers of Richard Montague*, edited and with an introduction by Richmond H. Thomason, Yale University Press.

森武麿 (1993)『集英社版 日本の歴史⑳ アジア・太平洋戦争』集英社.

Moschovakis, J. (2018) "Intuitionistic Logic", *The Stanford Encyclopedia of Philosophy* (Winter 2018 Edition), E. N. Zalta (ed.), URL=〈https://plato.stanford.edu/archives/win2018/entries/logic-intuitionistic/〉.

中村運 (2000)『基礎生物学——分子と細胞レベルから見た生命像』三訂版, 培風館.

Nakayama, Y. (2013a) "The Ontological Basis for the Extended Mind Thesis", In: Moyal-Sharrock, Munz, V. A. and Coliva, A. (eds.) (2013) *Mind, Language and Action: Contributions of the Austrian Ludwig Wittgenstein Society*, vol. XXI, pp. 282-284.

—— (2013b) "The Extended Mind and the Extended Agent", *Procedia Social and Behavioral Sciences*, vol. 97, Elsevier, pp. 503-510.

—— (2013c) "Dynamic Normative Logic and Information Update", T. Yamada (ed.) *SOCREAL 2013: 3rd International Workshop on Philosophy and Ethics of Social Reality, Abstracts*, Hokkaido University, Sapporo, JAPAN, pp. 23-27. http://eprints.lib.hokudai.ac.jp/dspace/handle/2115/55055

—— (2014) "Speech Acts, Normative Systems, and Local Information Update", In: Y. I. Nakano, et al. (eds.) *New Frontiers in Artificial Intelligence* (*JSAI-isAI 2013 Workshops, Kanagawa, Japan, Selected Papers from LENLS10, JURISIN2013, MiMI2013, AAA2013, DDS13*), pp. 98-114, Springer.

—— (2015) "Formal Analysis of Epistemic Modalities and Conditionals based on Logic of Belief Structures", In: T. Murata, K. Mineshima, D. Bekki, (eds.) *New Frontiers in Artificial Intelligence*: JSAI-isAI 2014 Workshops, LENLS, JURISIN, and GABA, Kanagawa, Japan, October 27-28, 2014, Revised Selected Papers (Lecture Notes in Computer Science Vol. 9067), Springer, pp. 37-52.

—— (2016a) "Chapter 12 Norms and Games as Integrating Components of Social Organizations", H. Ishiguro *et al.* (eds), *Cognitive Neurosci-*

ence Robotics B, Springer, pp. 253–271.
—— (2016b) "A Formal Analysis of Legal Reasoning", M. Nakamura, S. Sakurai, and K. Toyama (eds.) *Proceedings of the Tenth International Workshop on Juris-informatics (JURISIN 2016)*, November 14–15, 2016 Raiosha Building Keio University, Kanagawa, Japan, ISBN 978-4-915905-74-2 C3004 (JSAI), pp. 3–16.
—— (2016c) "Conversation as a Game", *The Proceedings of Logic and Engineering of Natural Language Semantics 13 (LENLS13)*, November 14–15, 2016 Raiosha Building Keio University, Kanagawa, Japan, ISBN 978-4-915905-78-0 C3004 (JSAI), 13 pages.
—— (2017) "Event Ontology based on Four-Dimensionalism",『大阪大学大学院人間科学研究科紀要』第 43 巻, pp. 175–192. https://ir.library.osaka-u.ac.jp/repo/ouka/all/60581/hs43_175.pdf
中山康雄 (2003)『時間論の構築』勁草書房.
—— (2004)『共同性の現代哲学——心から社会へ』勁草書房.
—— (2007)『言葉と心——全体論からの挑戦』勁草書房.
—— (2008)『科学哲学入門——知の形而上学』勁草書房.
—— (2009)『現代唯名論の構築——歴史の哲学への応用』春秋社.
—— (2010)『科学哲学』(ブックガイドシリーズ基本の 30 冊) 人文書院.
—— (2011a)「形而上学から科学技術論へ」戸田山和久・出口康夫 (編) (2011)『応用哲学を学ぶ人のために』世界思想社, pp. 60–70.
—— (2011b)『規範とゲーム——社会の哲学入門』勁草書房.
—— (2012)『示される自己——自己概念の哲学的分析』春秋社.
—— (2014)「四次元主義の存在論と認識論」松田毅 (編) (2014a), pp. 137–161.
—— (2015)「明示的認識論理学と動的規範論理学」『大阪大学大学院人間科学研究科紀要』第 41 巻, pp. 119–135. https://ir.library.osaka-u.ac.jp/repo/ouka/all/57258/hs41_119.pdf
—— (2016a)「母子関係の存在論的分析」『大阪大学大学院人間科学研究科紀要』第 42 巻, pp. 291–307. https://ir.library.osaka-u.ac.jp/repo/ouka/all/57252/hs42_291.pdf
—— (2016b)『パラダイム論を超えて——科学技術進化論の構築』勁草書房.
—— (2017)「第 3 章 行為者からとらえた時間経験」信原幸弘 (編)

(2017)『時間・自己・物語』春秋社，pp. 81-106.
——（2018）「法適用の哲学的分析」『大阪大学大学院人間科学研究科紀要』第 44 巻，pp. 167-185. https://ir.library.osaka-u.ac.jp/repo/ouka/all/68296/hs44_167.pdf
——（近刊）「病と生きる——病と生の哲学的分析」山中浩司（編）シリーズ人間科学『病む』大阪大学出版会.
日本史広辞典編集委員会（編）（2016）『山川　日本史小辞典』（改訂新版）山川出版社.
野本和幸（2012）『フレーゲ哲学の全貌——論理主義と意味論の原型』勁草書房.
Peano, G.（1889）"The Principles of Arithmetic, presented by a new method" in: J. van Heijenoort,（1967）*A Source Book in Mathematical Logic, 1879-1931*. Harvard University. Press: pp. 83–97.
Peirce, C. S.（1868）"Some Consequences of Four Incapacities", *Journal of Speculative Philosophy*, 2（「四能力の否定の帰結」）.
Preyer, G. and Peter, G.（2017）*Social Ontology and Collective Intentionality: Critical Essays on the Philosophy of Raimo Tuomela with his Responses*, Springer.
Quine, W. V. O.（1951）"Two Dogmas of Empiricism", *Philosophical Review*, 60: 20–43; reprinted in Quine（1953）, pp. 20-46.
——（1953）*From a Logical Point of View*, Harvard University Press, revised edition 1980.
——（1960）*Word and Object*, The MIT Press（大出晁・宮館恵（訳）（1984）『ことばと対象』勁草書房）.
——（1969）"Epistemology Naturalized", in W. V. O. Quine（1969）*Ontological Relativity and Other Essays*, Columbia University Press: pp. 69–90.
——（1970）*Philosophy of Logic*, Prentice-Hall（山下正男（訳）（1972）『論理学の哲学』培風館）.
——（1976）"On Multiplying Entities", in: *The Way of Paradox and Other Essays*, revised and enlarged edition, Harvard University Press, pp. 259-264.
——（1981）*Theories and Things*, Harvard University Press.
——（1985）"Events and Reification", in: Lepore and McLaughlin（1985）,

pp. 162–171.

Rochat, P. (2003) "Five Levels of Self-awareness as They Unfold Early in Life", *Consciousness and Cognition*, 12, pp. 713–731.

Rorty, R. (ed.) (1967) *The Linguistic Turn: Recent Essays in Philosophical Method*, The University of Chicago Press.

Russell, B. (1905) "On Denoting", *Mind*, Vol. 14, No. 56. (Oct. 1905), pp. 479–493.

—— (1921) *The Analysis of Mind*, George Allen and Unwin（竹尾治一郎（訳）(1993)『心の分析』勁草書房）.

Ryle, G. (1949) *The Concept of Mind*, Hutchinson（坂本百大・井上治子・服部裕幸（訳）(1987)『心の概念』みすず書房）.

—— (1971) *Collected Papers*, vol. 2, Hutchinson.

斎藤暢人 (2014)「メレオロジーの論理学」松田毅（編）(2014a), pp. 1–39.

酒井仙吉 (2015)『哺乳類誕生——乳の獲得と進化の謎』講談社.

Savage, C. W. and Anderson A. (1989) "Introduction", Savage and Anderson (eds.) *Reading Russell: Minnesota Studies in the Philosophy of Science*, Vol. XII, Minneapolis.

Schaffer, J. (2010) "Monism: The Priority of the Whole", *Philosophical Review*, 119, pp. 31–76.

—— (2018) "Monism", *The Stanford Encyclopedia of Philosophy* (Winter 2018 Edition), E. N. Zalta (ed.), URL=〈https://plato.stanford.edu/archives/win2018/entries/monism/〉.

Schmidt-Nielsen, K. (1997) *Animal Physiology. Adaptation and Environment*, 5th edition, Cambridge University Press（沼田英治・中嶋康裕（監訳）(2007)『動物生理学——環境への適応』［原書第5版］東京大学出版会）.

Searle, J. R. (1969) *Speech Acts: An Essay in the Philosophy of Language*, Cambridge University Press（坂本百大・土屋俊（訳）(1986)『言語行為』勁草書房）.

—— (1979) *Expression and Meaning — Studies in the Theory of Speech Acts*, Cambridge University Press（山田友幸（訳）(2006)『表現と意味——言語行為論研究』誠信書房）.

—— (1983) *Intentionaliy: An Essay in the Philosophy of Mind*, Cam-

bridge University Press（坂本百大（訳）（1997）『志向性――心の哲学』誠信書房）.

――（1995）*The Construction of Social Reality*, The Free Press.

――（2010）*Making the Social World: The Structure of Human Civilization*, Oxford University Press（三谷武司（訳）（2018）『社会的世界の制作――人間文明の構造』勁草書房）.

Shakespeare, W.（1596-1599）*The Merchant of Venice*.

下中弘（編）（1993）『日本史大事典』第三巻，平凡社.

下中邦彦（編）（1982/1983）『音楽大事典』第二巻，第五巻，平凡社.

Sider, T.（2001）*Four Dimensionalism: An Ontology of Persistence and Time*, Oxford University Press（中山康雄（監訳），小山虎・斎藤暢人・鈴木生郎（訳）（2007）『四次元主義の哲学――持続と時間の存在論』春秋社）.

Simons, P. M.（1982）"The Formalization of Husserl's Theory of Parts and Wholes", in B. Smith（ed.）*Parts and Moments. Studies in Logic and Formal Ontology*, Munich: Philosophia, pp. 481-552.

――（1987）*Parts: A Study in Ontology*, Clarendon Press.

Sperber, D. and Wilson, D.（1986）*Relevance: Communication and Cognition*, Harvard University Press（内田聖三ほか（訳）（1993）『関連性理論――伝達と認知』研究社出版）.

Stalnaker, R.（1984）*Inquiry*, The MIT Press.

Strawson, P.（1950）"On Referring", *Mind* 59, pp. 320-344.

Tahko, T. E.（ed.）（2012）*Contemporary Aristotelian Metaphysics*, Cambridge University Press（加地大介ほか（訳）（2015）『アリストテレス的現代形而上学』春秋社）.

竹尾治一郎（1993）「解説」ラッセル（著）『心の分析』勁草書房，pp. 377-391.

Tanney, J.（2015）"Gilbert Ryle", *The Stanford Encyclopedia of Philosophy*（Spring 2015 Edition），E. N. Zalta（ed.），URL=〈https://plato.stanford.edu/archives/spr2015/entries/ryle/〉.

Tugendhat, E.（1960）"Tarskis semantische Definition der Wahrheit und ihre Stellung innerhalb der Geschichte ders Wharhsitsproblems im logischen Positivismus", *PhilosophischeRundschau* 8, pp. 131-159.

――（1967）*Der Wahrheitsbegriff bei Husserl und Heidegger*, de Gruyter.

—— (1970) "The Meaning of ⟩Bedeutung⟨ in Frege", *Analysis* 30, pp. 177-189.
—— (1976) *Vorlesungen zur Einführung in die sprachanalytische Philosophie*, Suhrkamp (P. A. Gorner (trans.) (2016) *Traditional and Analytical Philosophy: Lectures on the Philosophy of Language*, Cambridge University Press).
—— (1979) *Selbstbewusstsein und Selbstbestimmung*, Suhrkamp.
Tuomella, R. (2002) *The Philosophy of Social Practices*, Cambridge University Press.
—— (2013) *Social Ontology: Collective Intentionality and Group Agents*. Oxford University Press.
—— (2017) "Chapter 14 Raimo Tuomela: Response to Martin Rechenauer", in Preyer and Peter (2017), pp. 193-196.
van Fraassen, B. (1980) *The Scientific Image*, Oxford University Press (丹治信治 (訳) (1986)『科学的世界像』紀伊国屋書店).
van Inwagen (1995) *Material Beings*, Cornell University Press.
Varzi, A. (2019) "Mereology", *The Stanford Encyclopedia of Philosophy* (Spring 2019 Edition), E. N. Zalta (ed.), URL=⟨https://plato.stanford.edu/archives/spr2019/entries/mereology/⟩.
Whitehead, A. N. (1919) *An Enquiry Concerning the Principles of Human Knowledge*, Cambridge University Press.
—— (1920) *The Concept of Nature*, Cambridge University Press.
—— (1929) *Process and Reality: An Essay in Cosmology*, Macmillan.
Whitehead, A. N. and Russell, B. (1910/1912/1913) *Principia Mathematica*, Vol. I, II, III, Cambridge University Press.
Wittgenstein, L. (1922) *Tractatus Logico-Philosophicus*, Routledge & Kegan Paul.
—— (1929) "Some Remarks on Logical Form", *Proceedings of Aristotelian Society*, Supplementary Vol. 9 (奥雅博 (訳) (1975)「論理形式について」『ウィトゲンシュタイン全集 1』大修館書店, pp. 359-370).
—— (1953) *Philosophische Untersuchungen* (藤本隆志 (訳) (1976)『哲学探究』大修館書店).

著者略歴

1952年　静岡県に生まれる
1975年　京都大学理学部卒
1987年　ベルリン自由大学哲学部哲学博士（Dr. phil.）の学位取得
現　在　大阪大学名誉教授
著　書　『時間論の構築』（勁草書房，2003 年）
『共同性の現代哲学』（勁草書房，2004 年）
『言葉と心』（勁草書房，2007 年）
『科学哲学入門』（勁草書房，2008 年）
『現代唯名論の構築』（春秋社，2009 年）
『規範とゲーム』（勁草書房，2011 年）
『示される自己』（春秋社，2012 年）
『パラダイム論を超えて』（勁草書房，2016 年）

言語哲学から形而上学へ　四次元主義哲学の新展開

2019 年 9 月 20 日　第 1 版第 1 刷発行

著　者　中《なか》山《やま》康《やす》雄《お》

発行者　井村寿人

発行所　株式会社　勁《けい》草《そう》書房

112-0005 東京都文京区水道 2-1-1　振替 00150-2-175253
（編集）電話 03-3815-5277／FAX 03-3814-6968
（営業）電話 03-3814-6861／FAX 03-3814-6854
三秀舎・松岳社

ISBN978-4-326-15462-3　　Printed in Japan

中山康雄　パラダイム論を超えて　科学技術進化論の構築　A5判　三四〇〇円

中山康雄　規範とゲーム　社会の哲学入門　四六判　二八〇〇円

中山康雄　科学哲学入門　知の形而上学　四六判　三〇〇〇円

中山康雄　言葉と心　全体論からの挑戦　四六判　二六〇〇円

中山康雄　共同性の現代哲学　心から社会へ　四六判　二六〇〇円

中山康雄　時間論の構築　四六判　二八〇〇円

柏端達也　現代形而上学入門　四六判　二八〇〇円

柏端達也・青山拓央・谷川卓編訳　現代形而上学論文集　四六判　三四〇〇円

J・R・サール　社会的世界の制作　人間文明の構造　三谷武司訳　三九〇〇円

＊表示価格は二〇一九年九月現在。消費税は含まれておりません。